红十字交叉学科
基础研究丛书

人道伦理学
战争与灾害赈济的道德导引

【英】雨果·斯利姆 著　徐诗凌 译

HUMANITARIAN
ETHICS

苏州大学出版社
Soochow University Press

著作合同登记号　图字：10-2023-28 号

Humanitarian Ethics: A Guide to the Morality of Aid in War and Disaster was published by C. Hurst & Co. (Publishers) Ltd. in English in the year 2015 and copyrighted in the name of Hugo Slim.

图书在版编目(CIP)数据

人道伦理学：战争与灾害赈济的道德导引 /（英）雨果·斯利姆（Hugo Slim）著；徐诗凌译. -- 苏州：苏州大学出版社，2023.5 (2024.4重印)
（红十字交叉学科基础研究丛书 / 王汝鹏主编）
ISBN 978-7-5672-4301-9

Ⅰ.①人… Ⅱ.①雨… ②徐… Ⅲ.①救灾－人道主义－伦理学－研究 Ⅳ.①D57

中国国家版本馆 CIP 数据核字(2023)第 008570 号

RENDAO LUNLIXUE: ZHANZHENG YU ZAIHAI ZHENJI DE DAODE DAOYIN
人道伦理学：战争与灾害赈济的道德导引

著　　者：	（英）雨果·斯利姆
译　　者：	徐诗凌
责任编辑：	严瑶婷
出版发行：	苏州大学出版社（Soochow University Press）
社　　址：	苏州市十梓街1号　邮编：215006
印　　刷：	广东虎彩云印刷有限公司
网　　址：	www.sudapress.com
邮　　箱：	sdcbs@suda.edu.cn
邮购热线：	0512-67480030
销售热线：	0512-67481020
开　　本：	710 mm×1 000 mm　1/16
印　　张：	21
字　　数：	323 千
版　　次：	2023 年 5 月第 1 版
印　　次：	2024 年 4 月第 2 次印刷
书　　号：	ISBN 978-7-5672-4301-9
定　　价：	55.00 元

发现印装错误，请与本社联系调换。服务热线：0512-67481020

作者简介

雨果·斯利姆
Hugo Slim

牛津大学社会正义研究所和政治学院伦理学、法律与武装冲突研究所高级研究员。

职业生涯涵盖了学术研究、政策制定、外交和一线人道工作。曾在联合国和多个国际人道组织工作，2015—2020年任红十字国际委员会政策与人道外交部主任。

著有《索尔费里诺21：21世纪的战事、平民与人道主义者》《人道伦理学：战争与灾害赈济的道德导引》《屠戮平民：战争中的方法、疯癫与道德》。

译者简介

徐诗凌

苏州大学红十字国际学院人道法与人道政策教研中心讲师；
北京大学哲学学士，摩德纳大学人文学博士；
从事灾害赈济决策支持和案例研究、国际人道援助研究。

General preface 总序

推动交叉学科建设
促进红十字事业高质量发展

中国红十字会会长、红十字国际学院名誉院长

1862年，国际红十字运动创始人亨利·杜南先生根据亲身经历撰写的《索尔费里诺回忆录》在日内瓦出版。亨利·杜南先生当年在书中提出的两项重要建议，开启了国际红十字运动波澜壮阔的辉煌历程。在该书出版160周年之际，红十字国际学院组织编写（译）的"红十字交叉学科基础研究丛书"将由苏州大学出版社正式出版，非常有意义。相信这套丛书的出版，将进一步提升红十字交叉学科建设的规范化、专业化水平，有力推动红十字国际学院的建设和中国特色红十字事业的高质量发展。

红十字运动自1863年在欧洲诞生，从致力于救护战争中的伤兵，扩展到保护战争中的战俘、平民，进一步延伸到维护人类的生命、健康、尊严以及世界的和平与发展，成为历史最悠久、规模最大的世界性人道主义运动。多年来，国际红十字组织和先后成立的亨利·杜南学

院、索尔费里诺学院对红十字运动做过很多研究和探索，不断深化拓展红十字运动的理论与实践，推动国际人道法成为较为完整的国际法分支，形成了独到的法理体系，取得了丰硕的成果，在卫生健康、防疫、救灾、社区发展、志愿服务等方面也有了丰富的实践经验和众多的培训课程，编写出版了很多书籍。但是，截至目前，还没有创建一个涵括红十字运动所有业务领域的专业学科，也没有出版成体系的红十字交叉学科方面的丛书。

随着中国特色社会主义进入新时代，中国在国际事务中扮演着越来越重要的角色。在我国积极履行国际责任和开展国际人道援助的时代背景下，建设强大的国家红会，在国际红十字运动中进一步发挥引领作用，成为中国红十字会和当代中国红十字人的使命和职责。2019年8月，中国红十字会总会、中国红十字基金会和苏州大学联合创办了首个红十字国际学院，旨在打造红十字人才培养基地、红十字运动研究高地、红十字文化传播阵地和国际人道交流合作平台。学院成立以来，为推动红十字相关专业的交叉学科建设，决定编写出版一套"红十字交叉学科基础研究丛书"，既作为红十字运动研究者、人道教育工作者和红十字组织实务工作者开展相关研究的基础资料，又作为红十字国际学院的教学参考书。这是红十字国际学院建设的一件大好事。

建设交叉学科逐渐成为当代科学发展的重要趋势。交叉学科的优势在于融合不同学科的范式，通过资源整合和思想交融，以整体化思维综合性解决重大理论与实践问题，促进多学科复合型人才的培养。红十字事业是一项崇高的事业，也是一项颇具挑战性的专业工作，需要实践探索，也需要理论研究和指导。一个合格的红十字工作者，不仅要承担保护战争中的伤兵、战俘和平民的职责，更需要在自然灾害、重大疫情等突发事件的人道救助中展现专业救援能力。这就要求红十字工作者应具备医学、管理学、社会学、语言学、心理学、传播学等多方面的学科知识和经验，仅靠任何一门单一的学科知识都不足以保障工作的开展，需要交叉科学的思维和知识经验的交汇来引路。

面对日益复杂多元的人道需求和频发的人道主义危机，红十字交叉学科应当建立在法学、社会学、伦理学、公共管理学、传播学、历史学、经济学、营销学、公共卫生学、语言学和应急管理学等多元学科的基础上，丰富拓展现有红十字运动的理论和实践，以综合性、系统性的交叉知识体系，以多元视角和多路径解决问题的思路方法，更高效地应对人类社会面临的复杂挑战。

编写出版"红十字交叉学科基础研究丛书"，是一项宏大的系统工程，同时也是一项填补空白的新事业。希望红十字国际学院和苏州大学出版社精心策划，认真做好丛书出版工作；也希望人道公益领域的专家学者和具有实践经验的实务工作者积极支持和参与，本着科学、求实、严谨、创新的精神，认真研讨，精心编写，吸纳最新的红十字实践经验和理论创新成果，从弘扬人道主义精神、培养人道公益人才、创新红十字理论、指导人道实践的实际需求出发，构建未来红十字工作者应当具有的完备知识体系。

习近平总书记指出，红十字是一种精神，更是一面旗帜，跨越国界、种族、信仰，引领着世界范围内的人道主义运动。进入新时代，迈上新征程，红十字事业迎来新的发展机遇。希望红十字国际学院广大师生、各相关学科的专家学者、红十字同仁和国内外红十字组织，积极支持红十字交叉学科的创建和基础研究丛书的编写出版，认真总结汲取红十字运动的宝贵经验，融汇建立新的红十字科学知识体系，推动国际红十字运动更快更好发展，续写人道事业的灿烂华章。

译者序

探究"活"的人道伦理学

徐诗凌

曾先后在红十字国际委员会、联合国人道机构、国际非政府组织工作的学者雨果·斯利姆在2015年出版了《人道伦理学：战争与灾害赈济的道德导引》（以下简称《人道伦理学》）一书，很快引起了国际人道援助界的热烈反响。2020年，苏州大学红十字国际学院决定将此书放在教材出版计划中引进，委托我翻译，在两年以后得以付梓，并邀请朱健刚教授撰写详细的导读。应当可以期望，此书也能给国内红十字同行、公益慈善从业者、关注相关领域的研究者带来启发，激发更多深刻讨论。

斯利姆并不是第一个讨论人道援助中的伦理问题的学者。事实上，在当前由国际红十字运动开创，各国政府相关部门、联合国机构、国际非政府组织、各国非政府组织、私营部门企业、学者和学术机构及行业媒体等多方活跃参与的人道主义讨论和议题塑造中，从来不缺乏对伦理的讨论，而斯利姆恰恰是基于数十年伦理讨论的脉络，以及他在这个脉络中长达二十年的参与，写成了此书。此前，人道援助中的伦理问题多探讨"人道工作的困境""面临的挑战""是否符合原则""对原则的反思""对具体做法的批判"等，相关文献汗牛充栋，从此书和2016年《红十字国际评论》"指导人道行动的原则"主题专刊的大量脚注便可见一斑。而且，对伦理的思考不仅诉诸专门文章，业已渗入国际人道援助领域对其他主题的讨论之中，毕竟在几乎所有实务的、技术的、政策的、法律的问题中，一旦问出"这样做是对还是错？应该怎么做？怎样才能做好？"时，就提出了伦理问题。我们可以看到，从对人道主义的现状、人道主义的未来、人道行动的边界、人道援助与其他行业的关系等的宏观探讨，到一次人道行动或某种援助方法的效果评估、良好实践案例、传播和倡导文案、问责制度方案、机构公开声明等的具体文本，均蕴含了伦理的标尺、理念、困惑和回应。

就上述人道领域中的丰富伦理讨论，值得提出三点初步观察。

其一，对伦理的思考和相关文献的研究已成为国际人道援助领域中的一种传统、一股固有的力量，它具体地推动了《国际红十字与红新月运动及从事救灾援助的非政府组织行为准则》《环球计划手册：人道主义宪章与人道主义响应最低标准》，以及其他多种规则、标准、指南的形成，也潜在地驱动了联合国主导的国际人道体系的数次重大改革和核心制度的建立——这些改革和制度的相关准备文件的底层问题，无不是"怎样才是做得好、如何做得好"。

其二，这种伦理思考传统的形成，很大程度上来源于人类学者和人文学者对跨国人道行动的关注、参与和评估、批判。斯利姆在本书中多次引用这些学者的观点，经常对过于猛烈的批判予以辨析和反驳，而这种文本回应本身就表明，这些学科，尤其是来自人类学的审视，在国际人道行动中已成为有实质影响力和塑造力的视角，以及提供和刺激伦理思考的重要来源。而具体伦理思考工具则往往来自医学伦理学，这当然是与临床医学实践和一线人道行动常见处境的相似性，以及行医护理在人道行动中的不可或缺且许多人道行业从业者就是从医生转行而来的事实有关。

其三，作为此书的中文译者和国内人道工作的参与者、观察者，我也看到，一方面，我国国内的灾害人道救援救助领域似乎也处于类似的状况，即在政策、方法、技术等层面的许多交流和探索已蕴含丰富的伦理意涵；但应该说，这些讨论和具体工作中的价值观、原则和伦理判断看似"不言自明"，实则混沌不清。另一方面，在我国国际发展合作和人道主义援助进入转型升级的新时代，对外援助政策制定者和行动组织均认同"人道、公正、中立、独立"的基本原则，但在中国的人道组织走向国际开展人道工作实务时，也确实经历过价值冲突和伦理决策的困境，许多对实务策略的叙述背后隐含着"怎么做才好、对谁好"的困惑和忧虑。此外也可以看到，四大人道主义原则及其话语是否或如何适用于国内的人道救援救助工作，也是许多工作坊、会议、培训活动中常触碰到又不曾深入探究的问题。

凡此种种表明，我们可能来到了一个有必要让明晰的伦理讨论融入实务，乃至探索建设出自己的人道援助伦理体系的阶段。斯利姆的《人道伦理学》是当前来自西欧的学者兼人道实务工作者的最完整探索成果之一。

斯利姆在20世纪80年代进入救助儿童会和联合国人道机构工作，90年代中期转入学术界后，很快开始了伦理学的写作。1997年，他发表了文章《做对的事：政治性紧急状况与战争中的救助机构、道德两难与道德责任》和《战争中的救助机构与道德立场：人道、中立、公正与团结的原则》，次年发表《共享普遍伦理：战争中的人道原则》，这几篇文章在近年仍时时被引用，随后他开始广泛涉及战争政治、维和行动、多主体角色、人道行动评估等多种政策性和实务性议题的研究。2007年，他探讨了战争中的伦理情感，出版了《屠戮平民：战争中的方法、疯癫与道德》一书，此后又逐渐开始直接讨论伦理学和伦理问题。2013年，与米里亚姆·布拉德利合作完成《武装冲突中有原则的人道行动与多使命组织的伦理张力》[①]。2014年，他结束了《人道伦理学》的写作，完成了一次思想的整合，但并没有停止思考。此书写成后，斯利姆加入

---

① 上述文献为：Hugo Slim, "Doing the Right Thing: Relief Agencies, Moral Dilemmas and Moral Responsibility in Political Emergencies and War". *Disasters*, vol. 21, issue 3 (Sept. 1997): 244-257; "Relief Agencies and Moral Standing in War: Principles of Humanity, Neutrality, Impartiality and Solidarity", *Development in Practice*. vol. 7, no. 4, Special Double Issue (Nov. 1997): 342-352; "Sharing a universal ethic: The principle of humanity in war", *The International Journal of Human Rights*, vol. 2, 1998-issue 4: 28-48; *Killing Civilians: Method, Madness and Morality in War* (London: Hurst, 2007); "Principled Humanitarian Action and Ethical Tensions of Multi-Mandate Organizations", with Miriam Bradley, research commissioned by the World Vision (Mar. 2013)。

红十字国际委员会任政策与人道外交部主任。2020年重返学术界以后,他在2022年9月又通过"人道实践网"发表了对中立原则的反思文章。① 毕竟,伦理的思考不可能是封闭的、静止的思考,对斯利姆这样典型的毕生融合实务与研究,在一线工作者、机构领导者和学者之间转换身份的人道主义者来说,更是持续涌动发展的内在生活。

在《人道伦理学》成书之前,最接近于将人道行动领域的众多伦理思考系统化的尝试应是埃切贝里亚2001年在《反思人道行动:原则、伦理与矛盾》中撰写的章节"人道行动的伦理框架"。② 专门讨论伦理道德问题的还有狄迪尔·法松2012年出版的著作《人道主义论证:一部当下的道德史》③,该书从政治学的视角出发,对现行国际人道体系的系统性道德风险做出批判;近年又有《人道行动与伦理》④,其作者分别考察了多种层次、多个领域内的伦理困境,解析详细,惜乎缺乏一贯的理论分析框架。

基于当前掌握的有限文献视野,一方面,我认为《人道伦理学》最重要的贡献在于完成了一次从哲学理论、伦理理念到原则、规则、实务方法和具体工作情境的贯通。时时萦绕一线人道工作者的焦虑也贯穿全书,即"人道主义原则是否及如何能落于实践"。出于这种焦灼,斯利姆超越了通行于人道援助行业中"原则与准则"的伦理体系,通过哲学思考将其拓展为一门"伦理学"⑤。另一方面,全书在哲学思考之外尤重在实务问题讨论中贯穿理论和观念分析,用理论和原则指出实务中可用的伦理思考路径。就此而言,此书当得副标题中的"导引"(guide)之名。《红十字国际评论》的书评文章论及此书的主要贡献时首先提出

---

① Hugo Slim, "Humanitarian Resistance: Its Ethical and Operational Importance". *HPN Network Paper*, no. 87 (Sept. 2022).

② Xabier Etxeberría, "The Ethical Framework of Humanitarian Action", ch 3 in *Reflections on Humanitarian Action: Principles, Ethics and Contradictions* (London: Pluto Press, 2001), pp. 78-98.

③ Didier Fassin, *Humanitarian Reason: A Moral History of the Present* (Berkley: University of California Press, 2012).

④ Ayesha Ahmad and James Smith (eds.), *Humanitarian Action and Ethics* (London: Zed Books, 2018).

⑤ 关于本书书名用"伦理学"还是"伦理",译者与作者有过专门邮件讨论。

"将伦理话题去神秘化"①,正是着眼于斯利姆将理论融入实务分析,使理论成为实务分析之脉络的写作方式。

全书以"导论"开篇,分为三个部分十二章。在导论中,斯利姆列举出了人道行动中的多种关键的伦理张力,典型如人道行动的边界问题、专业化与志愿热情的张力、来自政治的压力、体系内的合作与竞争等。这些大伦理问题会在正文中一次次与理论和原则关联起来。第一部分只有一章,即"人道行动的伦理源头"。此章并非直接假设读者都拥有一种"普遍的同情",而是梳理了人类互助情感的发生学学说,也即"我们人道主义的本能"。这一章相当简短,在思想史方面必然仍有更多的讨论余地,但是它为其后对"人"之社会性的思考奠下基础。其后斯利姆进入应用伦理学的探讨,第二部分共五章,是对人道伦理学整个体系的结构性阐述;第三部分的六章则是对各个人道行动推进阶段和实践困境的伦理学分析。

四项人道主义基本原则既是人道援助领域的伦理基础,也是反复反思的对象、理论建设和理论活力的来源。因此斯利姆在第二至第五章中对这些原则进行了一一阐述,并辨析出原则之间的逻辑层次和逻辑关系,以此建构出人道伦理学体系的骨架,并在此过程中澄清了围绕原则常发生的争论。其中最重要的一项,应当是对最基础的"人道"原则做的原创性工作,以回应"人道"意涵模糊,或者"人道"过分普遍化而有同质倾向的质疑。既往对人道原则的阐释主要从法律上进行,或者引用思想史资源(如古希腊罗马哲学)阐述"人道的感情",所有的原则"严格意义上既不构成道德教条,也不构成哲学"②。斯利姆则恰恰是通过哲学的阐释来回应这个问题。他深入分析"人的生命"(human life)这个概念,指出它"既应按传记视角看作是人格和个性,也应依照生物

---

① Fiona Terry, "Humanitarian Ethics: A Guide to the Morality of Aid in War and Disaster by Hugo Slim", Book Review, *International Review of the Red Cross* (2016), 97 (897/898), pp. 469-475.

② Jean-Luc Blondel, "The meaning of the word 'humanitarian' in relation to the Fundamental Principles of the Red Cross and Red Crescent", *International Review of the Red Cross*, no. 273 (Dec. 1989): 514.

学视角看作是血和肉。没有身体就没有人格（person），没有人格也没有身体"，并且人格中有"既作为他人对象的我，也作为个人主体的我"。这种阐释承继了西方哲学史上的观念，而其有力，主要是在于它把捉了人道主义目标标准表述中"保护人的生命和健康，保障人类尊严"这两个分句之间的不可分割性，这样，这种阐释就不仅仅是哲学上的"抽象辩论"，而是对人道行动有着充分的"用途"①：它指导人道工作者即便在拯救身体的食物、医药方面的工作中，也应给予对人格、对个体性、对社会关系的关注和考量。这也正是尊重、参与、赋能等次一级原则（在第四章讨论）的根据。另一个重要辨析是第三章论述"中立"原则，回应的是"面对（尤其是武装冲突等）人道灾难保持中立是否有悖良知"的经典质疑。作者指出，不同于"人道"和"公正"是"人道主义目标"，"中立"和"独立"原则是"政治性原则"，是人道工作者对于自己工作角色之政治性的认知和行动策略，而非根本的工作目标，亦非对个人良知和立场的道德要求。这一阐发为身处极端反人道环境中的人道工作者提供了可信可行的道德理论指引。

在第四、五章梳理次一级伦理原则及相关的具体现象以后，斯利姆在第六章跳脱出原则的框架，诉诸更广泛的理论和实践经验，因为如此才能理解"人道伦理应用于实践时的实际形态和特点"。此章将人道伦理的底色阐述为政治现实主义，且有别于一种静态的、由规整的原则和条文形成的理论指导，人道伦理是在实践中"极力诠释伦理的限制，平衡不同的原则"。

第三部分便是阐述如何在人道工作实务中诠释和平衡原则，为此斯利姆引入了更多的伦理学传统。亚里士多德的美德伦理学被视为最适于理解人道工作中的伦理实践，毕竟真正在每日实务的大小选择和决定中贯彻原则最终需要倚靠行为的习惯和个人德性的养成，而非纯粹的理性或情感的直觉。从第八章到第十章，斯利姆援引了不同层次、不同学科

---

① 拉瑞莎·法斯特（Larissa Fast）在阐释人道原则时写道："忽视人道的行动意义的抽象辩论也没有什么用途。"拉瑞莎·法斯特：《解析人道原则：矛盾与启示》，许可、范明舒译，载红十字国际委员会东亚地区代表处编译《红十字国际评论：指导人道行动的原则》，法律出版社，2017年，第88页。

的多种理论,来详细讨论人道工作中做出伦理决策的多个阶段和情境,并尝试给实务工作者提供简便的思考工具。第十一章则逐一讨论人道工作中经常出现的五种道德难题,或者也可以说,这近四万字的章节是针对人道援助体系遭受过的最严厉指责的辨析、驳斥和辩护。他首先指出:"在某种意义上,这些挑战就是人道行动核心的伦理难题,无法一了百了地解决,而必须在每一次新的行动中都再经历一遍,尽管随着新的行动主体和环境出现,问题的形态变得不同,但其本质是一样的。"此章专门讨论的道德难题包括:赈济可能反而造成伤害、与政府和军事力量合作的风险、是否对不人道行为构成有意或无意的共犯、人道赈济中结构性的父权制和新殖民风险,以及对人道工作者的照护问题。斯利姆一一解析这些问题的多种表现形态和内在结构,再一次注入了"平衡不同原则"的基调。最后一章讨论人道工作者个体,揭示出前述种种道德难题不仅是行业整体所面对的,也是个人生活中每日面对的伦理选择。在这里斯利姆回到亚里士多德的路径,提出了人道工作者应有的个人德性,并简略讨论在组织中培育伦理文化,以使合乎伦理的行动成为习惯。

纵观全书,斯利姆在两百多页的篇幅里一方面较为完全地阐述了一个以"人道、公正"基本原则为基础衍生出其他多种原则和准则的伦理体系,另一方面又相当全面地概览了人道行动中经常出现的伦理风险和争议的问题,着力研究了在实务中的日常选择和道德难题处置中可以如何衡量和践行人道主义的原则和准则。总体而言,斯利姆的研究趣味还是倾向于实务指引甚于理论建设,而其阐释性的伦理论述间更是加入了大量的实务资料和案例。如此建构的"人道伦理学"就超越了人道援助行业常见的声明性、规范性伦理文本,使作者得以细描人道工作实务中的种种伦理困境,尤其是不同原则、不同价值取向之间的冲突和选择。

《人道伦理学》当然有其局限。例如在有些章节作者为了给读者提供实用的"问题清单"等思考工具,略微削弱了论证的力度。此外,亚里士多德的美德伦理学作为第三部分论述的起始和终结的落脚处,并没有引领或浮现于中间几章对实务中伦理思考的讨论。在理论审视上这样略显断裂，不过，可能也避免了过于"光滑"、圆融的理论对实务的疏离。又如作者在导言中坦言，他的伦理学资源主要是西方思想经典，对其他文化传统并无了解。他对实务密切观察的时期，也是总部位于北美和欧洲的人道组织在世界各地最为活跃的时期。这也呼应了第十一章引用安东尼奥·多尼尼的温和批判："人道行动按普世的精神运作，但仍然带有'一种西方的机制'。"也就是说，作者也意识到自己在阐发人道伦理思想、评析人道行动及其有关背景时难脱西方视角和个人学识视野的局限，对此相信读者也会做出理性甄别和评判。这当然不意味着在其他国家和地区没有人道行动，任何一个社会里都有危机中不同规模和形态的互助和救助。但现行国际人道系统要面对不同思想传统、不同政治社会文化的受援国，更是在迎入多个来自东亚、南亚、中东等区域的新兴人道援助参与方，其间这种西方之"他者"的问题是绕不过去的。作者的这番自陈也不意味着此书谈及的具体问题对中国读者来说只是西洋镜，恰恰相反，斯利姆描述的许多问题都曾在不同程度上、以不同形态出现在国内的灾害人道救援救助场景中和中国的人道组织走向国际人道行动的路途上。这证实了这些伦理问题乃至道德难题的普遍性。对这些普遍的问题，斯利姆从他的思想传统和实务洞见中给出了足够复杂又相当清晰的剖析和指引。中国及其人道援助部门和红十字会、社会组织等，作为当前国际人道援助体系的积极参与者和受到多方瞩目的新兴建设者，又会如何提出和阐释这些问题呢？

中国红十字会倡导"人道、博爱、奉献"的精神，是基于中国现代思想文化历程的本土话语创造，已在数十年中展现出强烈的号召力。近年中国国际发展合作领域也提出了"正确义利观"和"讲信义、重情义、扬正义、树道义"的价值观。① 这些立足于我国思想、政治、社会、文化观念和现代化实践高度凝练而得的伦理观念和道德话语，正在与国内外的人道实践交相阐发。斯利姆在中文版前言中也谈到"儒家的伟大智慧传统，以及中国共产党消除贫困、促进人民繁荣和社会福祉的深刻

---

① 国务院新闻办公室：《〈新时代的中国国际发展合作〉白皮书》，2021 年 1 月 10 月，http://www.scio.gov.cn/zfbps/32832/Document/1696685/1696685.htm，访问日期：2022 年 11 月 2 日。

承诺",表达了对"中国特色的人道援助"的期待。但我们也看到,这些凝练的观念还未渗入对实务的深描,各种实务的规范和守则也还未梳理出其扎根和发展的思想基础。中国的人道研究者和实务工作者有责任超越政策、治理和声明性的人道事务话语,针对普遍的人道问题充分发展伦理性和文化性的人道主义话语和人道主义叙事。此项工作当然无法一蹴而就,但应当是中国特色的人道援助体系可持续发展建设的必由之路,是中国的人道援助对许多传统援助输出国期待与疑虑并存的态度的最诚挚回应,也将成为中国在资源、技术之外对世界人道共同体的一大丰厚贡献。

  作为此书的译者,我理应对翻译工作做一些说明。翻译和推敲此书的过程也是学习和激发思考的过程,途中常有拍案叫好和反复咀摸的时刻。就文本本身而言,作者虽为实务出身,行文却带有典型的人文知识分子风格,遣词用典意蕴丰富,这给转译成另一门语言带来不少周折。全书又将哲学思考与实务辨析并重,在使用伦理学理论和概念解析实务情境时,作者在考虑实务界读者时做过的衡量,我在翻译过程中也一定程度上要再做一次。目前的译文必然损失原作一些清晰典雅的风格,只尽力在准确和流畅之间取得一个平衡,并通过注释解释典故和双关语,唯望中文读者能顺畅阅读而有所得。此外,为了方便中文读者检索文献、扩展阅读,原书放在文末的注释,改为了页下注;所引文献若有中文译本,我都替换为中文译本;未有中文译本的,则保留了原格式,不做修改;索引替换为术语中英文对照表,条目有改动。

  全书翻译历时两年有余,几经修订,其间得到许多帮助,在此也一一致谢。本书作者耐心地对翻译过程中的许多语义、概念问题进行了解答,对翻译过程的拖沓也多加包容。北京大学伦理学硕士刘乐鸣以其学养和在红会系统等多个领域的实务经验,逐字句对二次修订稿提出修改意见,并多次与我推敲。商务部国际贸易经济合作研究院国际发展研究所的姚帅、陈小宁、贾子涵对三次修订稿进行了综合审阅,提出了重要的意见和建议。方德瑞信负责人叶盈专门审订了《附录四 好的人道捐资原则》。此外,曹润青、陈安娜、郭阳、李红霞、李晓璇、林叶、马强、谭渝丹、田炜、于丽颖、张翼、郑晓、周沐君、周甜、朱刚、朱健刚、朱明哲等师友同事和我的母亲谭广洪都先后对本书涉及的理论、术语、引文、体例规范等提供过专业的意见和帮助。本书的责编和校对提出的详细意见，给沉溺于学科学术语言的我带来冷静的视角。億方公益基金会菁莪计划的资助有力地支持了翻译过程中多种参考文献的购买。在此对上述诸位表达诚挚感谢。在书中第八章，作者引用了利科谈翻译的句子，说人道主义的倾听和转译必然"历经某种拯救和某种对失去的接受"，这部关于人道主义的翻译也不可避免仍有偏离甚至错误之处，欢迎方家批评指正。

中文版前言
Preface to the Chinese Edition

我由衷地欢迎《人道伦理学》的中文版付梓，这是译者徐诗凌博士高超的技巧、辛勤的工作，以及她出色的顾问团队协助的成果。

中华文明是我们这个世界延续至今最古老的文明，有几种深切探讨"同情"的思想学说引领着中国的历史，尤其是儒家的伟大智慧传统，以及中国共产党消除贫困、促进人民繁荣和社会福祉的深刻承诺。我有生之年，能看到中国快速发展、重回世界最伟大力量之列，是一件了不起的事情。

因此，红十字国际学院和苏州大学将我的书选为其大型人道主义计划中的重要文本，我倍感荣幸。这个计划将教育和培训中国红十字会乃至"一带一路"沿线国家的姊妹红十字会与红新月会的工作人员。

在未来几年里，世界将与气候变化带来的灾难性影响、动荡的经济状况、无时不在的战争与暴力风险做艰难斗争，将有数百万人需要人道主义的帮助。中国现在提升其人道主义援助方面的能力和技术，可谓正当其时。在未来几年里，中国人民将需要中国红十字会做政府的强力助手，世界人民也将从中国特色的人道主义援助中大大获益。

承载了中国古老智慧传统的"四书"启示我们要在政府和个人行动中都贯行人道。孔子说："里仁为美。"孟子说："恻隐之心，人皆有之。"而《大学》则指出："为人君，止于仁。"

帮助苦难中的人从来都不容易，但这正是政府的基本功能之一，是我们为实现繁荣发展与社会正义的共同未来而努力奋斗时社会和经济的需要。在我们为了全球合作和全人类彼此尊重的人类共同命运而努力奋

斗时，将人道的精神和实质的支持给予从危机中恢复的人们，是我们所有人的责任。

我要向为了本书翻译做出贡献的每个人致以深深的感谢，尤其要感谢：中国红十字基金会副秘书长郭阳博士，伦理学顾问刘乐鸣女士和中国商务部国际贸易经济合作研究院国际发展研究所的姚帅博士及她的同事，还有进行文字编辑的严瑶婷女士，以及率先在学院人道教学中推重伦理思考的朱健刚教授。

雨果·斯利姆
2022 年，牛津大学黑衣修士院

Guided reading 导读

绝境中的最大努力

朱健刚

写这本书的导读是因为有个切身的经验。在 2008 年 "5·12" 汶川大地震的灾后过渡过程中，在中国红十字基金会的资助下，我们在极重灾区龙门山镇的三和坪参与灾民安置工作。记得那时我们先是用帐篷，后来用板房建立了社区活动中心，考虑到村民家里没有水洗澡，还专门修建了一个洗澡房。这个时候，对面的宝山村民也需要洗澡。但是宝山村民以前和三和坪村民有矛盾，那么新修的澡房能不能给对面的村民来洗呢？这是当时志愿者遇到的一个挑战，因为三和坪村民很可能不会同意，甚至双方可能爆发新的冲突。我那时恰好参与了这个讨论。志愿者考虑到宝山村灾民的需求，觉得应该允许他们来洗澡，但是两村之间的矛盾提醒我们不能硬性安排。于是资深的救援者邢陌想了一个办法，他就洗澡房如何管理的议题组织了村民议事会，顺带引入了这个话题让村民讨论，并提醒在紧急救灾的时候对面的村民也帮助过三和坪，强调困难的时候大家要互相帮助。最后大家达成了共识，允许宝山村民在购买一定的洗澡票后就可以来洗澡，这个问题算是比较圆满地解决了。

这个经历让我意识到"分配公正"虽然在理论上是一条大多数人都能接受的原则，但是在紧急救援的过程中，人道主义救援者要想让这条伦理原则在复杂困难的条件下落地和实现却并不容易，稍有不慎就可能出现事与愿违甚至给灾民带来更大的麻烦的情况。显然，一位合格的人道主义行动者需要经常进行伦理反思，进而有智慧和勇气将所信奉的人道主义原则贯彻在复杂困难的情境中。

这不是听迈克尔·桑德尔关于"公正"的公开课，可以从容地去辩论各种极端的伦理情境，而是要真刀实枪地在真实复杂的困难情境中迅速而又周全地做出决断。因此，行动者太需要一种"伦理胜任力"来支持自己做出抉择，而又能对此负责。这种伦理胜任力的培养显然需要理论的支持。这方面的应用伦理学的研究还非常不足，而雨果·斯利姆写的这本《人道伦理学：战争与灾害赈济的道德导引》在2015年的出版恰如雪中送炭。这是第一本系统讨论人道伦理学的著作，它不但探索了人道主义的伦理学源头，还明确地讨论了相关的人道主义原则及其如何应用于我们的实践。今年，苏州大学红十字国际学院的徐诗凌博士将其翻译成了中文，这对于今天在中国工作的人道主义行动者来说，无疑是一件有里程碑意义的文化事件。

我是一位人类学者，在伦理学方面只是一个初入门的小学生。但是，之所以愿意来写这本书的导读，是因为我看到书中常常引用人类学家对红十字会的民族志研究来应对人道主义行动中许多伦理原则在落到实处时所遇到的困难。这让我一方面看到很多真实的行动沾满灰尘，另一方面我也看到，即使沾满了灰尘，人道主义行动者仍然奋然前行，做点什么总比什么都不做好。这种精神激励着我，不自量力地来与读者分享我的阅读体会。此外，这本著作仍然是基于欧洲，尤其是英国的情境来撰写的。从人类学的视角来看，每一种伦理学思想都扎根在它本身的文化土壤中，当它落英于中国的土地上时，也需要我们从自身文化的情境中去加以解读。我想，这是这篇导读的一点微薄的意义吧。

这本书的结构颇为用心，很适合人道主义的实务工作者。它分为导论及上、中、下三编。首先谈到人道伦理学的理论源头，指出人道伦理的基础是基于情感伦理学的同情和爱。其次谈到人道伦理学的现代原则：人道、公正、中立和独立，这些原则构成国际法的重要规范。伦理学的基础也因此扩展到康德意义上的责任伦理。最后则专门讨论这些原则如何在现实中运用，会遇到怎样的挑战，如何克服，结果又如何评估。功利主义伦理学在这方面展示了其重要意义。我也按照导论及三编的顺序来分享我的读书心得。

导论

人道主义的兴起来自对人类所遭受苦难（suffering）的自助、互助与他助。

这种苦难可能源于自然灾害，也可能来自人类社会自身生产的暴力，更有可能两者混杂在一起，给人类带来更严酷的后果。当一个人面对苦难的时候，他需要帮助，这种帮助常常来自家人、朋友和邻里。但是当苦难足够大，远远超出周围熟人的帮助能力范围的时候，职业的人道主义工作者就出现了。自从红十字会出现以后，这个职业人群令人震惊地迅速扩张，书中给出了 2013 年的数据：国际人道赈济支出上升到 220 亿美元，触达全世界 7 800 万人。除红十字会和联合国机构外，全世界估计有 4 400 个非政府组织在执行某种类型的人道项目，工作人员达 27.4 万。

如果没有人性中的同情和关爱（care），很难相信有这么多职业人道主义者和机构会去开展这样的危险行动，这种关爱认为每一个人的生命都是宝贵的，毁灭人的悲剧需要马上停止。关爱也让人相信苦难之后，人类仍然可以重新开始生活。但是书中也警告：如果没有伦理的反思和指引，这种关爱的动机也可能带来恶的作为和后果。所以作者说："尝试帮助他人是很好的事情，但并不总是很容易。"尤其是要成规模地、快速地在复杂的、冲突的政治系统中开展救援，就更加困难了。要真正帮助人需要合作，而不是控制，需要把苦难中的人和社区仍然视作有主体性的人和社区，而不是所谓的"受益者"或者"客户"。作者在这里指出了写这本书的目的：通过人道伦理学的学习，让人道行动本身可以尊重人、与人们合作，以预防苦难、修复伤害，使人们从苦难中走出来，蓬勃发展（flourishing）。人类生命蓬勃发展的活力正是人道主义者所向往的。

　　这本书的对象是有人道主义关怀的行动者。过去，这类人道主义者常常被想象为西方人，因为人道主义组织主要是联合国及形形色色的发端于西方的国际非政府组织（NGO）。但是近年来，随着类似中国、印度等新兴国家兴起，这些国家也开始出现了基于非西方价值观的人道主义行动。尤其是在全球化的过程中，移民赈济的重要性越来越被重视：在原籍国之外居住或工作的人向家乡寄去大笔汇款，帮助并影响着在战争和灾害中受苦的家人和社区。同时，很多受灾国家的政府开始宣示自己的人道主义主权，这对来自西方的"远征式"的人道赈济也构成了挑战。如何协调这两者的矛盾，实现人道主义的平衡，是这些国家需要认真研究的问题。要实现这种平衡，双方能够形成实操伦理的共识就变得尤为重要。这些共识经常体现为二战以后全球大部分国家签署的国际法，例如1949年签署的《日内瓦公约》等一系列国际公约。而红十字会在1965年制定的《红十字与红新月运动的基本原则》成为各国开展人道主义行动的共识原则，其中的"人道、公正、中立、独立"成为全球普遍遵守的人道主义四原则，亦为法律所认可。此外，1997年的《环球计划标准》确立了一整套人道响应的救生工作中共通的保护原则和普遍适用的最低标准。1998年，联合国制定《人道主义宪章》，为这套标准提供了根基性的支持。作者认为这是迄今为止对人道行动所依据的道德原则和法律原则的最完整阐述。这些法规表征着人类作为同一物种逐渐走向伦理上的全球化。

　　中国也处在这一伦理全球化的过程中。但是，虽然有这些全球共识，在实践中，人道主义行动却常常陷于很多伦理困境中。西方的人道主义行动虽然看起来占据主流，但是在西方社会自身，人道主义行动仍然受到来自学术界和左翼思潮的诸多批评甚至责难。在这方面，作者有一种调停者（mediator）的气质，他一方面主张面对这些责难，人道主义伦理的基调"不应只是谨小慎微、消极负面，决意不做错事；而应是雄心勃勃、积极正向，努力把事情做好"，他选择了积极伦理，认为写这本书是为了鼓舞人心。另一方面，他也主张人道主义者要直面这些伦理困境。在这本书的开端，作者就抛出了这些困境。

首先，困境表现为人道主义可以行动的边界问题。人道主义似乎不可能关注所有的人权，否则行动就很难真正落地。那么，究竟什么是人道主义可以做的？哪些是不应该做的？哪些则在这两者之间？迄今为止边界仍然模糊不清。如安东尼奥·多尼尼所指出，人道主义有两个灵魂，"一个聚焦于同情与慈善的普遍价值，一个聚焦于社会的改变和转型"。这两个灵魂其实并不一致。作者指出，人道行动要想在世界各地都能落地，主要还是要回应威胁生命的极端状况，实践保护和拯救人类生命的伦理，而对社会转型的更大关切和对社会怀抱的任何一种政治野心则要尽可能克制和避免，虽然这些关切和政治关怀也是很有价值的。可以说，人道主义伦理须体现的"是为所有人类生命的尊严、保护和安全而斗争，而非为实现某种政治制度而斗争"。

其次，困境表现为人道主义模式中所蕴含的新殖民主义心态。例如，人道主义中的红十字运动就常常表现为一种"远征模式"，它被假设为从发达文明之地的西方进入非西方的落后贫弱之地。远征而来的人道主义工作者常常被要求扮演指导者的角色，更有甚者，一些外派员工过着殖民者一样的生活，开豪车，住豪宅。人类学家和社会学家将这种人道主义势力的后殖民世界描述为"赈济之境"（aidland），这种"赈济之境"遭到了当地人和西方社会本身的批评。如何避免"赈济之境"，更公平地分配人道权力，更有效地实现人道专业知识和能力的本地化，是人道主义者面临的挑战。

再次，人道主义行动中的志愿主义和专业主义之间也存在困境。志愿精神是人道主义运动的本质。人道主义基于对人类的爱，鼓励每个人都能够志愿参与，正是这种志愿主义的激情使得人道主义行动生机勃勃。但是随着人道救援越来越要求科学化、专业性，人道主义也就越来越职业化。于是，很多人道主义行动开始具有专业门槛，志愿者的激情则受到压抑，这就需要在志愿主义和专业主义之间找到一个足以履行责任的平衡点。

最后，还有一个略显微妙的伦理困境，那就是人道主义整体所标榜的利他主义精神和每个人道主义行动者个体自身的利己动机之间的张力。很多中年人之所以选择人道主义，是如同参与一场过渡仪式，期待自己的生活进入新的阶段。这无可非议，但是很多复杂的利己动机如果处理不好，就有可能损害到整体的利他主义精神。

政治资金和政治压力也总是困扰着人道主义行动。大部分人道主义资金来自西方国家，这也是它们应尽和能尽的责任。但是，西方国家在考虑哪些地区要重点援助，哪些地区则可以搁置时，仍然受到地缘政治的影响。而作为受助国的政府同样也可能出于自身的政治考量而限制"人道准入"。毋庸讳言，这常常是人道主义行动的伦理挑战。

人道主义机构之间的竞争和合作也常常给机构带来困扰。为了人道主义的目标，各机构本来应该相互合作，达到最大的效率和效能。但实际上，各个机构之间一直在为使命、优先事项、战略、钱、活动地域等争论不休，各自为战的情况屡屡发生。作者同时也指出，更需警惕的是期待由全球某个单一超级机构来统一指挥的主张，因为这可能会带来更多的官僚主义，也更容易被政治势力所控制。

除此之外，人道主义工作者和人权工作者之间也存在着伦理上的张力。人权工作者通常相对直接和激进，他们常常批评人道主义工作者对侵犯人权的行为保持沉默及和侵犯人权者密切合作。而人道主义工作者则认为：为了让人道救援可以以某种形式真正落地，让当局给予持续容忍，这种沉默和合作是关键，因此较为温和的评估、呼吁、谈判是人道主义行动者的传统。但是这也确实会给人们带来对"灰色地带"的焦虑。这种焦虑像秃鹫一样萦绕着人道赈济的事业。许多批判者指出：人道赈济中存在的这种"灰色地带"试图采取"小恶"的策略，来减轻恶的最坏影响，但事实上小恶却让恶得以施行。许多出于善意的行动也许会给并发的暴行铺路或掩饰。虽然我们不必过分夸大人道赈济带来的这种负面影响，但是这种共犯的风险始终存在，值得每个行动者自省。

以上列举的种种人道伦理困境，在中国同样会遇到。这些伦理困境也构成全书的起点。要试图理解、平衡甚至解决这些困境，就需要首先理解人道伦理的底层逻辑。这些逻辑其实有不同的脉络，这本书主要基于西方的人道伦理脉络，也加入了一些阿拉伯和中国的智慧。我试图以我对西方伦理学的理解来认识这些脉络，并试图在中国情境下进行探索性反思。

上编　伦理学基础

　　理解人道伦理学的源头首先需要理解伦理的源头。中文的"伦理"本意是如何打琢玉器,把这个玉不断打琢,它就从一块璞玉变成一块精致的美玉,这也是中国人对伦理思考的想象。中国人把伦理理解为人伦之理,人与人之间及人与己之间应当如何交往,形成怎样的关系,这是伦理思考的问题。英文中"ethics"(伦理)一词则由希腊语"ethos"演变而来,意思是品质,伦理学就是对人的品质进行审慎的思考。当然西方伦理也要考虑人与人的关系,但是由词源可以看到,西方也有另外一种对伦理的思考。它关心的是人生学的问题,就是人怎样生活才是有意义的,什么样的生活才是一种美好的生活。伦理学就是对人的生命中的价值和意义进行判断,这可以看作是美德伦理的逻辑起点。

　　人道伦理也因此认为每个人的生命都是好的,所以无论何时何地,只要可能,就应当保护和拯救人们的生命。由此产生了利他主义的伦理。人道行动勇于拯救苦难中的生命,其基础就是人道主义者对在极端情况中生活和受苦的他人产生同情和责任的深刻感觉。那么人类为什么会有想要弥补苦难、不再制造苦难的愿望呢?作者觉得利他主义是非常重要的人道伦理基础。他在这里详细阐述了澳大利亚著名应用伦理学家彼得·辛格的观点。

　　辛格在伦理学上声望卓著的最重要原因在于他提出了动物解放的观点,他把伦理原则从人与人关系的处理转化到人与动物关系的处理。他认为这是因为人这个种群经历了利他主义的演进过程。这种过程有三个阶段。第一是亲缘利他主义阶段,前人类(pre-human)和人类祖先对和自己有血缘关系的他人的关切,主要是基于家族和我们自身让DNA存续下去的生物渴望。第二阶段是互惠的利他主义,这使人的利他超越了亲族的圈子。互惠和市场交换不同,是一种互助的馈赠关系。很多志愿者参与志愿服务都是基于这种互惠的利他。他在帮助一个人的时候没有想得到物质回报,但是却能够收获道德回报、情感回报乃至个人的荣誉和声望等。而且这种互惠还可以传递下去,更多的人可以被想象为进入这个互惠圈里，形成爱心传递。再进一步，就到了第三阶段。随着人类理性的发展，人类发生了道德的大转变，可以采取"客观观点"来想象和理解"他者"，即使对方是陌生人也能想象什么是好的、公平的，这就可以产生"普遍的观点"。辛格说人类社会到二战之后，超越了互惠利他主义，毕竟在互惠关系中，人还是有回报的期待的。二战后国际组织开始强调普遍原则，不再考虑自身利益，而是考虑怎样纯粹实现他人利益，这是一种"普遍的利他主义"。普遍利他主义是人类文明进步的重要标志。

普遍性的利他主义产生了普遍性的原则伦理，道德原则因此具有客观性。这样的人道伦理立意高远，但却并不容易做到。而斯利姆在这里还是选择了更接近人们经验直觉的情感伦理作为人道伦理的重要脉络。

情感伦理强调人的同情和共情是道德产生的基础。这方面的重要人物是16世纪的休谟，他是不可知论的代表学者。他指出实然和应然是完全不同的两回事，它们之间也没办法连接，所以很难用逻辑来证明我们应该拥有人道主义价值。因此，伦理来自情感和由情感产生的想象力。情感可以理解成一种由振动产生的共鸣。这个共鸣就像一个身体的感官一样，看到苦难你就忍不住颤抖，忍不住流泪。共情由某种特殊的思想和想象反映在情感上塑造而成。正是因为人有情感和想象他人情感的能力，所以我们才具有道德，我们开始关心别人。

休谟说："对于与我们有关的每样事物，我们都有一个生动的观念。一切人类都因为互相类似与我们有一种关系。因此，他们的人格，他们的利益、他们的情感、他们的痛苦和快乐，必然以生动的方式刺激我们，而产生一种与（对方经历到的）原始情绪相似的情绪……这一点如果是一般地真实的，那么对于苦恼和悲哀来说就更是如此。"这是我们成为人类的关键原因。当全人类都能参与这样的共情，人道主义运动就能够在全世界推广。而"理性是情感的奴仆"，它帮助人去平衡这种情感，因为人经常会对自己的共情产生"误识"，需要理性来查证事实，评估可行性，避免选择和策略中的偏倚，用理性来理解。

承接着休谟思想的是亚当·斯密，他写过《道德情操论》。他认为同情是人的本性，无论一个人在别人看来有多么自私，天性中总是存在着一些本能，这种本能使他总想去关心别人。尽管他从别人的幸福里除了感到高兴以外一无所得，但他仍然能够对别人的幸福感同身受。亚当·斯密把这个本能称为良知。良知就像一个观察者一样，站在你内心深处，不偏不倚，非常客观地看你。每天你在做行为决策的时候，你的内心就有良知说：你做得对吗？你有同情心吗？这是你的真实情感吗？亚当·斯密认为：良知不完美，但是人人都有，它会依照一个合宜的原则来调试你的同情，告知你对不同的人应该予以不同的同情，告诉你如何根据自己的良知行事。所以它不是公正，不是正义，因为正义是一个社会的公共原则，良知则是你内心的那位观察者。亚当·斯密认为人没有办法通过经验来知道最终的真理，但是我们可以通过经验依照一个合宜的原则来处理自己的同情，这被称为"合宜的同情"。同情不能泛滥，要根据合适的原则，对跟你亲密的人好一点，多关心一点，对不那么亲密的人就不要装作很关心的样子。他认为，同情的强度随人与人之间距离的缩短而加强。

现象学对于利他的重要性也有新的认识，它认为：你之所以成为你自己，是因为有他人的承载。知道你周围人怎么样，才能知道你是怎么样的。一个人的自我认同在与他人的互动里才能建构，在这样的伦理下，你就知道要利他，因为利他之后才有可能利己，其实这很类似儒家所说的"成己成物"。现象学不同意"我思故我在"这样的论断，而认为是"我相遇，故我在"，是因为我开始跟他人有了交往，我才存在。人最深刻的存在感和意义来自与他者的遭遇及由此而产生的个人责任感。这是很多人去做志愿者的原因，因为他在这里感觉到别人的情况及跟他相遇的情况，让他体会到自己的责任感。在马丁·布伯的著作《我和你》里，作者说道：我们首先是在他人之中找到意义，你为什么存在？你为什么活在这个世界上？你活在世界上干吗？有什么意义？如果只有你这一个人，没有什么可回答的，你也不知道如何回答。只有和大家在一起的时候，你才能回答我到底有什么意义，到底有什么价值，有没有作用。只有在遇见另一个人的时候，我们才发现自己是人。这种认知解释了我们在自身存在中感知到的价值，同时也确立了他人的价值。

你要找到的自己的价值，也是跟他人一起共同确立的。

现象学者利普斯讲过，什么叫我？当一个人跟他人相遇的时候能看到什么？脸。这个脸非常重要，只有看到、听到、触摸到他人，我们与他人的相遇才会成为伦理的，你才会说我应该怎么跟他相处。所以列维纳斯说，与他人面对面是深刻的责任召唤。伦理最重要的召唤就是要给人一种感觉：我在这里。当你处于困境的时候，你会相信我在这儿。所以人道主义行动强调回应是伦理上的第一动作。回应表明我对任何人是负有责任的，我对他人负有责任，而因为对他人负有责任，我才成了我自己，成为一个有道德的自己，成为一个好的人。哲学家利科说，这叫"善良涌现"时刻，是人类生命中的黄金时刻，也是为什么人们前仆后继去做红十字会的志愿者的原因。就是在这一刻，在他以一种谦卑的态度去帮助人的时候，他成为人了。自发的仁慈才是真正的关心。

所以，这种情感主义脉络下的伦理考虑是怎样达到一种好的善，来重新安排人类关系？这种善的核心就是共情。共情是从感知到对他人动作的一种内在模仿。它产生一种主体间性，即他的经历可以转化成你的经历，你的经历又可以转化成他的经历。如果你曾经做过一线的援助，你就会有这种共情的感觉：彼此经历的分享，彼此的鼓励，直面他人的苦难，并开始与受苦的人发生生理上的同一。人道伦理的起点正是认为情感、同情、共情是人类的天性。

所以，这种情感主义视角下的人道伦理，就是对他人苦难产生共情的一种丰富感情。在善和恶、在对和错之间做出选择往往是急迫的，需要也基于在选择后去行动的渴望。这种情感伦理有三个环节：产生共情—共情产生愿望—愿望产生行动。人道主义的行动正来源于此，虽然它常常以普遍的原则伦理形式出现。

中编　人道主义原则的现代阐发

作者在中编的开篇就集中讨论何为原则及原则的分类。原则可以看作"一个信仰或行为体系的基本主张"。这不禁让人联想到康德所说的绝对律令。当然这些原则本身并不是绝对律令,但是也确实被视作基本真理或道德规范。然后,原则伦理从这一真理出发,推导出具体的规则,这些规则指引我们如何根据原则生活和行动。

人道伦理的普遍原则有三类:第一类是绝对性原则,是应用于任何场景的"无例外规范",如禁止谋杀就是一条绝对性原则。人道伦理的绝对性原则有两个:一是人道,二是公正。

第二类原则是义务性原则,大部分原则都是强力的义务,除了一些特别的例外,它适用于所有场景。允许例外是它区别于绝对性原则之处,例如要喂养子女。这一道德规范真实,有强制力,但并不绝对。当唯一可获取的食物就是你的邻居还活着的孩子的身体时,人(在道德上)就不能将这一规范付诸行动。人道伦理包括三个这样的原则:中立、独立和尊严原则。

第三类原则是追寻性原则,体现了我们应当追寻的完满理想。追寻性原则关乎卓越,向追寻性原则看齐的过程本身就有道德价值,令我们接近这些原则,即便永远不可能完全实现。追寻性原则带来劝诫和鼓励,而非义务和约束。人道伦理中这样的原则大概有 33 条。

对于这些原则的恰当理解非常重要,它包括"在特定情景中充分理解原则的含义"。道德常识要求我们将一条原则优先置于另一条之上。这意味着当两条原则在具体情景中发生矛盾时,我们得衡量其相对重要性,从而在具体的时刻找到两条原则之间正确的平衡。

读到这里,需要理解义务伦理学说的脉络。18 世纪德国哲学家康德开启了道德判断来源于人类理性的传统,并提出了"定言命令"(categorical imperative)的原则。"定言命令"声称,"我决(绝)不应当以别的方式行事,除非我也能够希望我的准则应当成为一个普遍的法则"。换言之,康德认为,理性对每个人处于我们的位置上都会做的事提出命令,这时我们听从这理性的命令,是活得最好的。这一派伦理学很快被称为"义务论"(deontology,从希腊语的"义务"一词衍生而来),因为将康德的"定言命令"付诸应用,就创造出在具体情形中的一系列绝对义务。康德坚持各种道德的绝对命令是普遍的原则。康德认为:如果一个认为自己有道德的人依靠道德来追求幸福,那么这个道德就不正当也不高尚,因为它是为了追求别的东西。他认为人遵守道德只因为道德本身是对的。所以他说:道德的正当性来源于每个人都有善的意志,由善的意志的理性推理出来的道德原则才是最高的,才是无可辩驳的、至高无上的。由善的意志推理出来的理性推理就是理性,而理性才能形成道德基础。

正因为此,红十字会的人道主义会说这叫绝对原则,对所有人都适用的原则才是真正的原则,不可撼动。按这个原则做的道德才是真正的道德,而且是不可撼动的道德。

中国古代有句话跟这个非常相似,叫"己所不欲,勿施于人"。按照绝对命令去做,不一定给你带来幸福,你可能为此丧失钱财,甚至结束生命。但是因为你遵守了这个绝对命令,你就一直在过最好的生活,因为这是最道德的生活。南丁格尔到处去救人,而家里一贫如洗,过得很苦,可是她遵循道德的绝对命令,因为她遵守道德的绝对命令,所以在康德看来她活得最好。

康德认为绝对命令产生绝对义务,绝对义务就是一个普遍的原则,对所有人都是很重要的。康德甚至鼓励不动情的义务,这方面他跟休谟、亚当·斯密很不一样,他认为从感性印象而生的情感对道德感没有真正的影响力。因为你出于别的目的来遵守道德行为,不能证明你是个有道德的人。所以遵守普遍原则不是为了别的目的,而是因为原则本身的正确。比如对人道主义来说,人道就是最基本的原则,绝对不能破,其他原则可以讨论、商量,但是这个原则不能破。这种思维方式就是绝对命令的思维方式。

康德在《道德形而上学的奠基》中论述了三条原则。第一,你所做的行为是你认为其他一切人都要去遵守的原则,所以这个原则就是普遍原则。第二,人是目的。因为人是理性的存在,理性的人不应该作为工具和手段,理性就是目的。所以人作为理性的载体,人就是目的,甚至是唯一的目的。理性的人,当然也可以说是有理性的生物,有理性的生物也可以包括其他物种。所以战争可能有正义的战争、非正义的战争,敌人可能是好人,也可能是坏人,但这些都要服从人道的普遍原则。红十字会医院里面经常有这样的案例。这个人已经病得快不行了,他在当地做了很多非人道的事,是坏人,那么救不救他?红十字会说救,因为它说人是目的,即使他有很多缺点,干了很多坏事。

康德说:"没有任何偏好再鼓动他去施惠的时候,他却从这种死一般的麻木中挣脱出来,没有任何偏好地、仅仅出自义务地作出这个行为;在这种情况下,这个行为才具有其真正的道德价值。"[①] 不是为任何自己的幸福及后面的目的,你做是因为这就是原则,这就是应该做的。我们大部分人做不到,但是总有一些人能做到,奉献自己、牺牲自己,最后做出的事情让我们感动,让我们敬佩。所以康德被认为是西方的"墨子"。

善意的准则(实践上的以人为友)是所有人彼此间的义务,不论人们认为这些人是否值得爱,所依据的是伦理学的完善法则:爱你的邻人如爱你自己。谁是你的邻居?在基督教或者康德看来,所有其他人类都是你的邻居,你爱他跟爱自己一样,这样才有和平的可能。他说了第三条原则:将我和我之外的所有他人一起,按照平等的原则包括在交互善意的义务之中。要想允许自己对自己有善意,就得以对他人也有善意为条件,这样"才能获得普遍立法的资格"。这个法是所有人都要立的,不是上帝立的,是人立的,是人依据自己的理性立的。

《道德形而上学的奠基》所列的这三条,成为二战之后联合国奉行的普遍原则,所有人都应该遵守。这有些不可思议,但事实就是大家都接受了这些原则。理解了这个义务伦理的脉络,我们就很容易认同原则伦理,也很容易接受人道原则和公正原则作为人道主义的目标原则。前者概括了行动的目的,后者概括的是行动的实施须普遍并不带歧视。在人道伦理中,这样的绝对原则就是人道和公正。

1. 人道原则

什么是人道原则?让·皮克泰在1965年为国际红十字与红新月运动目标写下了著名的标准表述:"防止并减轻无论发生在何处的人类苦

[①] 康德:《道德形而上学的奠基(注释本)》,李秋零译注,中国人民大学出版社,2013年,第14页。

难。其目的是保护人的生命和健康,保障人类尊严。"

在国际关系和国际法中,"人道"(humanitarian)一词特指对因武装冲突或灾害而受苦或可能受苦的人开展有组织的援助和保护。人道主义首要的原则就是人道。因为人是目的,所以人道当然首先强调人的生命的重要性,这是人最重要的权利。作者谈到这种人道首先是作为价值而存在的。英语中公益慈善的词汇叫"philanthropy",其希腊文本意就是爱人类。它来自古希腊的悲剧《被缚的普罗米修斯》,普罗米修斯为了人类盗火,被宙斯惩罚,他盗火就是因为他"爱人类"。

这个形象特别重要,这是西方人道主义者常有的道德想象。普罗米修斯为了人类福祉而盗火,结果自己被抓住,天天被折磨,然而还是继续爱人类。"philanthropy"这个词是整个西方慈善逻辑的一个精神原点。这个词一出现就具有双重逻辑:第一,他有对人类的爱。你为什么愿意做这个事情,因为你有爱,这是非常重要的一个原理。而且爱好像是敞开面对整个人类的,具有一种普遍性。第二,它出现了一个冲突。这个冲突实际上是一个关于正义的冲突,火只能给神,不能给人,这是一种分配原则,普罗米修斯似乎违背了神的正义。但是人间诸多苦难使得普罗米修斯认为人类也应该享有火,所以普罗米修斯给人类带来光明,而这与神的权力发生了冲突,这种张力一直在西方公益慈善伦理的脉络里面时隐时现。

爱人类很多时候表现为愿意分享,愿意与同样面临苦难的人彼此分享食物、分享水、分享生活的资料、分享思想,可以谈话,可以交流。阿伦特说这样的人就叫爱人类的人,它产生一种反义词——还有另外一拨人,冷漠、不关心别人,叫作厌恶人类者。人道主义者就是一群爱人类的人,并抵制很多厌恶人类的人。

阿伦特说爱人类的人非常重要,因为只有通过谈论世界和我们自身正在发生的事情,我们才能把"他们"人性化,她认为正是爱人类这个行为使我们成为人。所以西方很早就产生了人道主义的原则。

人道可以看作一种德性。这又涉及伦理学中的德性伦理脉络。亚里士多德在他的《尼各马可伦理学》中谈道:万物都有目的,这个目的就是善;一个人实现了自己的目的,合乎了这个目的,那就实现了善。人的目的就是过好生活。大家都想过好生活，你能过上好的生活，你就拥有一个有德的生活。这种有德的生活，他用了一个词"eudomonia"，意为繁华的、充满生命力的、充满意义的幸福状态。好的生活就是使自己幸福地生活，幸福地生活就是去追求内在的善，而追求内在的善就是要成为一个有德性的人。所谓有德性，就是你应该按照你想要的那种人的状态来生活，如果这样生活，你就成为一个有德性的人，有这种德性会让你变得卓越。卓越就是好的行为、品性。这个跟儒家成为君子的修行实践很像。

亚里士多德还有一个跟儒家类似的观念，就是中庸。除了绝对的善和绝对的坏以外——比如说杀人是绝对的坏，这个我们不讨论——他说德性在很多情况下就是选择在态度和行动上过分与不足之间的状态，这个时候你就过上有德性的生活。比如勇敢，他说人有时候很怯懦，也可能是莽勇，勇气就是在中间选一个黄金均值，你达到这个位置、这个状态就对了。培养这些中庸的德性，并能够在面临艰难选择的情境下仍然保持这些德性，这就是人道主义行动的原因。那么，如何去实现中庸的德性呢？他讲得非常简单，就是反复地实践、不断地实践，发展这样的品性，最好让你不管在何种状态下都是这样的人，这样你就是幸福的。我们看到在灾难救济中，有些人很镇定，他具备一种美德，这种美德使他在做这些行为时能够达到这样的一个状态。将这些有道德的解决问题的经验积累下来，就能够发展出一种在生活中产生实践智慧和判断力的习惯。优秀的红十字的人道主义救济者就具有这种习惯，知道对这种状态怎么判断、怎么做出抉择，这种抉择往往会让人觉得他在伦理上、道德上处理得很妥当，既遵守了原则，又可以付诸行动。这些原则既基于直觉的理性，也基于思维的理性。在救灾或者战争救济中，最重要的美德就是敢于做出决策，并且能够承担责任。这是一个有道德的人的行为，这种德性需要平时不断训练，训练的逻辑基础是人就是要成为这样一个有德性的人，这样才能获得幸福，拥有幸福感。

当然，美德伦理也有一个问题，就是如果有一种原则你觉得是对的，但它不会助你获得幸福感，你还要不要遵守这样的原则？比如说不可撒谎，你觉得不可撒谎是对的，可是不可撒谎可能会使你的幸福感减弱，你会遇到很大的困境。所以这个时候就会觉得这似乎不是原则本身的问题，而是你试图因为撒谎或者不可撒谎去获得幸福或者别的东西，那么这和那些通过德性追求钱财的人似乎没有本质区别。基督教伦理的兴起很大程度上就是对古希腊这种美德伦理的批评。

中世纪晚期，古希腊哲学重新兴起，跟希伯来文化合一，开始生发出经院哲学，也由此产生了一个非常重要的词：怜悯。这个词对启蒙时代的情感伦理产生了极大的影响。因为你如果像上帝一样去思考，就容易对一些苦难的人产生怜悯之心。阿奎那这样描述怜悯：心上即时感受到的感情，这种感情让我们可以感受到他人受苦如同自己受苦。我们一般称之为同情，你其实不苦，但是你看到他苦，好像你也苦，你能感受到这种苦。怜悯看到了一种人性，阿奎那认为以上帝之名，这种怜悯也可以在人与人之间发生。

在16世纪的英国伦敦，每个周六早上，富人们都会打开家门，纷纷扛着自己的食品，如面包、糖、水果，前往西部的贫困区，给那里的人们送食物、送水果、疗病、安慰，这些行为的背后就是怜悯。但这个怜悯不像上帝那样是无条件的，而是有"情感"这个因素的存在。

西蒙娜·薇依进一步发扬了"怜悯"这个词，她主张接近受害者的时候需要有关爱、好奇和回应的精神。怎么体现你是一个人道主义者？一定要跟这些苦难者在一起，要积极回应，问出要紧的问题：发生了什么事？你感觉怎样？你需要什么？我能怎么帮你？西蒙娜·薇依这么想，也这么做。她放弃优越的生活，和工人一起同吃同住同劳动。她说："这种紧密、纯净、毫不谋利、毫不索取、慷慨给予的关注，它的名字就是爱。"这是人道主义在实现的时候一种最深切的感觉。

弗洛姆在《爱的艺术》中讲到："爱"是对我们所爱之物的生命和生长的积极的关心。人道原则牵涉的就是这种最深刻意义上的爱：行动因对彼此的爱而生，理想的人道主义行动是爱的显现，会尊重、关心、理解和回应。

2. 公正原则

在皮克泰的红十字标准表述中，公正原则是指人道行动不因国籍、种族、宗教信仰、阶级、政治见解而有所歧视，只是努力减轻人们的疾苦，优先救济最困难的人。这条原则展现的是如下的伦理准则：普遍、无歧视、平等、客观、公平。这条原则听起来很简单，在中国做起来却很难，因为中国人的儒教伦理是强调救济与教化相关联。一个人家里很穷，但是游手好闲，这种人就不能救。但这个伦理和现代福利理念是冲突的。在现代福利观里，即使是道德不好的穷人，国家也仍然有责任救济。为什么呢？因为他是人，人道原则规定了：有这样的平等，是因为一个人的生命本身就是好的，而非仅是因为其生命是实现更大的政治或社会目标的工具。人的价值乃是基于生命，而非基于有用。因此公平是对施害者和受害者都给予均等救济。

公正的原则强调需求为本，在人道行动中唯一能合理区分必须照看一个人、不照看另一人的理由，就是他们的相对需求不同。换言之，要衡量不同人的生命的优先性，只能基于谁更可能失去生命。是苦难的客观程度，而非信仰和身份这样的主观联系，决定了如何合适地衡量人道行为孰先孰次。人道响应和人们的需求相称，而非与其身份相符。书中引述了彼得·雷德菲尔德为无国界医生组织写就的伦理学民族志，让人印象深刻：在卢旺达大屠杀期间，无国界医生团队依据来到诊所的人们额头上贴的写有号码的胶带来进行分诊。奥宾斯基回忆：1 号表示即刻治疗，2 号表示在二十四小时内治疗，3 号表示无可救治。3 号都被转移到急救室对面路边的小山上，尽可能让他们舒服一点，在那里死去。无国界医生团队发现，这个过程对人的刺激极大，但奥宾斯基还记得 3 号队列里一位伤得不成人形的女人看到他如此垂头丧气，悄声对他说，鼓起勇气，去照顾其他人吧。

这种公正原则的基础，就是将人都看作人，而不是将人看作行动主体。大多数规范性伦理框架理所当然要关注个体行动、行为、恶行和个人责任，所以大部分的伦理学感兴趣的是正义和公平（fairness）。而人道伦理在这些方面似乎有道德盲点，但人道伦理强调活该受的苦（deserved suffering）和不该受的苦（undeserved suffering）之间的区分。一个重要的问题是：一个人对其他人的苦难负有责任，就应削减其得到人道待遇的权利吗？

这一方面需要法律对一个人是否要对他人苦难负责进行正当程序和人道法的确认；另一方面，人道伦理尊重仁慈（mercy）的价值，将之看作有人性的德性所涵括的内容。人道伦理似乎深信人的善良有可能回归。在传统中，向人们展现仁慈和宽恕，是为了给他们一个从错事中回头的空间。

关于公正，还有另一个公平性的难题，即有些人似乎比其他人更好或在战略上更重要，是否更应当获得人道的帮助？如能干的政治家、妇女、人道的士兵等，这时如果坚持平等待遇似乎很不明智。也许更能做好事的人，应当在诊所里排到队伍前面去？这样的思考似乎很有道理，但是这种正向歧视（positive discrimination）的公平性问题之所以产生，是出于功利主义的审慎考量，作者认为这并非因为正义。

政治哲学家约翰·罗尔斯在处理"可允许的不平等"问题时，认可了他所称的"差别原则"的存在是正当的。这一原则容许地位和利益回报存在差别，但须基于两个条件：第一，这些差别所从属的公职和职位应该在公平的机会平等条件下对所有人开放；第二，这些差别应该有利于社会之最不利成员的最大利益。

但是要达到罗尔斯这种前提其实非常困难，例如对妇女和儿童的优先就并不符合罗尔斯的两个条件，而是基于如下考虑：一是这两个群体的需求超出其他群体；二是妇女在公共恢复过程中有更大的作用，因而有这种合理的偏向。在根据性别和年龄决定分配方案时，各机构就会发现，儿童的脆弱性真真切切地给他们造成了更大的需求。儿童无法像成年人一样尝试多种应对策略，还往往面临很大的遭受剥削的风险。儿童仍在成长、发展，这意味着他们在童年遭遇的任何健康损害和社会性伤害都会对其生活际遇产生持久影响，所以他们的即时需求可能比成年人更具长远意义。

3. 中立、独立和尊重

还有几条原则值得我们来理解，例如中立原则。当我们说到中立原则的时候，实际上是讨论如何在常见于战争和灾害中的激烈政治对抗和利益冲突的现实条件下实现这一目标。中立是非常重要的原则。皮克泰在分析人道主义原则时，定义"中立"如下："为了得到所有人的信任，红十字在敌对状态下不采取立场，任何时候也不参与带有政治、种族、宗教或意识形态性质的争论。"

在人道行动里，中立是一件服务于特定目标的明智之事，体现了审慎（prudence）的德性。审慎可能最好被诠释作"实践合理性"（practical reasonableness）。没有人会主张中立是一种要在日常生活中培育的寻常德性。相反，这是一种超乎寻常、不同于一般的审慎，只适用于专门角色和情景。中立在个人伦理中一般被看作是道德失败，但是在人道行动里的道德角色中是成立的。皮克泰也谈到，这样做是要保持审慎，以在冲突中获得所有相关方的信任，毕竟人道主义中立的主要目标并不是站得离冲突远远的，而恰恰是到冲突里面去。

独立则是人道主义的另一条执行原则。皮克泰为红十字运动界定的独立原则是：始终保持独立自主，以便任何时候都能按红十字的原则行事。执行独立原则很难，中立、独立在优先级上次于人道和公正。独立，即意志和行动的自由，本身是一种善，但从不被看作是绝对的善。我们不会将完全独立于他人的生活看作是好的生活，完全的独立实际上是孤立，甚至是不可能的生活。我们都为各种事情在不同程度、在生命的不同时期倚赖其他人，我们也都会向权力妥协。所以，独立固然是指不受外部干预的自由，却不可将人道自主权理解为专断独行。

尊重原则是红十字会后来加上的。1991年，《行为准则》在皮克泰的人道、公正、中立、独立的四大核心原则之外又加了六项原则。这六项原则，即准则的五至十条，是关于如何与受影响社区及各种组织、权力机关一同工作。这六项原则借用了政治伦理、社区发展伦理和人权原则来定义人道机构和它们要帮助的人群之间恰当的工作关系。更具体地说，这些新的原则肯定了尊重人们尊严的重要性，以及他们参与人道行动执行过程的权利。

尊重原则包括尊重文化和习俗，建设当地能力，实现有效的集体行动和互补，让项目受益人参与救灾管理，这些都是发展的基本原则。但是尊重文化与习俗其实并不那么简单。有时候让人道救助的速度优先于文化尊重，在道德上还是可接受的。这就意味着，在极端紧急的时刻，没有时间开全村会议，或者突然有一大群人道工作者抵达贫民窟或者乡村地区，没有时间用于礼貌介绍、获得许可、达成对当地规范的一致认识；这种时候就有必要直接上手做事。这种早期的权宜有时是正当的，但对于任何最初的尊重不足或违反地方习俗的行为，都须尽可能早地通过道歉、补偿和做出新承诺来加以弥补。此外，如果一种文化是厌恶女性，只让男人参与人道决策，或者在应急食物发放中偏向男童的，这些就与人道主义的基本权利和自由产生了冲突，在伦理上是有问题的。尊重这种文化及其结构，就是与错误行为共犯，违反了人道和公正这些绝对原则，也违反了重要的人权。因此任何一个机构都须明确证明有更大的善，才可与有这样的文化结构和习俗的地区合作。通常，人道机构都会对这些习俗构成挑战。

人们的参与也是尊重原则的重要体现。只有当地人能够"参与援助项目的设计、管理和实施"时，援助才能做得最好。因为真正的存在（being）是参与个体或集体活动，由此创造人们自身的利益，并共享身边的公共利益。所以须将参与看作人类生活中的一种基本的善。能够加入社会、切身地参与社会，是现代西方哲学中的一项基本价值。阿马蒂亚·森指出解决贫困问题的主要动力是让穷人可以自由参与到这个过程中来，所以他说：自由是人类发展的主要推动力。

理想中的"充分参与"，最好是类似约翰·加文塔所建议的"积极公民"模型。这种"公民的方法"使人们的参与与政治保持关联，尽可能地与国家和地方当局的职责和义务相连。这种思路也理所当然地成为武装冲突和灾害中的趋势，具体表现为，国际人道法（IHL）及各国和国际灾害法的发展动向都将人们从受苦中恢复确立为政府的重大政治责任。

作者着重批评了"受益人"这个词可能带来的三重道德风险：首先，这个词预设了人们受益，且只会受益。这个词持续地在潜意识中强化人们在其生存中是被动而非主动的观念。如果在项目里一路谈论受益人，就不可避免地、下意识地丧失了对项目质量的客观感知，就不太会去思考项目可能带来伤害，或者人们经历的困难。其次，使用标签就是在归总。将每个人都称为受益人，我们会倾向于泛泛地预设社区中的人们都是一样的，经历相同，需求相同，也应得到相同的东西。归总而论会阻碍细致地思考人群的多样性。最后，我们按类别谈及人群时，就可能开始将他们去人化了。拒绝将人当作人来谈论，是麻木和负面建构的第一步，这正是构建敌意的重要部分。这显然与人道主义工作者看待自己尽力帮助的人的态度相去甚远。因此，当我们谈论和思考人时所使用的语言越是个人化，我们就可能越有人性。

在原则伦理的最后，谈到了管理原则，核心是可持续性原则、问责原则和有效性原则。这些是实务工作者耳熟能详的，此处不再赘述。需要说明的是，红十字运动进入中国，并不是一个中国简单接受西方文明的过程，而是当时的行动者把中国传统伦理与西方红十字运动的伦理结合生成的一种碰撞和互动回应。总的来说，墨家的伦理和红十字运动的伦理有着很多相似性。兼爱，非攻，有力者疾以助人，有财者勉以分人，有道者劝以教人，这些都是墨家所主张的，相信这些主张自然就容易接受红十字会的伦理主张。接受西方伦理是因为它跟我们传统的伦理有契合之处，上海万国红十字会就是这样从急救善堂发展而来的。

下编　人道伦理的实践

基于原则的伦理体系是必要的，但还不足以应对人道主义实践中的伦理挑战。所有基于原则的复杂体系都明白过度简化的"原则主义"的不足，因而会在其伦理中纳入其他的伦理实践并加以重视，如思虑、良好判断、实践德性的培育等。这一编是全书的亮点，因为我们最关心的其实不是原则，而是关心真正实践人道伦理是什么样子的，我们要如何运用我们的心、脑和手来遵循伦理，做出合乎伦理的决策。作为人道主义从业者，我们又如何能够一以贯之地进行伦理实践，从而能够现实地、习惯性地遵循人道主义原则，实现知行合一。

这是很不容易的，因为我们作为有伦理的存在，所拥有的经验是感觉、思考和行动的混合。人格的这三个方面——心、脑和手——在我们要做出道德实践时，都需要运转起来。阿拉斯代尔·麦金太尔认为启蒙时期的各种哲学家错误地对伦理实践进行了二元的定义：要么是根据规则的"计算"，要么是情感上的"偏好"；这种二元对立使得人们的头脑中只剩下晦涩又彼此冲突的伦理"碎片"。他呼吁要回到更为整体的亚里士多德和托马斯·阿奎那的路径，以德性的培育为基础，使思想、感觉和习惯合而构成实践智慧。这种整体主义的伦理观我很认同。对大部分人道主义实践者来说，最契合实际的应用伦理学应该是在时间推移中发展出人道主义德性，他们可在日常和在重大危机之时都应用这种德性。而德性要运用我们所有的道德机能才能生长出来。在下编中，作者对德性的要素做了细致的分析。

德性首先表现为理性。有两种极为理智的、计算性的思想流派主导了现代西方文化中的人类福利伦理思想：基于义务的伦理学和功利主义伦理学。前者我们已经在中编讨论过，它确立了人类福利中善的绝对原则，后来在国际法中又呈现为普遍的人权；后者则被普遍用作履行福利职责、为实现人权时公平分配资源所使用的比例规则，值得我们在这里加以追溯。

功利主义实际上是真正影响当今世界的最广泛的伦理哲学。功利主义认为人性就是能做到基于自己的利益，回避痛苦、追求快乐。这样的人性如何产生道德呢？如果按照这种人性确定的原则，则能给最大多数人带来最大利益的就是最好的行为。如果一些行为对你个人有利，但是损害周围人的利益，而且总体上看其他人受害更多，那么这件事就是不应该去做的。我们只能选择有利于最大利益的原则，只能选择依据最大多数人最大利益的原则去实施行为，这就是功利主义。

功利主义伦理哲学由英国化学家、哲学家杰里米·边沁创立。他认为道德最好是能计算出来，如果能够计算出哪种行政路径能够保证数量最多的人获得最大的幸福、愉悦和福利，就可以确定人们哪种行为方式最好。但道德也能这样计算出来吗？边沁说，能。因为道德在现代是可以用科学去研究的东西，公益慈善的项目化、专业化、行业化本质上就是相信公益慈善也可以科学化，效果也可以测量。

人道伦理强调"分配正义"，但没有什么分配是完美的，总有人在分配中受损，有人在分配中获利。那怎样是最好的呢？按照功利主义的原则，最好的就是这个共同体可以获得最大利益，而最好的幸福感是在这个领域中最差的人能得到最好的结果。功利主义的好处是肯定我们内心深处所认为的：即使在艰难的情形下也要进行衡量。人道主义救援是一个要实际落地的行动。大量的行动肯定是很有争议的，那么到底怎样才能达到最满意？康德的绝对义务不足以细致识别出什么时候撒谎是正确的，所以这个时候功利主义原则就能起到一定的作用。结果论认为，在杀手敲门的时候撒谎是好的，所以可以根据行动的结果、行动的效果及利益分配的相应比例来确定你这个行动是不是合宜。不过这到底能不能精确地测算出来呢？或者估算者是否也只是根据自己的想象来估算对方的好处呢？这些都是人道主义者可能遇到的挑战。

其实在实践中，我们没有办法按照一个坚如磐石不可动摇的原则去做，道德这件事情总是有风险的，因此人道主义实践第一个要学习的就是风险意识。作者批评道：边沁的唯一规则过分依赖贸然推断行动的未来影响。边沁要求我们根据"它看来会如何的倾向"来估算一项行动的道德性，其中充满了不确定性，必定会发生投机和臆测。其实，你做的每一件事情都没有绝对的对，但这并不意味着你就无所作为，而是要运用你的情感和直觉。所以斯利姆讲到：我们对未来的无知意味着，在每一个体系中，"正确的道路"仍然可能涉及坏事，甚至可能引起坏事。每一种路径都有得有失。这里需要看到，风险就是伦理的一个基本组成部分，也是不太可能被完全克服的部分。

综上所述，理性、情感及在具体德性中培育理性和情感的目的，是在生活中做出最为道德的选择。这会涉及选择最好的态度、行为、策略、合作关系或行动。在任何情形中都有必要判断可行性、道德性的均值和道德绝对律令，因此，伦理其实最终就是选择和决定。所有的伦理传统都强调在个体生活中有目的地、深思熟虑地做出选择的重要性，对组织来说也必然如此。虽然在伦理学辩论中常常要面对极端情况，但是在实际生活中，尖锐的选择并不多见。大多数时候，日常选择并非要做九十度或一百八十度的大转弯。因此，我们的选择通常就是梯级选择，而非两极选择。比如我们决定接受独立性上的相对损失，以换取更多的通行许可。我们在妥协的梯子上来回挪动，这些选择更像是在伦理大气候中的变化，而非戏剧化的决定，所以这些梯级选择要比"十字路口时刻"更为微妙和常见。而行动是伦理的最终成果。

在行动中，思虑变得尤为重要。伦理学中常常使用"思虑"（deliberation）一词，来形容在行动中进行评估和决定的过程。道德哲学家和各种宗教也都坚持伦理决策中必有"慎思"（due deliberation）。亚里士多德提出要在我们的思虑中邀请他人加入，因为他们的知识、经验和利益可能对我们的决策有益。此外，将我们的问题告诉别人、彼此敞开谈论的过程也会帮助我们更好地理解问题本身。

思虑的突出特点是富于反思，考量周密，充满关切。任何思虑都要发现和深思问题的真正性质，其途径是理解问题所涉人群不同的需求和视角。随后要识别相关人员的职责，以及要解决问题最可行的行动。好的思虑将人们聚合到一个创造性的对话过程中。理想情况下，这种对话随后会让人们成功地自行找到共同的答案。最好的情况是，思虑不仅成为道德上解决问题的方法，也会在伦理危机期间作为道德支持起到指引作用。不过，有时候思虑不成功，或者做不出决定，这时就需要一位领袖，介入局面、推行决定，或者在其他人无法做决定的时候有足够的勇气做出决定。

好的思虑常常包含行动和试错的过程，在思虑中不断实验是具有创造性的，因为"问题以及我们对问题的理解，会随着我们处理问题而发生变化"。在人道工作中，思虑通常就是这样在实地开展实验。在现代管理科学的语言中，这就是"反思性实践"：其间我们一边做事，一边反思怎样做得好，并据此调整和创新。现代的决策心理学也和亚里士多德的观点一致：重大决定常在不完美的情况下做出。这在许多人道行动中确实如此。多数个人或群体在组织的任何层级上做出决策时的心理，通常都具有"有限理性"的特点——只能达到有限的理解，很少能知道所有的信息、选项和后果。

ALNAP[①]最近对人道领导力的研究显示，协同式的领导力和决策往往能做出更好的决策，也能获得更多认同。参与式的决策纳入所有的利

---

① 详见第四章的译者注。

益相关方和部分建设性批评者或质疑者,能避免一些"认知盲区",也能避免精英式的"集体思考"。以某种形式开展公共商议,在大多数难以处理的人道伦理案例里是极为迫切的,需要使用"互惠性反向"(reciprocal reversals)的概念来鼓励各方反向进入对方的经验中,借此理解他们发言的基础。这就要求各方都做出很大努力来理解其他方的情况。私密性的商议在这类对话中是非常重要的场景。一位埃及的寡妇告诉剑桥的人类学家海伦·沃特森:"从心里说出的话比你草草写下的字生动得多。我们说话时,词语就在灼烧。"人道主义者在与当局及社区开展公开和私密的商议时,须将充满人性的发言置于优先。只有这样,人道主义价值才能回应人们的需求,在那些拒绝人道主义价值的冷酷意识形态中灼烧出孔洞。费亚瑟观察到:"有时一个受苦的人,比起治疗她的人,会在其他存在维度上成就得更多。"

加勒格则将伦理胜任力定义为一种强烈的道德能动力在受过专门训练后的展现,是"根据道德责任进行认识、思虑、行动的能力"。道德能动力和伦理胜任力的对立面是道德盲目或道德自满,它会令人们不愿或不能检省具体形势中的伦理。她提出的模型是五种能力的集合:知识、感知、反思、行动和习惯,让自己具有发现道德问题的"道德之眼",并能成为"伦理的存在",让伦理胜任力最终成为人道从业者的第二天性。

保罗·利科谈过每一个人生命中的自然"纠缠"(entanglement)。我们会以如此多样的方式遇见如此不一样的人,我们的生命在道德上不可避免地变得复杂,充斥着各种各样会影响到其他人的小小作为和不作为。在这个过程中,意向就变得特别重要。康德在阐述道德意志理念时,也与此类似地强调了意向。康德最为重视我们在道德生活中所"意志"的善好。他认为即便失败了,没能实现我们所意愿之事,善的意志也可以独自闪耀光芒。一个人道机构只能对它实际能够做的事情负责。即便我们没有完全力量去制止坏事或者去做好事,我们仍有责任去减轻我们的弱点带来的最坏影响,在力量范围内做次好的事。

写到这里,我想,全书已经回答了在书的开头提出的各种人道伦理的困境。但是作者显然并不试图一定要加一个光明的尾,与之相反,他力图揭示出更多的来自后现代的挑战。他谈到了人道行动潜在的危害或恶意、结盟的困难、共犯和道德陷阱、对人道员工的照料义务，以及人道主义增长潜在的问题和对人道权力的矛盾心态。最后这个问题遭到后现代最为严厉的批评，他们指责：人道行动如今对脆弱的人群行使不正义的生命权力，与掠夺性的自由主义强国合谋，成为国际关系中结构性的危害力量。长时间的人道赈济会腐蚀政府和人民之间应有的政治契约，因为人道机构对人们的需求承担起了事实上的责任，政府放弃了其社会责任，人们向人道机构而非对地方政客提出要求。米歇尔·阿吉尔从皮埃尔·布尔迪厄处借用了一句话形容人道主义是"帝国的左手"，他和众多学者都提出了世界各地许多脆弱人群经验中的"人道主义政府"的观念。阿吉尔的观点是，当前的人道行动系统的功能是成为寡头式西方势力的"治愈之手"，"跟在西方的脚踵之后，抚平军事干预造成的破坏，军事干预则被想象为同时在全球各处执法的警察行为"，因此这种政治势力和人道主义势力的合流是"一种双方自愿的全球性组合"，帮助西方势力治理世界上不受约束、脆弱不堪、持反对立场的区域。与此类似的是狄迪尔·法松提出了"人道主义论证"（humanitarian reason/reasoning）的概念，谴责"人道主义论证"已成为西方政治势力剥夺权力的话术，成为一种新力量。"人道主义论证"创造了"人道主义政府"，使之成为"治理不稳定性的一种模式"。它"将道德情感用在当代政治之中……其前设总是一种不平等关系……（并且）乃是基于一种全球道德共同体的幻想，以及对圣餐和救赎的世俗假想"。于是人道主义的伦理要负责"想象"和"发明"紧急状况，这样西方就能对世界上大面积的高风险地区实施人道主义管控。

  作者最后给了这些后现代批评积极的回应，他指出有必要驱散一些人道行动伦理讨论中的迷思。第一个迷思是人道赈济的能量已强大到形成了不一般的结构性影响力；第二个迷思是人道工作者是在具体情景中唯一负有道德责任的人。经验表明，这两种说法都不是真实的。指控人道机构"共犯"是最偷懒的道德标签，是过度强调了人道主义在由其他方面残忍操控的局势里应负的责任。基娅拉·勒波拉和罗伯特·古丁对人道行动中的共犯做过出色的研究，他们准确地指出，"共犯"一词常常被偷懒地用成一个笼统松散的术语，用来简单化地形容各种微妙的角色和立场。他们的研究认为，共犯是一种浮动的比例尺度，并非简单的非黑即白。与错误行径共犯，包括了许多意向上、参与程度上、行为上的不同层次。勒波拉和古丁提出，在某些情景中，与错误行径在某种意义上共犯，以此获得更大的人道主义的善，是正确的，也是不可避免的。例如在人道主义传统中，奥斯卡·辛德勒就是这种共犯的标志人物。辛德勒在一定程度上参与纳粹活动，与之联盟，这样他才能够在大屠杀期间救出一千二百名犹太人的生命。

在我看来，这些后现代批评对于今天中国的人道主义发展来说，似乎还为时过早，因为我们还在走向现代的过程中。正如福柯所说，对有组织地解决人类问题的方案的主要挑战就是没有完美的解决方案，任何解决方案都蕴含新的风险："我的观点是，并非一切都是坏的，但一切都是有危险的，这不完全等同于坏。如果一切都有危险，我们就总有事要做。"

行文至此，我试着对全书做一个小的总结：人道的美德，根植于同情。同情由怜悯激发，我们开始反思一个人所受的苦难，发生了共情。人道主义关系中的道德挑战在于保持对人的关注，人道主义的爱与关怀并不让人臣服于我们的力量，而是将他人作为自有权利、自带权利的主体予以尊重。人道主义行动者只是正义、恰当地重新分配好处的必要中介，并没有理由去控制和羞辱需要好处的人。

人道主义并不采取火力全开的方式，而是在实际的日常生活中预防和减少侵犯人权导致的苦难。人道主义行动者应该更注重如何与社区并肩努力，找到妥当落地的路径。最近十年，人类社会似乎再次走进了苦难年代，瘟疫、战争、灾难和饥馑接踵而至，带来绵延不断的人道主义危机，这使得人道主义救援变得尤为迫切。然而，如何在有极端威胁的困境中去拯救生命？如何理解在这种复杂困境中的艰难选择？人道主义救援者又该如何去论证自己的行动正当与否、道德与否？这些是中国的人道主义行动者需要思考的问题。

虽然可能很多人道主义的努力都不能真正解决问题，但即使这样，这样的努力仍然是有价值的。我最后想引用康德的话来结束对本书的导读。他说:"如果它在尽了最大的努力之后依然一事无成,所剩下的只是善的意志,它也像一颗宝石那样,作为在自身就具有全部价值的东西,独自就闪耀光芒。"①

与大家共勉。

---

① 康德:《道德形而上学的奠基》,李秋零译,载李秋零主编《康德著作全集》第4卷,中国人民大学出版社,2005年,第401页。

Contents 目录

致谢　　　　　　　　　　　　　　　Ⅲ
缩略词列表　　　　　　　　　　　　Ⅴ

导论　　　　　　　　　　　　　　　001

上 编
伦理学基础

第一章　人道行动的伦理源头　　　　024

中 编
人道主义原则的现代阐发

第二章　人道主义目标：人道与公正　　038
第三章　政治性原则：中立与独立　　　067
第四章　尊严原则：尊重、参与和赋能　077
第五章　管理原则：可持续性与责信　　095
第六章　人道伦理是什么样的伦理　　　114

下　编
人道伦理的实践

第七章　理性与情感	128
第八章　人道主义的思虑	139
第九章　道德选择	161
第十章　道德责任	175
第十一章　始终存在的伦理难题	188
第十二章　合乎伦理的人道工作者	240
附录一　红十字与红新月运动的基本原则	258
附录二　国际红十字与红新月运动及从事救灾援助的非政府组织行为准则	260
附录三　人道主义宪章	264
附录四　好的人道捐资原则	269
术语中英文对照表	273

致 谢

这本书其实是合作的成果，而我只是执笔写作的人，还有许多人、许多机构给过意见，给予资助，用各种各样的方式提供支持。约翰·米切尔提醒了我，有许多人道工作者并不清楚人道伦理，这鼓舞了我再度探索这个主题。赫斯特出版社的迈克尔·道尔建议我写这本书，并由始至终都极为耐心，频频鼓励我。牛津大学伦理学、法律与武装冲突研究中心（ELAC）的珍妮弗·威尔士、大卫·罗丁和达坡·阿坎德在牛津将"人道伦理学"立项。数个人道组织慷慨资助，并积极参与了我们主办的人道伦理学专题圆桌讨论会。英国红十字会、英国乐施会、英国救助儿童会、世界宣明会、天主教国际发展慈善会、伊斯兰救助会（Islamic Relief）和世界犹太救助会（World Jewish Relief）都给予了资金支持，另外红十字国际委员会、无国界医生、反饥饿行动、人道行动责信与绩效积极学习网络、国际助老会和挪威难民委员会也参加了圆桌讨论。这些机构里有几位成员参与尤为活跃、支持尤为大力，兹列如下：索尔卡·奥卡拉根、阿吉·马迪威尔、阿米莉亚·基亚兹、珍·科勤、奈吉尔·蒂明斯、雅思敏·威特布莱德、加瑞思·欧文、朱利安诺·菲奥里、伊安·格雷、儒勒·弗罗斯特、马修·卡特、凯瑟琳·马洪尼、阿塔拉·菲茨吉本、保罗·安提柯尼、理查德·威尔伯、保罗·波维尔、莫娜·萨德克、詹姆斯·达西、保琳·切库蒂、萨拉·特索里耶里、迈克尔·纽曼、安德鲁·克罗德尔、保罗·诺克斯·克拉克、丹·赫吉金森等，他们都在早期给予了重要的研究协助。珍·里克和马克·伏特给了我难以估量的帮助。还有几位给了我重要指引：格雷格·约翰逊、切尼·瑞恩、吉姆·艾斯曼、朱迪斯·罗森-贝利、苏亚塔·葛德加-威尔克斯、马克·菲尔普、卡里普索·尼科莱迪斯、艾米丽·帕里、亚历克斯·勒维林豪斯、鲁本·瑞克、贾尼娜·迪尔和费尔南多·阿曼萨。我在日内瓦人道行动教育与研究中心（CERAH）① 和俄勒冈大学的许多学生都助力推进了这个课题。牛津政治与国际关系系的珍妮丝·法兰西、拉桑吉·普雷马提拉卡、朱莉·佩吉和莉兹·格林哈尔夫对我生疏的课题管理予以无限耐心。斯蒂芬·怀特菲尔德和伊丽莎白·弗雷泽作为院系领导极为支持。这项研究的完成，也受益于欧洲研究委员会（European Research Council）对"战争的个人化"课题部分内容的资助。

而我最深切感谢的是本书的研究助理安纳斯·瑞瑟吉尔，她工作专业，启发我接触到许多重要文本和观点。她诙谐幽默，对我全程鼓励，且对我不走寻常路的研究方法及我对法国后现代伦理学的理解障碍给予了极大包容。

还有许多人友善地帮助了我。我将此书献给我的孩子杰西和索里，多年来他们教了我许多人道伦理的事情。萨拉·怀特给我在德文郡提供了环境优美的写作场所，我需要时即可使用。牛津莫顿学院的院长和教职员工将我热忱迎入他们的高级休息室、礼拜堂和美丽的学院。庄园路咖啡厅的芮妮、理查德、琳达、玛丽安娜和迪基是咖啡、笑容和鼓舞的重要供给源。写作期间还有许多珍贵的朋友：牛津黑衣修士院的蒂莫西·拉德克里夫、理查德·芬恩、理查德·欧恩斯华斯和修士院成员坎皮恩堂的尼古拉斯·金、乔治·列维、迈克尔·霍尔约克、凯瑟琳·克拉克、安妮·米莱斯、马里·普里查德、莱斯利·伯特、赛琳娜·孟博格、阿德里安·詹姆斯、阿兰·古德温、大卫·亚历山大、克里斯·克莱默、纳比尔·哈姆迪、詹妮·弗雷泽、科林·法兰特、玛丽·安·斯利姆，并尤其感谢阿斯玛·阿万。

牛津，2014年降临节期

---

① 【译者注】即现在的日内瓦人道研究中心（Geneva Centre of Humanitarian Studies）。另，本书脚注中未另外标明的为作者原注，译者注则以"【译者注】"标明。

缩略词列表

ALNAP	Active Learning Network for Accountability and Performance（责信与绩效积极学习网络）	
CERAH	Centre for Education and Research in Humanitarian Action（人道行动教育与研究中心）	
EPLF	Eritrean People's Liberation Front（厄立特里亚人民解放阵线）	
ERD	Emergency Relief Desk（紧急救助办公室）	
FPIC	Free, prior and informed consent（自愿、事先、知情同意）	
HAP	Humanitarian Accountability Project（人道主义责信项目）	
ICC	International Criminal Court（国际刑事法院）	
ICRC	International Committee of the Red Cross（红十字国际委员会）	
IDRL	International Disaster Relief Law（国际灾害救助法）	
IDP	Internally Displaced Person（国内流离失所者）	
IHL	International Humanitarian Law（国际人道法）	
LGBT	Lesbian, gay, bisexual or transgender people（女同性恋、男同性恋、双性恋或跨性别者人群）	
MSF	Médecins Sans Frontières（Doctors without borders）（无国界医生）	
NGHA	Non-Government Humanitarian Agency（非政府人道机构）	
NGO	Non-Government Organization（非政府组织）	

OECD	Organization for Economic Co-operation and Development（经济合作与发展组织）
SARC	Syrian Arab Red Crescent（叙利亚阿拉伯红新月会）
SPLA	Sudan People's Liberation Army（苏丹人民解放军）
TPLF	Tigrayan People's Liberation Front（提格雷人民解放阵线）
UDHR	Universal Declaration of Human Rights（世界人权宣言）
URD	Urgence Réhabilitation Développement（应急、恢复与发展工作组）

Agencies within the United Nations（联合国内的机构）

UNDP	United Nations Development Programme（联合国开发计划署）
UNFAO	United Nations Food and Agricultural Organization（联合国粮食及农业组织）
UNHCR	United Nations High Commissioner for Refugees（联合国难民事务高级专员公署）
UNICEF	United Nations Children's Fund（联合国儿童基金会）①
UNIFEM	United Nations Development Fund for Women（联合国妇女发展基金）
UNOCHA	United Nations Office for the Co-ordination of Humanitarian Affairs（联合国人道主义事务协调厅）
UNWFP	United Nations World Food Programme（联合国世界粮食计划署）

---

① 【译者注】旧称为"United Nations International Children's Emergency Fund"，对应的缩略词为"UNICEF"，改名为"United Nations Children's Fund"后，因"UNICEF"过于脍炙人口而沿用了下来。

导 论

本书论述人道行动的伦理：驱动人道行动的价值，行动中出现的道德问题，以及人道组织及其工作人员思考这些问题的多种方式——他们通过思考，在伦理决策中日趋专业，更负责任。

人道行动是对因有组织的人为暴力和自然灾害而发生的极端、特殊形式的人类苦难，出于共同情感而采取的回应。每一天、每一刻，世界上总有某一处某个人因武装冲突、暴力或灾害损毁而遭受苦难。总有人在遭受苦难，但也总有人在努力提供帮助。最早的帮助者通常是他们的家人、邻居或朋友。但随着情势发展，帮助者可能是某类专业的人道主义者：红十字或红新月志愿者、宗教组织成员、本地政府官员、联合国工作人员、在本国或国际非政府组织工作的人员、军队中的维和人员或灾害响应队员。本书旨在协助这些不同专业的工作人员，在艰难环境中尊重地、公平地提供人道赈济。

2013 年，国际人道赈济支出突破纪录，上升到 220 亿美元，赈济覆盖全世界 7 800 万人。① 除红十字和联合国机构外，全世界估计有 4 400 个非政府组织在执行某种类型的人道项目，工作人员达 27.4 万人。② 人道行动作为一种国际关系形式，作为尚处于发展初期的全球治理中一个日益规整的组成部分，出现了如此显著的增长，那这个不断增长的领域和行业③本身就应当具有伦理意识，掌握伦理技能。

---

① "Global Humanitarian Assistance Report 2014", Development Initiatives, Bristol, 2014, pp4-6.
② Glyn Taylor et al., *The State of the Humanitarian System*, ALNAP and ODI, London, July 2012, p9.
③ 【译者注】"行业"通常指工商业中的类别，近年来也泛用于非营利领域，故本书用"人道行业"指构成该领域的人和组织的结构体系。

人道行动关乎尊重、保护和拯救人的生命。在理想情况下，这是实实在在地肯定人的生命的价值，以及这价值在每一个人类个体身上的独特呈现。努力帮助遭受苦难的人，是关爱的一种基本举动。它表达的是，我们感到自己的生命极为宝贵，并认同其他人的生命也同样宝贵。想去帮助人，意味着这些人对我们很重要。我们希望他们活着，是因为他们可贵。我们认为毁灭一个人是必须阻止的悲剧，也相信人能够经受苦难，在苦难之后活下来。他们的生活可能在遭受破坏、失去和痛苦以后永远地改变了，但我们坚信在战争和灾害之后，他们仍然可能重建生活，实现某种圆满。

尝试帮助他人是很好的事情，但并不总是很容易，因为很可能出错。要帮助人，就要有渠道接触到他们，并具有一定的行动自由。此外，要很好地帮助他人，需要知识、技能和资源，还需要采取反直觉的做法，不去控制他人，而是与他人合作。好的帮助让一个人或一个社区仍是其生活的主体，而非成为其他人生活和目的的客体。好的人道行动将人作为目标本身，不把人客体化为"受益者"，也不把人商业化为赈济的"接收者"。好的人道赈济和保护将提升人之为人的自主性和能动性。最好的人道行动是尊重人、与人合作，以预防苦难、修复伤害，使人们从苦难中走出，蓬勃发展（flourish）。

人道赈济的扩张

国际人道行动在全世界的大幅增长，是人道在过去六十年间的一大道德成就。这意味着世界上的每个人在遭受轰炸、流离失所、自然灾害、贫困、人身攻击、性暴力、拘留、家庭离散、饥饿、干渴和疾病时，都真正有可能得到某种形式的赈济或保护。人道行动不大能阻止这些事件的发生，但可以也确实减轻了这些事件导致的苦难和死亡。有力的证据表明，人道赈济使人们在持续的战争状态中更安全，让穷人在地震、洪水和飓风中更容易活下来，并在灾后得以恢复。① 理想形态的人道行动会体现为用充满人性的爱与照护去回应战争和灾害的残酷和毁灭，这也是人们普遍认可的符合伦理的做法。一套曾收到赈济的人的口述证词汇编中收录了科索沃战争后一位幸存者的话："赈济救了我们的命，我却不知道该从何说起，该对谁表示感谢。"一位菲律宾医务人员更加热情："我们真心感激来到这里的所有国际赈济，因为即便我们身处远方，幸好还有他们想着我们。如果我们能亲眼见到他们，一定会快乐地去拥抱的。"② 提供和接受人道赈济的过程可能会带来重大的问题，但做得好的话，其意图和效果都会是好的。

人道行动在全球的增长，是人类作为一个整体在实践中拓展伦理边界的一点成就。大部分国际人道行动都体现为一个国家的个人和政府向另一个国家中遭受苦难的个人（他们从未见过，也不太可能会见到的个人）送去钱和赠礼。这种赠礼行为由各种类型的人道组织作为中介，进行管理，这些组织的数量在增加。当代人道行动中这种距离之遥远、匿名性之极致、增长之快速的突出特点，表明全世界人民之间产生了真切的共鸣，也表明传递帮助的社会组织和国际网络能力渐长。或者可以说，日益扩张的人道行动是当前全球化进程中同理心和利他主义的许多种创新模式之一。③

现代人道运动最显见的部分是广为人知的联合国和非政府组织，它们带有很强的殖民主义过往的印迹，一直倾向于维持其统领地位。大部分官方国际赈济资金仍来自经济合作与发展组织（OECD）成员国中居于核心的"西方"自由主义政府。这些政府持有真挚的人道主义信念，但这不是它们拨出人道资金的唯一驱动力，其国家利益和地缘政治利益

---

① Human Security Report 2009/2010, *The Causes of Peace and the Shrinking Costs of War*, Oxford University Press, Oxford, 2011, pp118-120.

② Mary B. Anderson, Dayna Brown and Isabella Jean, "Time to Listen: Hearing People on the Receiving End of International Aid", CDA Collaborative Learning Projects, Cambridge, MA, 2012, p20.

③ Richard Ashby Wilson and Richard D. Brown ed., *Humanitarianism and Suffering: the Mobilization of Emphathy*, Cambridge University Press, Cambridge, 2011. "利他主义"（altruism）一词由19世纪法国社会学家奥古斯特·孔德（Auguste Comte）创造，来自法语词"autrui"，意为别人、他人，其词源为拉丁语中的"alter"。

也共同塑造和引导着赈济的主要流向。① 新兴的国际势力，如土耳其、中国、印度和巴西，正渐渐追上西方政府人道资金和政策制定的水平，它们也很可能在设定其人道优先事项时体现自身的国家利益和地缘政治利益。

在当今正式的人道组织之外，还有新的资金网络在快速形成，跨国团结的感受日渐增强。来自侨民的赈济日益引人注目：在原籍国之外居住或工作的人向家乡寄去大笔汇款，帮助在战争和灾害中受苦的家人和社区。② 只要经济允许，这种直接的人道赈济形式可能会促使人道资金持续增长，会有许多新型组织出现。不过，受到战争和灾害影响的国家也会基于正当理由，竭力更直接地控制本国境内的人道资金和行动，伸张其人道主权。印度、苏丹、斯里兰卡、埃塞俄比亚、巴基斯坦、朝鲜、叙利亚等国家常常通过政府机构或民间社会组织对其境内的人道活动施行严格控制。此种自信自决的人道民族主义，或称"本地化"的后殖民主义模式，很可能会越来越多见，对传统上来自西方的远征式人道赈济构成挑战。③

这个由后现代人道行动主体和政府组成的领域正在扩张、深化、增长。因此，虽然已有众多国际法申明人的权利、管治战争行为及在武装冲突和灾害中实行对人的保护，但构造一个人道行动中的实操伦理的共同基础，仍极为重要。

国际人道标准

20 世纪中叶以来，国际政治社会和人道行业都致力制定人道主义的

---

① Thomas Weiss, *Humanitarian Business*, Polity, Cambridge, 2013, ch 4, pp123–142.
② Dennis King and Hermes Grullon, "Diaspora Communities as Aid Providers, The Migration Blog, International Organization of Migration (IOM)" at http://www.iom.int/cms/en/sites/iom/home/what-we-do/migration-policy-and-research/migration-policy-1/migration-policy-practice/issues/august-september-2013/diaspora-communities-as-aid-prov.html.
③ Hugo Slim, "Wonderful Work: Globalizing the Ethics of Humanitarian Action", in Roger MacGinty et al., eds., *Routledge Handbook of Humanitarian Action*, Routledge, Oxford, 2015, ch 1.

法律和原则。1949年制定了《日内瓦公约》，随后补入三部附加议定书（1977年、2007年），又新增了一系列针对化学武器和地雷等禁用武器的联合国法律。除了《关于难民地位的公约》（1951年）之外，还有地区性的难民公约和联合国《国内流离失所问题指导原则》作为补充。人权法日益成为武装冲突的核心议题，成为人群保护工作的法律框架，尤其强调生命权，以及免受酷刑、残忍和有辱人格的遭遇的权利，并特别保护妇女、儿童、原住民和残障者。联合国主持通过的第一部法律是《防止及惩治灭绝种族罪公约》，当前，这部公约与国际人道法、人权法共同构成了国际刑事法院法律权限的基础，国际刑事法院据此起诉个人的四种严重犯罪：侵略罪、种族灭绝罪、危害人类罪和战争罪。

人道机构也大力发展价值观、原则和标准，以指导人道行动。《红十字与红新月运动的基本原则》在1965年通过，从此贯彻在全世界许多参与人道行动的政府组织和非政府组织的人道实践中（附录一）。红十字与红新月原则中的前四条——人道、公正、中立、独立——如今在法律中被认可为"人道主义原则"，时时为联合国安全理事会、联合国大会、地区组织、政府和其他国际组织所援引。① 这些原则是联合国和国际社会坚持有必要在武装冲突中保障人道准入、保护平民的基本依据之一。② 国际法中还出现了关于灾害响应的新领域，这进一步显示，政府和人民之间在灾害预防、准备和响应方面的契约关系将愈加紧密。③

1992年，红十字和红新月运动与国际非政府组织合作，制定了更加详细的《国际红十字与红新月运动及从事救灾援助的非政府组织行为准则》（以下简称《行为准则》，见附录二）。④ 该《行为准则》的原则和主旨逐渐成为在灾害中符合伦理地开展实践的基础，也被非正式地沿用

---

① 例如，联合国安全理事会决议第1894（2009）号。

② UNOCHA, "Reference Guide: Normative Developments on the Coordination of Humanitarian Assistance in the General Assembly and the Economic and Social Council since the Adoption of General Assembly Resolution 46/182", 2nd edn, UNOCHA, New York, November 2011.

③ David D. Caron, Michael J. Kelly and Anastasia Telesetsky, *The International Law of Disaster Relief*, Cambridge University Press, Cambridge, 2014.

④ 【译者注】《行为准则》现有三个中文译本，除特别标注外，本书都使用红十字国际委员会刊出的译本，见 https://www.icrc.org/zh/doc/resources/documents/misc/code-of-conduct-290296.htm。

于武装冲突中。人道机构共同体也在 1997 年制定了《环球计划标准》，并定期更新。《环球计划标准》是一项重大成就，它确立了一套人道响应拯救生命工作中共通的保护原则和普遍适用的最低标准。① 而《人道主义宪章》则表达了所有这些标准的根基，该宪章确定，人道行动的基础是国际法规定的人的权利（附录三）。《人道主义宪章》由数个领头机构在 1998 年拟订，是迄今为止对人道行动所依据的道德原则和法律原则的最完整阐述。这样，人道行动就扎实地建基在国际法及从国际法衍生出的《国内流离失所问题指导原则》《人道主义宪章》《行为准则》《环球计划标准》等一系列重要的"软法律"之中。

即便有了法律和原则，人道赈济和保护的实施仍有行动层面的挑战和问题。人道行动会在准入、公平性和集体行动上遭遇硬骨头。赈济可能遭受武装冲突中各方的激烈抵制或争夺；可能组织得很糟糕，很不合时宜；可能被人道系统中的政治力量操纵和滥用，也可能被管理和接收赈济的人滥用。人道行动在法律上的问题已解决了许多，但在实践中仍困难重重，其中的许多困难包含了伦理的维度。

人道赈济中的伦理张力

帮助人应当是世界上最简单的事，我们在孩童时期所学习的道德和宗教也是这样教的。我们受鼓励去做善良的举动，因为这是可以轻而易举为他人做到的事；在他人为我们做出善良之举时，我们也深深感激。为挨饿生病的人带去食物和医药，看起来是一件值得去做的好事，也确实值得；但成规模地，往往还要快速地做这件事，又是在冲突的或退化的政治系统之中、在未能充分了解当地人的生活和文化时做这件事，实在是一个非常困难也极为不确定的过程。尝试去保护可能遭受杀害或伤害的人，也是一件值得做的好事，但也往往将赈济工作者置于与欲施暴者直接冲突的位置。

---

① 参见环球计划网站，https://spherestandards.org/about/。

在20世纪80年代，我还是一名年轻的人道工作者（当时我们自称为救助工作者），我们几人一度开玩笑地说自己做的是"美妙的工作"。这个词是家里人在信里或谈话中提到我们的人道职业时会反复使用的词。我们玩笑地质疑这个说法，因为我们的工作并不总是感觉美妙，而是充满困难、争议、困惑，还常常遭遇各种失败。实际上，我所从事过和参访过的人道行动，没有一个是人们只做出正面描述的。恰恰相反，要是读到和听到来自许多批判性学者、从工作地返回的赈济工作者、记者和政治家对人道行动的评论，很可能就会认为这个行业实在可憎。人道行动常被描绘为无知的新殖民主义魔鬼为满足自身利益而强行开展的工作，而非高效、有效、传递关爱的事情。

其实，我觉得人道行动中是有许多美妙之事的：生命获救，病痛痊愈，安全保障，生计恢复，家庭团圆，囚犯可得探视，社区获得重建，人们学习技艺、成就创新、重拾欢笑，改善性别关系，青年和老人勇担责任，领导社区求生存，看似不可能的跨文化人际接触让人们感到充实，抚慰、爱、友谊和希望的故事比比皆是。然而，人道行动毕竟是由人做出的努力，如今更多是有组织地通过大型机构开展，还经常在紧张的武装冲突或政治竞争的情境中推进，它不可避免地有许多运转不良之处，或表现出矛盾。

其运转不良也可能被过分突出了。对人道伦理的讨论常常太过偏向人道赈济中被认为做错了的事。人道主义者及其批评者多为工作中的矛盾和困境哀叹，很少为工作的道德价值和成就而欣喜。这很可惜。人道伦理的基调不应只是谨小慎微、消极负面，决意不做错事，而应是雄心勃勃、积极正向，努力把事情做好。人道伦理应当关注的是如何成为好的人道工作者，而非如何不做坏的人道工作者。其间区别微妙，但极为重要。呼吁把事情做好，会是更为积极的职业驱动力，而呼吁不伤害则带有很重的审查意味。前者带来启迪，后者只能抑制。我撰写本书的目的是鼓舞人心。我想提醒人道工作者，他们的工作为何如此重要，如何带着道德信念和有据可循的乐观主义开展工作。

不过，即便有了人道伦理的积极道德框架，我们仍需意识到，整个行业是有其特有的风险和矛盾的，这也是对人道赈济的几种伦理批判的重要主题。本书无法对人道行动中每一个存在问题的方面都加以考察，因此将在开篇列举出一些结构性的伦理张力，这些张力影响着行业，对当前国际人道行动在全世界开展的方式合理地提出了深刻的道德诘问。本书随后的内容将触及这些核心伦理张力的不同方面。以下我就开始阐述，以设定整个问题背景。

边界问题

人道伦理中的一个根本问题是如何定义这个领域。哪些伦理主题是人道伦理应当关注的？是关注突发的苦难、苦难的原因、持续的贫困，对所有权利的侵犯都予以关注，还是只关注对某些权利的侵犯？哪些实践形式应当且能够构成人道活动，而哪些不属于人道行动的范畴？怎样的事态可合法称为紧急状态？这些问题关乎人道行动从何处开始、至何处结束，它们一再出现，在理论上和实践中似乎都从来不曾真正得到解决。这个领域的边界确实相当模糊。这个行业至今还没有对人道主义范围和活动达成一个精确的、无异议的定义共识。

人道主义的边界不清，使得每一场紧急事件中都反复出现人道主义合法性的道德困惑，尤其经常体现在关键的界限问题上。这项活动真是人道主义的吗？那个机构是不是人道主义的呢？如果做了这件事，我就不再是人道主义者吗？危机结束了吗？这些问题之所以产生，是因为该领域的边界被三种力量向不同的方向牵扯：行动主体、方法论、情境。这三种因素延展了对人道行动的理解，使其具有了一定弹性，涵盖了多种不同的事情，有时甚至超出了其基本的道德目的。

许多不同的制度性行动主体都使用"人道的"（humanitarian）一词来形容其工作的某些方面。不仅红十字和红新月运动及无国界医生使用这个词，有多重使命的联合国机构和非政府组织的工作目标是更广泛的人类发展目标和全球转型，它们也使用这个词。联合国人道主义事务协调厅（UNOCHA）、联合国难民事务高级专员公署（UNHCR）、联合国儿童基金会（UNICEF）、联合国世界粮食计划署（UNWFP）等联合国机构将自身的首要性质定义为人道主义。联合国开发计划署（UNDP）、联合国粮食及农业组织（UNFAO）、联合国妇女发展基金（UNIFEM）和联合国人类住区规划署（UN-Habitat）也将其部分工作称为人道工作。各国政府设有人道部门。维和部队、交战军队和武装团体声称它们开展人道活动，大大小小的商业公司也开始这样做。所有这些行动主体都泛泛地使用人道主义语言，叠加上各自不同的利益。所以，如果说此方的恐怖分子是彼方的自由斗士，那也可以说此方的人道主义者是彼方的发展工作者、公司雇员或轰炸机飞行员。在"说人道主义语言"时，人们说的一样，其所指却可能大相径庭。

实践方法论也模糊了人道主义的定义。在紧急威胁下拯救生命已被看作是人道工作的主要道德目的，那么实现该目的的最好途径自然延伸向了更深层次的社会变革伦理。我们将看到，人道主义的《行为准则》已充分肯定，需要与人们共同工作，为他们赋能，创造出可持续的、能长期大幅改善其生活的公共产品和个人产品。这种道德要求朝向的是某种特定的进步理想，超越了拯救生命，更接近于人类发展的普遍意识形态目标。这意味着，人道行动在其实际工作和方法论关切中，往往是非常倾向于发展和改良的，通常采取的是典型自由主义的普遍人权路线。

此外，工作情境也影响人道主义的定义。大部分的战争要持续五到十年，甚至要拖得更久。许多面对生态灾害或武装冲突的脆弱社会数十年地"濒临危机"，制造出一种一直持续的、不确定的紧急状态，马克·布莱德伯利将其准确概括为"长期不稳定"和"持续性危机"，彼得·雷德菲尔德则称之为"危机边缘"及人道行动的"长时间延续"。[1] 在这种长时间冲突、持续性紧急状态或长期脆弱状况中，各机构很难完全中止人道活动，他们也很自然地感到，自己有义务更深地介入解决一场危机的结构性政治和生态维度的问题。其结果是他们最终从事的工作

---

[1] Mark Bradbury, "Normalizing the Crisis in Africa", *Disasters* 22(4), 1998, Blackwells, Oxford; Peter Redfield, *Life in Crisis: The Ethical Journey of Doctors Without Borders*, University of California Press, Berkeley, 2013, pp179-228. 【译者注】马克·布莱德伯利（Mark Bradbury），国际发展与人道赈济领域的学者，曾在东非、西非、科索沃等地区和国家从事发展工作和研究，现为裂谷研究所（Rift Valley Institute）执行主任。彼得·雷德菲尔德（Peter Redfield），北卡罗来纳大学教堂山人类学教授，研究领域为科学技术人类学、人道主义与人权、殖民主义历史等。

在严格意义上并不是在拯救生命，不过这也没有违反伦理。这可能是因为他们想留在此地"以防万一"，或者受强势的政府捐资方雇佣留在地方上，或者是因为他们感到道德上有责任帮助他们所认识和关切的人民。这都是将人道主义的范畴扩展得更大一些的有理有力的理由。

安东尼奥·多尼尼用他一贯的华丽文风概括了人道主义定义问题的诸多方面：

> 人道主义的概念充斥着模糊之处。它指称了三种彼此相异又相互交叠的现实存在：一种意识形态、一场运动、一个行业。这三者共同形成了一种政治经济。将人道主义的不同层面联系在一起的，是对解除苦难、保护受困于冲突或危机的平民的共同承诺。但在这一共同目标之下，意识形态、运动和行业本身是深度分裂的。正如其他"主义"一样……（有）深度认同的正统维护者、异端、同情者、修正主义者和极端主义者。现在甚至有了营利派和军队派。……传统上人道主义精神有两个"灵魂"：一个聚焦于同情和慈善的普遍价值，一个聚焦于社会的改变和转型。①

在本书中，我将自己设定为一位可包容多种分支的正统维护者。对我来说，人道行动必定要回应威胁生命的极端状况，实践保护和拯救人类生命的伦理，独立于对社会转型的更大关切和对该社会怀抱的任何一种政治野心。这种伦理须体现的，是为所有人类生命的尊严、保护和安全而斗争，而非为实现某种政治制度而斗争。毕竟，往往正是因为有了这些政治斗争，才需要人道行动，才需要重申人的生命价值高于人与人的不同。不过我也不是迂腐地执着于正统。我认可各种不同的行动主体在具体事件中都有可能是人道主义的组织。我也相信，要有效地做人道工作，需要社会改良式的实践方法论，尊重人，让他们有人道自主权，

---

① Antonio Donini, "The Far Side: The Meta Functions of Humanitarianism in a Globalised World", *Disasters* 34（2）, Blackwells, Oxford, 2010.【译者注】安东尼奥·多尼尼（Antonio Donini），研究移民、人道主义和人道行动发展的学者，先后在联合国、布朗大学、塔夫茨大学、日内瓦国际与发展研究所工作。

而非在赈济过程中对他们呼来喝去，递出他们并不怎么想要的东西，给他们带来深深的困扰。简言之，在我看来，人道行动是对极端场景做出的临时动作。在人的生命价值面临被彻底否定的危险之时，人道行动将生命的原则置于人的差异之上。任何人都可以且应该做出人道行动，只要他们能做好，并诚实地面对自己所做的事。将不同的道德或不道德的目标和活动都伪装成人道主义，是错误的。这就像一位火车司机自称为公共汽车司机，一个人每周吃两次鸡肉却说自己是素食者，都是不对的。

新殖民主义特征

世界上许多大型现代机构组成了正式的人道系统，它们出现于西方殖民主义的时代背景下，现在常受到指责，说他们维系着新殖民主义的利益、思维和行为模式。这种指责不无道理。红十字传统中与战争相关的人道行动起源于欧洲的冲突，但人道行动的大规模扩张确实是沿着欧洲殖民主义的地理路径发生的，尤其是在非洲和亚洲的部分地区。在这些地方，西方人道主义发展出一种由欧洲或美国领导的远征行动模式，这种现象尤其常见于前殖民地。这些外来的组织募集资金，开发出"进入"受战争或灾害影响国家的行动范式。通常他们先"接受任务"，随后"出发，进入现场"。这种远征模式今天仍然盛行，但并不是人道行动的唯一模式。自20世纪60年代早期开始，更倾向于改良的乐施会等机构意识到了新殖民主义的风险，另行发展出一种合作伙伴模式，有意更多地支持地方上的政府和非政府组织。早先教会采取的就是合作伙伴的策略，一直通过地方上的教区和教堂会众团体开展工作。联合国机构作为国际组织，也一直与政府密切合作。

尽管出现了这些更偏向改良式的行动模式，构成正式国际人道主义领域的势力、资源和技术知识大部分仍然位于欧洲和北美洲。人道主义的思维模式仍然预设西方技术更为优越，有义务指导贫困和组织不良的国家。更有甚者，领导人道行动的外派员工常维系着殖民式的生活方式，与其殖民者祖宗如出一辙。许多批判性的人类学家和社会学家将这种人道主义势力的后殖民世界描述为"赈济之境"①。在"赈济之境"里，个人生活方式往往是很优越的，有时还会堕落腐败。国际人道工作人员租大房子，开大车，举办奢华宴会，赴最好的餐馆。联合国雇员频频乘坐商务舱。人们在此看到了富裕的人伸手去帮助贫困的人。富人帮助穷人本身不是坏事，许多国际人道工作者的工作也非常出色，他们在一个与其原生的截然不同的社会中怀着尊重之情工作，拯救了许多生命。但"赈济之境"的殖民模式毕竟是真实存在的，许多人都对此侧目。它也阻碍了人道行动发展出根本上全新的模式，因为正享受富裕生活的人很喜欢现在的模式，自然，他们也就不愿放弃这模式。他们转而拓宽圈子，培育出了本国本地的人道主义精英阶层。人道机构在后殖民时期面临的一大伦理挑战，就是如何更公平地分配人道权力，更有效地实现人道专业知识和能力的本地化。

志愿精神专业化

人道行动还有一些关乎进入门槛的天然困扰。人道伦理长期在志愿精神的激情和专业资格的重要性之间摇摆。人道主义受"人道"这一普遍道德价值驱动，希求的是一个每个人都出于人道主义冲动去彼此关爱、互相保护的世界。进入人道赈济工作的人，最早都是以此为志业②，受激情驱使，紧急起行。这是我们作为近邻、作为地球村村民，在感受到共有共通的道德召唤后，志愿做出的回应。在这个意义上，人道主义的帮助是业余者活动的广大领域：字面意思上，"业余者"就是爱某件

---

① "赈济之境"（Aidland）一词最早由雷蒙德·阿普索普（Raymond Apthorpe）创造，又被其他学者使用，如研究人道权力与生活方式的大卫·莫斯（David Mosse）、安妮·梅可·费希特（Anne-Meike Fechter）和希尔科·罗斯（Silke Roth）。【译者注】阿普索普原文标题为"Alice in Aidland"（爱丽丝在赈济之境），典出经典文学作品 Alice in Wonderland（《爱丽丝漫游奇境》）。

② 【译者注】参见马克斯·韦伯论述的"天职、志业"，见韦伯：《学术与政治》，钱永祥等译，《韦伯作品集Ⅰ》，广西师范大学出版社，2004年。

事物的人①，在这里，爱的就是我们的人类同胞。我们都可以且都必须回应这种道德召唤，加入人道行动。因此，每一场新的紧急状况中都会出现许多新的人道行动和组织。人道主义的生态就是一个一旦有危机冲击就会生气勃勃奔涌而出的生态系统。

切斯特顿②曾说："如果某件事值得一做，那做得糟糕也值得。"换言之，在需要追寻善时就应该尝试，做些事情总比什么都不做好。人道领域认可这个道理。这个领域也不会有别的看法，因为每一个人道机构的肇始都是几个人下定决心为他人做点事情，这时他们往往是新手，是业余者。然而，正如我们不会让什么人都来试试做脑部手术，在人道行动的许多复杂领域，诸如医疗卫生、营养、安置、寻亲等，也是如此。因此，人道领域自然也就在伦理上挣扎，要在志愿精神和专业主义之间找到一个足以履行责任的平衡点。无国界医生等机构常将志愿参与的新手编入富有经验的团队，由此有效地找到了这个平衡。人道领域已大力制定技术标准（如《环球计划标准》），要求许多从业者具有高水平职业资格。联盟式的大型机构现在也在考虑开发面向机构和人道工作人员的评价和认证系统，使他们能证明自己拥有足够的专业知识和能力。保障专业技能的举措肯定是应该的，业余者的激情和开拓精神却可能因此而消散。

志愿精神和专业主义之间的张力影响的不仅是专业技能，还有机构文化。所有人类建制都遵循组织生命周期，从前方指挥部演化出后方议事厅；同样，人道机构在扩张中也呈现出越来越多的管理主义、官僚和制度化的特征。这些组织性的压力可能压制、泯灭原生的人道主义能量中强有力的志愿精神。在需要速度、勇气、决断和领袖气质的人道工作中，大型机构会变得步调迟缓、厌恶风险、按部就班、优柔寡断，由管理人员主导，而非由领袖带领。马克斯·韦伯指出的卡里斯马人格与官僚主义之间的角斗，鲜活地存在于今天的人道组织文化中，许多人也感

---

① 【译者注】"amateur"（业余者）词根为拉丁语"amare"（爱）。
② 【译者注】吉尔伯特·K. 切斯特顿（Gilbert K. Chesterton，1874—1936），英国作家、文学评论家。

觉到，官僚主义挂帅已对人道行动的种类、节奏、魄力和成就造成了负面影响。①

混杂的个人动机

如果说全世界从事人道工作的数万人的驱动力都是人道主义信念，那肯定是夸张了。许多人道工作者在从事工作时混杂了多种动机，这是很自然的。有人是为了找到自我，也为了帮助他人；有人是为了这份工作带来的钱和生活方式；有人是为了寻求改变和挑战；也有人是因为人道工作在险恶战争中提供了高薪和相对安全的职业；许多人继续做下去，是因为他们不知道还能做什么。大部分人可能就是混杂了上述的多种理由。

长期以来人们一直认为，从西方外派的人道工作者的典型心理动机，可追溯到中世纪骑士精神、异域历险、军事冒进和医者自我牺牲中的英雄幻想。人道志愿精神中含有一种过渡仪式的元素②。许多外派的赈济工作者出发去证明自己的动机，丝毫不亚于要去证实人道原则。在这种诉求中无疑有自恋，还有要努力去理解自己是谁、在考验中自己又能成为怎样的人。但并非每个人都神经过敏，有一些最为出色的国际工作者，是用不那么复杂的方式寻求冒险的年轻人，他们将不凡的能量和人际技能带进了充满挑战的环境。许多年长一些的人则在中年的转型时期转向这个行业，这是他们生命中期的过渡仪式。在好的案例里，中年人道主义者的年龄和经验给人道主义项目带来智慧、稳定性，也带来能量；在坏的案例中，中年外派的人道主义者可能愤世嫉俗，沉溺于酒精，引发人际混乱。人道工作中这种个人过渡仪式的强大因素，与在人

---

① MSF, "Where is Everyone?" July 2014, report at http://www.msf.org.uk/msf-report-where-everyone-responding-emergencies-most-difficult-places.

② 【译者注】"过渡仪式"是人类学的经典概念，最早由法国人类学家范热内普（Arnold van Gennep, 1873—1957）提出，指"使个体能够从一确定的境地过渡到另一同样确定的境地"的仪式活动，如出生、成人、结婚、阶层上升、死亡等，见范热内普：《过渡礼仪》，张举文译，商务印书馆，2010年，第一章。

生的关键节点转入商业、医学、警察、军队、赛跑或赛车等行业考验自己的人相比，也并无不同。但这种个人驱动力是塑造这个领域的重要因素，会给各机构带来更多的变动。

人道工作者中绝大多数并不是国际员工，而是本国人，他们同样有混杂的动机。他们为自己的社区工作，他们同样既持有人道主义信念，也为了薪资、工作安全性、技术培训、职业提升等较为自我中心的目标而有意迎接挑战。在一个受损或正在退化的经济体中，人道机构通常可付较高薪资，是很好的雇主，这个领域的招聘机会有十足的吸引力。玻璃天花板很常见，本国员工难以做到顶级职位，这个现象长期困扰着人道领域；但在承担责任和特立独行可能带来危险的威权社会中，这个现象倒可能是个解脱。

人道领域中驱动力之多样如此引人注目，是因为这个行业虽然主要表现为以伦理为追求，却显然也受到了其他个人动机很大的影响，这些动机既驱动着人道主义者个体，也累积成群体性的既得利益，嵌入在人道机构的制度之中。

政治资金和政治压力

如果说人道领域的文化已经逐渐偏移了志愿精神，人道资金的主要来源也发生了同样的变化，如今人道资金主要来自政府。以联合国为中心的正式人道行动系统中，绝大部分资金都来自经济合作与发展组织成员国中的强势核心方。其中许多国家是秉持人道主义信念的捐资方，遵循人道主义原则来拨出赠款，努力在世界各地公正地满足人道需求。但不可避免的是，有些紧急状况对政府人道部门及其政治主管部门来说在地缘政治战略上特别重要，其结果就是近年的资金向阿富汗和伊拉克等冲突事件大幅倾斜。人道机构参与项目投标时常常发现，标的的资金预算已经列好，项目形式已经明确，将在这些战争中服务于特定的政府议程。追求获得人道工作的资金，往往会意味着要去执行西方政府建立自由国家的宏观政策和西方主导的反叛乱宣传中"赢民心开民智"（Winning

Hearts and Minds）的战略。

而在受战争和灾害影响的国家中，本国政府和武装团体也对人道赈济实行政治操纵。他们也运用其权力和许可权，将人道行业引导到与其政治利益最相契合的地域和活动中去。各机构频频对缺乏"人道准入"发出愤怒呼声，这通常也都是国家政府或武装团体要指使人道机构做什么、不做什么的结果。有时它们选择的方向是明智的、人道的，但也有很多时候是自私自利又不人道的，其决策往往更符合其战争目标或灾害后的竞选策略。政治资金和政治压力的影响使人道行动很少能以人道主义原则为唯一伦理依据来开展。这就是理想主义的人道工作者在行动中要面对的现实。

集体行动与竞争

人道机构在伦理上还在"自己干还是一起干"的张力中挣扎。对人道行动来说，这又是一个既共生又互斥的挑战。① 竞争与协作、专心一意与多目标联合之间的张力存在于所有的人类活动。何时应单打独斗？何时应多人并进？各个人道机构应当组成一个系统，还是形成一张网络呢？国际人道赈济活动始终抗拒命令与控制的模式，这是道德上的软弱吗？协商共赢和合作有好处吗？与其他机构竞争资金和项目地域是正当的吗？

在许多观察者和实践者眼中，人道赈济领域似乎一直在为使命、优先事项、战略、钱、活动地域争论不休。若该行业日常状况果然如此，那在改进出一个好系统之前，大部分非政府组织都只能继续对建设整合系统的工作持游离态度。毕竟，如果集体行动能更有战略性、更有效地使用多种资源，在伦理上就确实是更可取的；但要是集体行动因低效、干扰、无能而没能实现这些宏观的好处，那尝试其他做法在道德上肯定也站得住脚；如果集体行动失败了，那么自行一路，自己单独或者与一

---

① 【译者注】原文为"yin-yang challenge"，即引用了中国的阴阳观念。

个运作良好的小团体一起尽力而为，就有充分的道德理由。

人们常震惊于非政府组织会借各种工作来打公共广告，做震慑人心的媒体报道，来吸引注意力。人道主义做广告的伦理是本书会考察的重要问题，不过竞争原则在我看来也无可厚非，虽然在脆弱的人类生命上做竞争可能令人反感。这样的"人道主义市场机制"即便效率不高，也肯定会改进身处战争和灾害中的人们的境况。我们这些在非政府组织、资助机构或联合国机构里工作的人一直知道有这种竞争，这样的压力促使我们进步、创新，实事求是地明确我们的比较优势。市场可能扭曲供求关系，尤其如果市场被个别大型投资方主导，或者太过集中于某类求助（例如儿童的），就更是如此；但市场也可以提升人们的思考和表现水平。不同机构组成的市场也有其合法性，人们应当可以在不同的机构之间进行选择。因此，参与实践工作的穆斯林可以支持一个秉持伊斯兰人道主义价值观的机构，犹太教、基督教、佛教、印度教、无信仰和无神论的支持者也可以各自选择符合他们价值观的机构。人道领域的多样性和竞争总体而言是积极的。相比当前的系统，更须警惕的是全球单一超级机构的主张，其风险在于机制更烦冗，更可能在政治上被一股势力和利益集团攫取。多样化人道系统在伦理上的主要挑战在于，集体行动不一定能在这样的系统中实现，或者不一定带来好处。

人权工作者还是人道工作者？

既往七十年间，人权议题热度快速上升，成为讨论对错的全球话语，却也给人道工作者带来了特别的伦理身份危机。我们是人道工作者还是人权工作者？还是说，这两种职业实为一种？当然，这两个领域对于战争和灾害中何为好坏有许多共同的伦理关切，也都推动了法律的创新，如国际刑事法院的相关法律、《人道主义宪章》《环球计划标准》《国内流离失所问题指导原则》等，为的是形成一个人权法和国际人道法的共同体系来保护平民和灾害受害者。简言之，这两个行业都关注同一套在战争和灾害中施行的国际标准，其道德和法律目标高度契合，但工作方式在传统上却大相径庭。

当前人道工作中的这种结构性张力不仅仅是理论和法律问题，也充分表现在许多实践中。人权工作发展出一套特定的实践方式，采用调查、曝光、对质来识别和纠正侵犯人权的行为。这是将法庭做法直接带到了战场上。这种实践形式明显不同于人道赈济较为温和的评估、呼吁、谈判的传统。这种区别至关重要。人道实践一直诉诸公共呼吁和倡导，也将这些方法用于与政府和武装团体达成合作、获得准入，从而能够开展工作。对人道行动来说，以某种方式落到实地、当局给予持续容许，一直是工作的基本关键。这两个因素会一直是人道赈济"无此则无法"① 的必要条件，直至技术革命使"铁穹"防空反导系统、三维打印机和即时转账等技术能够发展到远程保护平民和灾害受害者的程度。

因为行动需要获得实地的准入许可，许多人道工作者感受到，他们的工作确是以权利为基础，也认为尊重人权是他们的道德底线；但他们又知道，要在实地开展工作，就不能用人权领域惯常的方式来"实现人权"。我们会看到，在人道主义者边界模糊的工作中最困扰他们的是常常不得不对侵犯人权的行为保持沉默，还要与侵犯人权者密切合作：在正统人权工作中，这两种做法都是重大罪过。

在我看来，人道工作者是某种类型的人权工作者，但并不采取目前人权领域主流的火力全开的对抗方式。在人道领域采取这种方式也并不明智，而且已经有许多其他主体在担当这种高声斥责的角色。人道机构擅长的是在实地的日常生活中预防和减轻侵犯人权的行为导致的苦难，他们更重视与社区并肩努力，而非替社区写檄文。人道机构一旦发声，就应取得那种受到多方信任的工作者才具有的懂得多、说得少的优势和赞赏。然而，正因人道工作采用这种分散用力、妥当落地的路径，人道项目中又产生了另一种极为尖锐的伦理张力。

---

① 【译者注】原文为拉丁语：*sine qua non*。

灰色地带焦虑

人道伦理中最具代表性的张力是帮助与共犯之间的关系。像秃鹫一样萦绕着人道赈济行动的最大恐惧，就是其出于善意的行动会给并发的暴行铺路或掩饰。这种焦虑经年常在。历史上纳粹大屠杀阴影仍在，令人道工作者及其批判者对此极为敏感，忧心人道赈济介入战争和政治性暴力时会参与共犯。在智识方面，对人道赈济的批判性理论的讨论目前主要援引汉娜·阿伦特、普里莫·莱维和吉奥乔·阿甘本的著作。莱维的"灰色地带"概念广为人知，意指一些犹太人在纳粹集中营中与集中营管理者积极合作，希望能借此设法救出自己和他人的做法。① 阿伦特基于对犹太委员会与纳粹合作执行驱逐和灭绝政策的分析，有力批判了在一些场景中为一种"小恶"（lesser evil）工作所内含的危险。② 阿甘本则隐晦地指出，"集中营"的空间、社会和政治形态正以降级的姿态遍布于世界多地，体现为去人性化的公共政策。③ 许多针对人道赈济的学术批判者援引这些学者的著作指出，人道赈济中同样存在"灰色地带""集中营"，采取"小恶"的策略，其意图是减轻恶的最坏影响，事实上却让恶得以施行。

大卫·基恩从"小恶"的角度，分析了2009年在斯里兰卡政府对泰米尔猛虎组织发起最后攻势期间和其后的人道行动。④ 他为了衡量减缓平民伤害的机构努力是否成功，直截了当地提出了人道主义最害怕的问题："缓解伤害的工作进行到哪一步变成了共犯？"基恩根据田野调查，认为国际政治社会和人道领域对斯里兰卡的判断出现了极大失误，

---

① 普里莫·莱维：《被淹没和被拯救的》，杨晨光译，上海三联书店，2013年。
② 汉娜·阿伦特：《艾希曼在耶路撒冷：一份关于平庸的恶的报告》，安尼译，译林出版社，2017年。【译者注】"小恶"译法按阿伦特：《独裁统治下的个人责任》，载《反抗"平庸之恶"：〈责任与判断〉中文修订版》，陈联营译，上海人民出版社，2014年。
③ 吉奥乔·阿甘本：《神圣人：至高权力与赤裸生命》，吴冠军译，中央编译出版社，2016年，第七章。
④ David Keen, "'The Camp' and the 'Lesser Evil': Humanitarianism in Sri Lanka", *Conflict, Security and Development* 14(1), 2014, pp1-31. 【译者注】大卫·基恩（David Keen），伦敦政治经济学院国际发展学教授，研究领域为复合型紧急情况。

且"事实证明,他们工作中对'小恶'的诠释有深刻的缺陷"。基恩指出,人道主义话语和工作动态没能阻挡和防止大规模的杀戮、流离失所和监禁,反而为这些现象的发生铺了路,遮掩了政府的战争罪行。此前,艾亚尔·魏茨曼同样用"小恶"的思路分析了埃塞俄比亚饥荒和以色列-巴勒斯坦冲突,得出了类似的结论,指出人道主义过分乐观的态度其实是一种坚持不懈的欺哄。① 这两位著名学者做出的宣判,正是每一个人道工作者所惧怕的。但我一直不能全然信服此类学术观点。有时候我们这些学者研究案例的兴趣更多地在于验证理论,而非精确地描述困境。基于理论生成实证的诱惑大于基于实证生成理论,这在许多知识界对人道主义共犯的批判中都存在。许多批判人道行动的社会理论,在我读来就像是下定决心要展示阿伦特和阿甘本等理论家推断而得的概念在当前也有现实依据。② 在后文我会指出,实际情况往往是,即便在最极端的情况下,人道赈济既不是物资上的重要因素,在伦理上对晦暗时势也不负什么深刻责任。掌权者通常径直推行其计划,无所谓人道工作动态如何。然而,人道行动成为共犯的风险总以某种形式存在,对此需要有意识地对缓解苦难的工作本身采取缓解其中风险的策略。这种人道主义者首要的担忧并非凭空想象,但通常是被夸大了的道德忧虑。

本书目标

本书的对象是人道从业者和人道行动的研究者,目标是更好地理解指导人道行动的伦理框架,帮助实践者透彻地思考在落地执行人道工作时因上述道德张力而遭遇的伦理困境。在接下来的章节中,我会考察人道行业所拥护和信仰的理念。然后我会列举多种观念和实践模型,帮助

---

① Eyal Weisman, *The Least of All Possible Evils: Humanitarian Violence from Arendt to Gaza*, Verso, London, 2011.【译者注】艾亚尔·魏茨曼(Eyal Weizman),伦敦大学金史密斯学院空间与视觉文化教授,法医建筑学研究所创始人,关注人权和人权领域的新技术应用。
② 参见我对许多学者将后现代社会理论应用于人道赈济的批判:Hugo Slim, "A Bare Line: Where Critical Social Theory is Wrong About Humanitarian Aid", Nottingham CSSGJ seminars, January 2014。

人道工作者更有意识、更有效地将他们的伦理观落地。在全书始末，我都尝试为伦理讨论配上实例，展示人道工作中时时遭遇的挑战。在行文中，"伦理"和"道德"两词基本可以互换，前者来源于希腊语，后者来源于拉丁语。许多道德哲学家对二者着意区分，但我不觉得有此必要。

本书分为三个部分。第一部分（上编）考察人类整体作为一个物种所拥有的人道主义本能的伦理起源。为此，第一章援引了多种哲学和伦理学传统，以梳理人类对于在困境中彼此帮助的道德冲动是如何发展出一套理解的。我追溯了西方思想中多个分支，以及现代科学中神经学和心理学对同理心和同情的研究。这一章哲学性较强，如果读者想要直接进入第二章，可以跳过去。

在本书的第二部分（中编），我考察了人道伦理在现代的阐发，以理解在第二次世界大战结束以后国际人道行动快速增长的过程中，该行业如何形成了核心价值和行动原则，包括1949年的《日内瓦公约》、不断涌现的新的人权公约、1965年的红十字原则，以及1994年的《行为准则》。第二至第五章将具体分析人道主义原则，并对这些原则进行新的注解。随后第六章将整体关注既已显现出来的人道伦理体系。我认为落于实地的人道伦理的特征在于，它是一种特别的政治性现实主义伦理，既公开地赞颂强有力的理想主义，又在实地工作中秉持现实主义态度。我会提出，人道伦理具有以原则为纲的构架、政治化的工作环境和务实的文化，令这个领域在职业性的理想主义之外，还内在地渗透了一种诠释性的、现实主义的伦理文化。

本书第三部分（下编）随之探讨将人道伦理付诸实践意味着什么。第七章讨论在实践性的人道伦理中结合情感、理性和德性，以及在实地做出选择、采取行动的重要性。在第八章我给出了做伦理性思虑的简单框架。第九章分析了人道行动中常见的各种伦理选择。随后第十章给出了一个理解人道行动中的道德责任的模型。在第十一章，我详细地考察了赈济中的结构性伦理张力，讨论了人道工作的每次行动里都可能出现的一些道德风险，包括无意造成的伤害、联盟、共犯、人员安全、沉默，以及滥用人道权力。第十二章将提出如何能最有力地鼓励和培养遵循伦理的人道工作者,创造人道组织中负责任的伦理文化。

我一向认为有必要解释自己作为作者的立场,这样能让正在阅读的你对作者有些许了解。我在大学里研习过神学,以欧洲基督徒的身份写作,持自由主义政治观点。我的智识传统局限于古典的和起源于犹太-基督教的西方思想经典,对其他的人类思想和情感传统几近无知。因此,本书极少涉及伊斯兰教、印度教、佛教,以及中国、非洲和前哥伦布时代美洲的世界观和伦理学。我对现代科学和后现代西方思想也并无精研。在20世纪80年代和90年代早期,我在救助儿童会和联合国做了几年人道工作,先后在摩洛哥、苏丹、埃塞俄比亚、以色列-巴勒斯坦冲突地带和孟加拉工作。1994年进入学术界以来,我尽量去接触更多的冲突和人道行动,远距离保持关注。我也尽力在各种类型的人道机构中保持一定参与度,包括负责评估和培训,在乐施会和天主教海外发展办事处(Catholic Agency for Overseas Development,CAFOD)的理事会承担治理职责等。人道工作者们作为学生、同事、朋友来与我分享经历,我一直尽力近距离聆听。上述一切表明,本书有其特别的视角和立场,但我希望这样的文本也有可取之处。人道伦理学认为人类生命的深刻价值和根本上的平等是普世的,应始终予以尊重和保护。我对此深表赞同,并希望本书对这种普世主义的其中一个特别视角的描述,可呈现出清晰的文本,供我所属的传统内外的人们评判。

人道主义者一直擅长在声明性的原则中书写伦理,但奇怪的是,这个行业的应用伦理学却一直没能发展起来。希望本书对此有所推进,就战争和灾害中人道行动的实践性伦理激发更广泛、更精到的全球对话。我尤其深切地希望,对于全世界众多人道工作者及他们所合作的社区来说,书里的内容可帮助他们在面临伦理困境时思考,找到出路。

上编

伦理学基础

第一章
人道行动的伦理源头

在开始探讨人道伦理之前，我们先退一步，提出两个根本问题：伦理是什么？伦理如何塑造和指导人道行动？

"伦理"一词来自希腊词"ethos"，意为品质。那么，对伦理的研究就是对人的品质和人的行动的品质进行判断。在本质上，伦理学这个领域就是人力求通过询问和努力，明确人的生命怎样是好的、怎样是坏的，社会中什么是好的、什么是坏的，进而明确在具体的情况下怎么做、具体持什么态度是对的，怎么做、什么态度是错的。英语里"道德"一词来自"moralis"，意指正确的行为、习惯和举止。我们会看到有许多不同的伦理学派，但所有学派的核心关切都是理解价值在此世中的意义，以及由此去理解：作为个人、团体、政治体、全球社会，生活得好意味着什么。因此，大多数伦理学都要讨论价值和公平的问题，讨论道德目标和道德手段，赞赏目标明确的、明智的、公平的、理性的、敏锐的、富有勇气和关爱的政策、做法、态度、品质和行为。人道行业根据其行业的伦理，认为每个人的生命都是好的，无论何时何地，只要可能，就应当保护和拯救人们的生命。那么，为什么人道伦理采取了这种道德观点，还主张我们应该将这一观点认同为普遍的真理呢？

人道行动的伦理基础，是对在极端情况中生活和受苦的他人产生同情和责任的深刻感觉。这种共鸣和同情的感觉，呼吁人们要采取合理有效的行动来回应苦难。从寒战和暖流中都可生出人道的感觉：在残忍暴行引起的彻骨恐惧和要阻止暴行的强烈激情之中，可能迸发出这种感觉；从深深的爱和关爱他人的火热愿望中也可能涌出这种感觉。也可能介乎二者之间，既因苦难而生出悲哀，又渴望去鼓舞和建设。

无论人道感觉的源头和表现如何，它总是一种普遍的感觉。人们能够，也确实会与他人感同身受，并将这些感觉转化为帮助和保护的实践。这些积极的感觉，显然并不是我们作为人类对他人展示的唯一一种普遍感觉。我们也都会愤怒、仇恨、贪婪，会想要暴力、权力、自私、虐待。这些毁灭性的感觉往往是人道行动的缘由和情境，但并非本书的主要研究对象。① 很多时候，尤其在一些政治危机中，我们对待彼此的方式，用诺曼·杰拉斯的话说，是"彼此冷漠的契约"②。在大街上我们径直走过乞丐身边。对于远方的惨剧，我们有时移开眼睛，忽视求助的呼声，因为感到尴尬或恐惧。我们常常只是过自己的日子，如彼得·安格尔评论的：尽情活着，让他人死去吧。③

不过，本章和本书集中讨论的是全人类想要弥补苦难、不再制造苦难的愿望，以及对同胞行善而不作恶的渴望。本书将探索在我们选择不忽视其他人的苦难而去予以回应时，在道德上会遭遇的挑战。所以在最开始，我们需要理解，如何解释人类基本的族群性，如何解释驱动了人道工作的积极感觉。

澳大利亚哲学家彼得·辛格对我们作为人的道德发展提出了革命性观点，将伦理史划分为利他主义出现的三个关键阶段——三个逐渐扩大的圈子④。辛格认为，前人类和人类祖先对他人的根本关切，主要是基于家庭和我们自身让 DNA 存续下去的生物渴望。这种"亲缘利他主义"意味着，古老的哺乳动物行为模式中已包含一种对他人的关切和责任的伦理，但仅适用于我们在几千年岁月中生活在小群落里彼此隔离的

---

① 我在另一本书里探究了人类情感和理性较负面的一面：《屠戮平民：战争中的方法、疯癫与道德》(*Killing Civilians*: *Methods*, *Madness and Morality in War*, Hurst, 2007)，法语译本作《战争、信念与劳作中的平民》(*Les Civils dans la Guerre*, *Fides et Labor*, Geneva, 2009)。

② Norman Geras, *The Contract of Mutual Difference*: *Political Philosophy after the Holocaust*, Verso, London, 1998.【译者注】诺曼·杰拉斯（Norman Geras, 1943—2013），政治理论家，曼彻斯特大学政治学荣誉教授。

③ Peter Unger, *Living High and Letting Die*: *Our Illusion of Innocence*, Oxford University Press, Oxford, 1997.【译者注】彼得·安格尔（Peter Unger, 1942—），纽约大学哲学教授，研究领域有形而上学、认识论、应用伦理学和心灵哲学。

④ Peter Singer, *The Expanding Circle*: *Ethics*, *Evolution and Moral Progress*, Princeton University Press, Princeton and Oxford, 2011 edn.【译者注】彼得·辛格（Peter Singer, 1946—），著名的澳大利亚伦理学家、政治哲学家，现代动物权利运动的开创者。

状态。

第二个更大的伦理圈子也显见于我们自己和其他物种身上。在家庭之外更大的群体中明显运行着一种"互惠伦理"。我们像其他物种一样，会为他人做一些很难为自己做到的事情，他们又为我们做这样的事作为回报。我们互相抓虱子、挠背，生病的时候彼此关照。辛格指出，从这种互惠的伦理中很快生发出更精细的伦理观念，超越了迫切的生存目标，包含了公平、欺骗、报应、名誉、感恩、赞扬等原则。如果我不做互惠的事，或者只是半心半意地做，我就是在欺骗，可能会遭到报应。如果我一直很好地做互惠的事，我就能得到好名声和信任。这些从互惠而生的道德概念，令群体内的伦理发生了更复杂的社会过程。

辛格主张，随着我们这个物种更多地使用理性，伦理大飞跃发生了。我们逐渐具备了客观思考和对既有习俗提出疑问的能力，这意味着我们能够超越利己主义和互惠观念，站在不牵涉利益的立场考虑他人的利益。我们能站在他人的位置上思考和感觉，不仅是因为我们想和他人交换好处，而且是因为我们能想象他们经历的事。辛格将此形容为一场道德大转变，从此我们能够采取"客观观点"，不论是否为亲属、能否互惠，都询问怎样对他人最好。我们借着这一客观性得以想象和理解"他方观点"（point of view of the other，POVO），这已成为冲突解除理论中的术语。从这个视角出发，我们能想象陌生人和从没见过的人可能想要或需要什么，想象对他们而言做什么事才是好的、公平的。辛格说，接下来令人吃惊的是，我们能将这种视角发展为"普遍的观点"，每个人的利益都获得考量，并成为伦理上关切的问题。如今，我们就在使用这种伦理的"普遍化"，这在国际人权条约中最为显见（也最多异议）：国际法中，遍举了何为好、何为坏，以及应做什么来实现有尊严的生活。

无论是不是信服辛格这样的进化论伦理学家或是神学家、哲学家的理论，我们在叙述人类道德意识的起源时，总会有一些创造神话的因素。犹太教和基督教的神学家不会像辛格一样按部就班地慢慢构建起一套伦理学，他们会将这个过程反转过来。他们设想的是起初就存在道德的完满，随后在远古发生了可怕的伦理断裂，或称堕落；如今我们须用爱和个人规训的伦理去再度弥合。欧洲启蒙运动中的政治哲学家，如托马斯·霍布斯和让-雅克·卢梭，也用了这种回顾过去的伦理神话。他们设置了原初的"自然状态"，由此阐发和解释他们的政治治理理论。卢梭设想的原初自然状态是我们生而自由，本能就有道德，怀抱对彼此的同理心，在根本上并没有残酷。但进入社会以后，不可避免地发生权力和统治的竞争，我们因此被诱入非道德的系统，遂无往不在枷锁之中，或将他人也带进枷锁。① 社会就是我们的堕落，每个人在遭遇社会时都在道德上跌倒，或者说，社会遭遇我们时，每个人都受到了道德上的伤害。与卢梭形成对照的是霍布斯。众所周知，霍布斯的原初自然状态是野蛮的，是从一开始就彼此竞争的，是一种永恒战争的状态，需要强有力的君主施行坚定统治，尽可能地在社会里引入政治和社会伦理。②

同情

18世纪苏格兰大哲学家大卫·休谟认为，伦理的起源牢牢扎根于我们的感觉之中，将他的伦理学建基于对人性的经验分析之上。休谟对共情和同情的简明分析，是欧洲伦理学的最高峰之一，成为当代科学思考同理心的先声。休谟并没有设想人类道德曾发生过原初性的大破坏，而是将我们的情感和想象力看作伦理的来源。休谟将情感理解为我们内在的振动，可与直接的身体感官，如视觉、味觉、听觉和触觉类比。如果说我们的"感官印象"是受到光、热、味、声刺激而发生，那么我们的同情就是由"某种特殊的思想和想象倾向改变"反映在感觉上而塑造成的。对休谟来说，是我们的感觉和想象他人感觉的能力所具有的力量和普遍性，使我们具有道德，关切他人。

休谟在其1739年发表的《人性论》中对共情（compassion）的分析

---

① 卢梭：《社会契约论》，李平沤译，商务印书馆，2011年。
② 霍布斯：《利维坦》，黎思复、黎廷弼译，商务印书馆，1985年，第8章。

非常著名。① 他将同情描述为普遍的情感，我们通过同情使自己与处于痛苦中的他人同一。同情的出现，是因为我们与他人内在相似，在我们用想象力思索他人处境的瞬间，就感觉到了同情：

> 对于与我们有关的每样事物，我们都有一个生动的观念。一切人类都因为互相类似与我们有一种关系。因此，他们的人格，他们的利益、他们的情感、他们的痛苦和快乐，必然以生动的方式刺激我们，而产生一种与（对方经历到的）原始情绪相似的情绪……这一点如果是一般地真实的，那么对于苦恼和悲哀来说就更是如此。②

在休谟看来，这种共有的感觉与想象的结合创造出人类社会中"一般的同情原则"。他描述的几乎是一个神经学过程：思想在感情上造成"印象"，随后创造出与我们已有的观念相符的情感。我们通过思想和想象感觉到与另一个人一样的感觉，并同情他。为了展示同情的过程是何等迅速和本能，休谟举例说妇女一见到白刃，纵然刀是拿在最好的朋友手里，也会晕倒，因为她想到了（也就感觉到了）刀刃可施加的痛苦和伤害。③

当然，这种对于他人受苦对我们的情感造成的即时、本能效应的洞察并不新奇。亚里士多德在公元前4世纪就已精妙观察到戏剧具有模仿的力量，以及即时深刻影响我们的能力。在《诗学》中，亚里士多德讨论希腊戏剧中最好的悲剧类型时指出，我们能够本能地为他人动情："情节的安排，务求人们只听事件的发展，不必看表演，也能因那些事件的结果而惊心动魄，发生怜悯之情；任何人听见《俄狄浦斯王》的情

---

① 【译者注】《人性论》现有的两个中译本中，都将休谟分析的"compassion"译为"怜悯"，且没有和另一个近义词"pity"区分。但是在当代汉语里，"怜悯"已经带有自上往下的意涵，与休谟和本书中分析的情感结构不符。因此这里将"compassion"改译为"共情"，也更为符合该词的构词法（com-passion）。

② 休谟：《人性论》，关文运译，商务印书馆，1980年，第二卷第二章第七节，第406页，边页码第369页。

③ 休谟：《人性论》，关文运译，商务印书馆，1980年，第二卷第二章第七节，第407页，边页码第370页。当然，弗洛伊德会对这种昏厥加以不同的解释，但这个类比仍然是成立的。

节，都会这样受感动。"①

休谟和亚里士多德一样，相信我们的感觉能传染。实际看到和听到另一人受苦，或想象到其他人的痛苦和困境，都会真实地在人群中传播开来。我们人就像一架乐器弦上的音符，能够一体共振，"正像若干条弦线均匀地拉紧在一处以后，一条弦线的运动就传达到其余条弦线上去；同样，一切感情也都由一个人迅速地传到另一个人，而在每个人心中产生相应的活动"②。

休谟的朋友、苏格兰同乡亚当·斯密也将同情置于其伦理学巨著《道德情操论》的中心。在休谟《人性论》问世二十年之后，斯密用以下著名句子开篇：

> 无论一个人在别人看来有多么自私，但他的天性中显然总还是存在着一些本能，因为这些本能，他会关心别人的命运，会对别人的幸福感同身受，尽管他从他人的幸福中除了感到高兴以外，一无所得。③

斯密也将这种现象叫作同情，也称之为"同胞感受"（fellow feeling），他也同样将想象视为其来源：能够构想他人受的苦并感同身受的能力，虽然感觉的程度必然比受苦之人有所不及。

休谟和斯密在关注情感时，都追随了伟大的意大利中世纪基督教神学家托马斯·阿奎那。阿奎那认为共情，即拉丁语的"misericordia"，是心即刻感觉到的情感④，在这种情感中，我们感觉到他人受苦如同自己受苦，随后这种情感又激发我们产生愿望，要采取行动来解除他们的苦痛。⑤

---

① 亚里士多德：《诗学》第十四章，罗念生译，载《罗念生全集》第一卷，上海人民出版社，2016年，第60页，通用编码1453b3-6。
② 休谟：《人性论》，关文运译，商务印书馆，1980年，第三卷第三章第一节，第618页，边页码第576页。
③ 亚当·斯密：《道德情操论》，王秀莉等译，上海三联书店，2008年，第3页。
④ 【译者注】"misericordia"由"miser"（痛苦、悲惨）和"cors"（心）两个拉丁语词根构成。
⑤ Thomas Ryan, "Aquinas on Compassion", *Irish Theological Quarterly* 75(2), Sage, London, 2010, p161.

休谟和斯密都相信,同情或同胞感受的规则都普遍适用于全世界,但其强度随人与人之间距离的增加而降低,其原理却不变。我们与遥远的人们感同身受的能力,不同于我们与邻近的人们或认识的人感同身受的能力。同情所及范围不同,能产生同情的关心关切的道德原理却是一样的。简言之,感情不同,原理同一:

> 我们对于接近我们的人比对于远离我们的人较为容易同情;对于相识比对于陌生人较为容易同情;对于本国人比对于外国人较为容易同情。不过同情虽然有这种变化,可是我们不论在英国或在中国对于同样的道德品质,都给以同样的赞许。[1]

无论你是否知道,残酷痛苦之事并不改变;而距离和规模会改变我们的感觉。现代心理学研究清楚地显示,人受到的感染有数量上的限度:面对的数字越大,我们受到的触动越少。俄勒冈大学的保罗·斯洛维克造出了"精神麻木"一词来描述我们面对大规模暴行中巨大的死亡和受难人数时的反应。他与其合作作者一起指出,遥远地方的巨大数字令人"感觉不像真的",并提出,我们的道德直觉似乎在面对真正大规模的苦难时就失效了。我们无法真正地设想这样的苦难,我们的伦理反应短路了,变成了某种麻木。我们关心,却无法真正充分地想象,无法由此激发足够的愤怒和行动。这种麻木,会给针对大型暴行而动员的人道行动和政治行动带来很大阻碍。这也是为何在传播和动员人道性质的关注时,"要引起共情,身份明确的个人效果最好"[2]。我们的同情虽然本质上是普遍存在的,但看来还是有限度的。若我们不能真正地想象苦难,就不能真正地感觉它,也就无法回应它,或者需要很努力才能回应它。休谟和斯洛维克看待全球政治中共情的限度时,都是很现实的。

---

[1] 休谟:《人性论》,关文运译,商务印书馆,1980年,第三卷第三章第一节,第623页,边页码第581页。

[2] Paul Slovic, "Phychic Numbing and Mass Atrocity", ch7 in Eldar Shafir, ed., *The Behavioural Foundations of Public Policy*, Princeton University Press, Princeton, 2012. 【译者注】保罗·斯洛维克(Paul Slovic, 1938—),俄勒冈大学心理学教授,尤重风险和决策心理学。

责任

同情发生以后，就助长了责任。马丁·布伯、艾曼努埃尔·列维纳斯和保罗·利科等20世纪现代现象学哲学家检视了人类的语言，尤其细密地检视了代词，以揭示伦理在个人意识中的根源。他们对主观经验和对"存在"的原初感知进行了复杂的哲学研究，揭示了我们与"他者"的关联在深刻的存在论意义上的显现。这三位哲学家都用深刻的、往往是晦涩的句子确认，我们最深刻的存在感和意义，来自与"他者"的遭遇及由此而生的个人责任感。

马丁·布伯在《我和你》中谈到，"人执持双重的态度，因之人言说双重的原初词"，由此着重宣称："太初有关系。"① 所以，我们首先是在他人之中找到意义。我们在他人身上看到在自己身上宝贵的东西。只有在遇见另一个人的时候，我们才发现自己是人。这种认知解释了我们在自身存在中感知到的价值，随即也确立了他人的价值。这样，我们就从将笛卡尔误解为自我中心的那种意识——其格言为"我思，故我在"——转向了描述关系的格言："我相遇，故我在。"伦理诞生于了解其他的身体，而不是诞生于了解自己的头脑。布伯这样说："凡真实的人生皆是相遇。"② 我们从这些人际遭遇中发展出对共同为人之道的感知。而在现象学哲学之前，犹太教的古老道德规则就已谈到这一洞见："爱邻如己。"③

在这一哲学传统中，人的面孔成为我们伦理遭遇的原初场所和核心形象。在19世纪末，德国哲学家汉斯·利普斯极为重视人的面孔，将之作为伦理根本的、反复作用的起源。我们作为人类拥有独特的外观和

---

① 马丁·布伯：《我与你（卷一）》，陈维纲译，商务印书馆，2021年，第5、21页，有改动。【译者注】马丁·布伯（Martin Buber, 1878—1965），德国犹太宗教哲学家，圣经翻译家、释经家。此句典出《约翰福音》第一章"太初有道"。
② 马丁·布伯：《我与你（卷一）》，陈维纲译，商务印书馆，2021年，第14页，有改动。
③ 这条"大诫命"可见《利未记》第十九章十八节和基督教福音书《马太福音》第二十二章三十九节、《马可福音》第十二章三十一节、《路加福音》第十章二十七节。

面孔，他从这一观念出发，构建起了自己的道德哲学。利普斯谈到，"外观"是一个人对他人可见的方式，也是灵魂展示自身的方式。与身体的其他部分不同，我们的面孔和外观展示的是我们作为在世界中占一席之地、成为一个人的独特个体性。利普斯尤其着迷于以脸红、局促的形式表现在面孔上的尴尬。他在尴尬中看到了我们在他人对自己提出要求时的深刻原初意识，以及这种意识在我们身上造成的伦理性的局促。我们脸红，证明了我们有伦理。利普斯认为，我们的声音同样将我们作为独特的存在者凸显出来。他指出，面孔、外观和声音一并确认了他人的独特实在，只要看到、听到他人，我们与他人的相遇即刻就"生"而为伦理的了。①

20世纪法国哲学家艾曼努埃尔·列维纳斯也将他人的面孔置于其哲学的中心。在他之后，保罗·利科同样如此。② 对列维纳斯来说，"与他人面对面"是深刻责任感的传唤。这是完全意义的责任，结合了自动自发的情感反应和对职责与义务的道德感知。列维纳斯说，看到另一个人的外观或面孔，是良知的时刻，其实却是坏的良知，因为另一个人的在场提示我们，在生活的斗争中，我们可能会与他们竞争、伤害他们。但这种良知也提示我们同样可以向他们伸手，为他们做好事。因为他人带来了原初存在意义上的震动，列维纳斯热切地称"伦理学是第一哲学"，有另一个人在场，即刻重塑了人类生活的主要问题：不再是死亡的存在论问题，而是变成了公平生活的伦理问题。他引用了莎士比亚的著名独白，修正了哈姆雷特之问，重新提出了人类生活的最深刻问题。列维纳斯说，问题不是"存在还是不存在"③，而是公平还是不公平。他人面

---

① 关于利普斯思想的概述，见 Sven Andersen 的论述：Sven Andersen, Kees Niekerk, Hans Fink & Brenda Almond eds., *Concern for the Other*: *On the Ethics of K. E. Logstrup*, University of Notre Dame Press, Notre Dame, IN, 2007, pp42ff.【译者注】汉斯·利普斯（Hans Lipps, 1889—1941），德国现象学和存在主义哲学家。

② 【译者注】艾曼努埃尔·列维纳斯（Emmanuel Levinas, 1906—1995），法国哲学家，尤以批判存在论在西方哲学史中的至高地位著称。保罗·利科（Paul Ricoeur, 1913—2005），法国哲学家、解释学家、历史学家。

③ 【译者注】莎士比亚,《哈姆雷特》第三幕第一场，即著名的"to be or not to be"。各中译本结合剧情，译作"生存还是毁灭"（朱生豪）、"活下去还是不活"（卞之琳）、"死后是存在，还是不存在"（梁实秋）、"活着好，还是死了好"（方平）。此处采用哲学化的语言重译。

孔的外观意味着：

> 存在与生命向着人唤醒。因此存在意义的问题就不是对这个非同寻常的动词①进行理解的存在论，而是关于存在之正义的伦理学。这才是最高的问题或哲学的问题。不是：为什么有存在而不是什么都没有，而是：存在如何为自己的正当性辩护。②

对列维纳斯来说，存在与时间的问题排在伦理和责任的问题之后，列第二位。

在布伯、列维纳斯和随后的利科那里占如此决定性位置的这种对另一人的原初责任感，延续了深深扎根于犹太思想中的这一观念：存在本身就是在我、邻人和神之间的对话。这一会话的核心问题是：什么是好的，什么是正确的。这三位哲学家都一次又一次地回到犹太托拉经的经文。经文中，亚当、亚伯拉罕、撒拉、哈拿、以赛亚和诸多人等都本能地即刻用简单的四个字回应神："我在这里。"这就是我们受到他人真切呼唤时的回答。我们从中确立了自己，令自己做好准备。我们承担起责任。这四个字是我们要尽力给予每一个伦理呼唤的回应，这样的伦理呼唤就隐含在人道行动之中。回应是伦理上的第一动作，我们由此承认了自己对他人的责任。

利科在诠释我们与他人面对面遭遇这一原初伦理时刻时，比列维纳斯走得更远。他和列维纳斯一样，将我们认可另一个人、被另一个人认可的时刻看作是"责任的召唤"和"正义的显现"。但他不只将这种召唤看作由坏的良知和恐惧而生的职责——那是列维纳斯阴郁的诠释。利科将我们对受苦的他人的回应看作是充满共情的、对生命的肯定。他在我们的突发的、本能的伦理反应中观察到了"善良涌现"和"黄金法则

---

① 【译者注】指"be"，即哲学中的"存在"。
② 莱（列）维纳斯：《伦理学作为第一哲学》，朱刚译，《世界哲学》2008年第1期，第92-100页，此段见第100页。

的时刻"①。其中他看到了"自发仁慈",并将之理解为真正的"关心"②。通过强调本能的善好、仁慈的自发性和关心,利科接近了休谟及其观点:同情,是强大而富于共情的道德感知在情感上发生的可传染的表现。

我们看到,以上这些哲学传统都确认,共情(或同情)是一种政治性的情感。它对处于与他人关系中的我们提出要求,并影响我们在社会中组织生活的方式。亚里士多德定义政治为"研究人类的好的科学"③,若是如此,同情和共情就是强有力的政治驱动力,人道行动就是在最深刻意义上根据善好重新安排人类关系的政治行动。

同理心与主体间性

现代科学如今正追随哲学和神学的洞见,对同理心提出了神经学的理解。在20世纪90年代,同情和共情的哲学概念在意大利帕尔马大学的实验室里得到了科学确认:神经生理学家维托里奥·葛莱西和贾科莫·里佐拉蒂发现并命名了"镜像神经元"。镜像神经元是首先在猴子身上发现的,后来也被确认在人身上存在。它们显示,我们的大脑自动模仿看到的东西,即便我们的身体并没有做这样的事:

> 每当我们看着一个人做一个动作,除各个视觉区域被激活之外,同时还发生了运动环路的激活,我们自己做这个动作就会激活这些环路。虽然我们并没有在外部重复做出自己观察到的动作,我们的运动系统却活动起来了,仿佛我们就在做出那

---

① 黄金法则用于指称一般性的伦理指令,通用于所有的主要伦理传统,其最简明表述见托拉经文中的《利未记》十九章十八节"爱邻如己"。
② 保罗·利科:《作为一个他者的自身》,佘碧平译,商务印书馆,2013年,第七研究第二节,第281–283页,有改动。
③ 亚里士多德:《尼各马可伦理学(第一卷)》,廖申白译注,商务印书馆,2003年,第6页,通用编码1094b5–10,有改动。

同样的动作。①

在我们观看的时候,大脑的活动和感觉与我们实际经历时一样,这种特征从神经学的角度陈述了古典和现代伦理学中的重要内容。这完全解释了我们的良知——哲学家和科学家称之为主体间性——在我们自己和他人的经历之间转移的能力。主体间性是由另一位利普斯观察到的,即20世纪早期德国的西奥多尔·利普斯。利普斯写道:同理心是"对感知到的他人的动作的内在模仿",并谈及在看到马戏团杂技演员危危乎走在高高的绳索上时,"我感到自己就在他身体里",仿佛自己正在做同样的事。② 这是利普斯的运动环路在全面运转。我们对主体间性的倾向,或者说我们的同理心,意味着在我们面对他人的苦难时,大脑产生了对他们所经历之事的具象模拟。看来,与受苦的人发生这种生理上的同一,在神经学里和在休谟所说的情感意义上,都是自然天性。也正如休谟所说,这是我们的伦理的基本来源。

普遍的伦理

对伦理源头的论述还有很多,无论选择哪一种,这些论述都认可人类具有共同的伦理特征:对彼此的深刻责任感;对他人苦难产生同理心的丰富情感;对善和恶的强烈感觉;在对和错之间做出选择的需要——往往是急迫的需要——以及基于这种选择去行动的渴望。驱动人道行动的伦理意图具有以上所有关键的伦理特质。人道行动显示了对他人的情感关切,它基于直觉的责任感而行动。

---

① Vittorio Gallese,"The Shared Manifold Hypothesis: From Mirror Neurons to Empathy",*Journal of Consciousness Studies* 8,N5-7,Imprint Academic,2001.【译者注】维托里奥·葛莱西(Vittorio Gallese,1959—)和贾科莫·里佐拉蒂(Giacomo Rizzolati,1938—)是意大利帕尔马大学的神经生理学家,其科研发现对心理学、语言学、美学皆有影响。

② Vittorio Gallese,"The Roots of Empathy: The Shared Manifold Hypothesis and the Neural Basis of Intersubjectivity",*Psychopathology* 36,Karger,2003,pp171-180.【译者注】西奥多尔·利普斯(Theodore Lipps,1851—1914),德国心理学家,其最著名理论即为用同理心阐释艺术体验。

人道伦理将这些伦理呼吁与号召都看作是普遍的。它在全世界都有其合法性是基于以下信念：这种对他人的感觉和责任是普遍的，也是人类生活在深层意义上是社会性的、宝贵的、应当受保护的依据。这样的普遍性位于人道伦理的基底。现在我们转向人道行动的主要伦理原则，看看人道行业如何落实这样的普遍性。

中编

人道主义原则的现代阐发

第二章
人道主义目标：人道与公正

过去一百五十年间，国际人道行动已成为国际关系中的重要领域，早在红十字国际委员会于 1863 年建立伊始就引人注目。随后在第一次世界大战和俄国内战期间，全球出现了一波各国非政府组织和国际非政府组织成立的浪潮，后来又出现了国际联盟。联合国在 1945 年成立后，人道伦理在国际社会的法律和制度中更加牢固。联合国儿童基金会、联合国难民事务高级专员公署、世界粮食计划署等专门的联合国机构的建立，开启了人道行动在国家间的现代实践。1949 年的《日内瓦公约》和联合国通过的新型武器公约则标志着现代国际人道法的快速发展。①

在人道行动的现代历史中，在战争和灾害中帮助和保护他人的基本伦理目标是通过人道和公正的核心概念阐发的。从这些核心价值出发，衍生出了国际人道法（International humanitarian law，IHL）的新标准和一套具有操作性的人道主义原则。如今，这些法律和原则共同框定了人道行动的伦理领域，并力求指导实践。

本章将考察两条已成为人道行动核心的伦理原则。但首先须看看"原则"这个主导着当前对人道伦理理解的概念本身。什么是道德原则？在一个伦理体系里，它服务于什么目的？

---

① 关于这些重要的历史进程，参见 John F. Hutchinson, *Champions of Charity: War and the Rise of the Red Cross*, Westview, Boulder, 1996; Geoffrey Best, *War and Law since 1945*, Oxford University Press, Oxford, 1994; Caroline Moorehead, *Dunant's Dream: War, Switzerland and the History of the Red Cross*, Harper Collins, London, 1998; Michael Barnett, *Empire of Humanity: A History of Humanitarianism*, Cornell University Press, Ithaca, 2011.

基于原则的伦理

人道伦理已发展成一套以原则为基础的伦理。国际人道法就是基于一系列关键原则——人道待遇、区分、比例和限制、保护、预防措施、军事必要等——而制定的。这些原则应在武装冲突中指导敌对行为。而人道行动所基于的原则，则是人道、公正、中立和独立，这些原则指导开展人道援助和保护行动。据此制定的准则和标准，又引进了一系列新的原则，伴随这个行业逐步成熟，指导着人道行动的各个专门领域。现在常规用于推进人道行动的有三十三条原则，如图1所示。其中，既有"人道"这样成了人道法和人道行动的根本道德洞察的基本原则，也有为了实现高效有效工作的日常伦理原则。

人道行动中是如此强调原则，所以需要理解原则在伦理中的目的和限度。

原则是主导一个信仰或行为体系的基本主张。原则表达一个基本真理或道德规范，应作为普遍实践标准，常规应用。从这一真理出发，可推导出具体的规则，这些规则便指引我们如何根据原则生活、行动。例如，从诚实的原则可推导出我们不应说谎、欺骗、伪造、夸张、欺诈的具体规则。在应用伦理学中，原则被用于三个主要目的：

- 确认道德规范。
- 作为恒定的行为指南，指导人们做出符合伦理的决策。
- 衍生具体规则。

原则和由原则衍生出的规则，充分体现在《行为准则》和相关法律之中，《行为准则》和这些法律又搭建起了主导行业实践的框架。

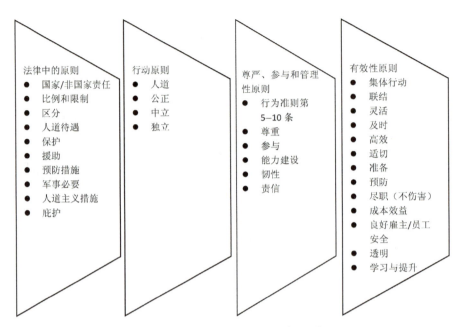

图 1　人道行动中的三十三条原则

人道行动并非唯一一个发展出以原则为基础的伦理体系的行业。医学伦理在现代的阐发，就是在最早的不伤害（nonmaleficence）的指导原则基础之上，发展出众多实践准则，并对不同的实践领域设置了伦理指南的。在美国，最简单、最著名的基于原则的医学伦理框架是四原则法，它将尊重自主、不伤害、有利、公正作为医疗的基本原则和所有医疗工作者的主要义务。① 这四条原则是大多数医疗实践准则的核心，此外还会单独列出忠诚和胜任力。在英国，社会工作伦理被阐发为三十二条主要原则。② 这些原则的内容从"坚持和促进人的尊严与福利"到"予人赋权""清晰准确地记录"。商业伦理大部分也是基于原则，体现在各个公司的行为准则，或者更大的国际商业伦理框架中，例如全球契

---

① 汤姆·比彻姆、詹姆斯·邱卓思：《生命医学伦理原则（第5版）》，李伦等译，北京大学出版社，2014年。
② 参见英国社会工作者联合会2012年1月的《社会工作伦理准则》（"Code of Ethics for Social Work"），http：//cdn.basw.co.uk/upload/basw_112315-7.pdf。

约组织（the Global Compact）的十大原则。①

原则进而影响品格和行动。原则是"存在和做事的方针"，有如下三个主要类型：绝对性原则、义务性原则和追寻性原则。②

● 绝对性原则：应用于任何场景的"无例外规范"。禁止谋杀就是一条绝对性原则，相对的是为道德原因而杀人。在严格意义上，谋杀就是一种本身绝对坏的行为，在传统法理学拉丁语里称之为"malum in se"③。

● 义务性原则：除了个别例外，大部分原则都是强有力的义务，适用于所有场景。关爱子女的原则就是一个清晰的例子：这是一项恒定的道德义务，能保证他人的生命和健康，带来重要的个人和社会收益。但义务性原则并不绝对，可以预想和容许一个场景中有其他必须顾及的道德考量，由此可能会导致例外情况。约翰·菲尼斯淋漓尽致地诠释了这样的情况："有许多道德规范是真实的，却并非绝对，如'要喂养子女'。这一道德规范真实、有强制力，但并不绝对。当唯一可获取的食物就是你邻居还活着的孩子的身体，人（在道德上）就不能将这条规范付诸行动；也没有因为不应用这条规范而违反了它。"④ 有时候违反一条义务性原则就是正确的、应做的事。

● 追寻性原则：体现了我们应当追寻的完满理想。追寻性原则关乎卓越，向追寻性原则看齐的过程本身就有道德价值，它令我们接近这些原则，即便永远不可能完全实现。追寻性原则带来劝诫、鼓励，而非义务和约束。例如在宗教传统中，爱和自我牺牲的原则就是我们须朝向、努力但很少会完全遵从的完满境界。近年的千年发展目标（Millennium

---

① 关于联合国版本的基于原则的商业伦理准则，见《全球契约十项原则》，http://cn.unglobalcompact.org/aboutUs.html@ tenitem；负责任投资的六项原则，http://www.unpri.org/about-pri/the-six-principles/；以及《联合国工商企业与人权指导原则》。

② Jame F. Childress，"规范"（Norms）词条，见 *A New Dictionary of Christian Ethics*, ed. John Macquarrie and James Childress, SCM Press Ltd, London, 1967, pp425-427。

③ 【译者注】拉丁语，意为本质恶。

④ John Finnis, *Moral Absolutes: Tradition, Revision and Truth*, Catholic University of America Press, Washington, 1991, p1.【译者注】约翰·菲尼斯（John Finnis, 1940—），牛津大学荣休法学教授。

Development Goals，MDGs）就作为追寻性原则在全球政治社会发挥国际性的作用。①

人道主义原则包括了所有这三种指导行动的原则。人道原则在国际人道法中体现为绝对禁止某些行为，如谋杀、强奸、虐待、残忍和有辱人格的待遇，以及武装冲突中不分青红皂白的攻击。人道法中有更多的原则，如比例和限制、预防措施、军事必要等，就没那么容易判定。人道行动的原则之中，人道和公正似乎更接近于绝对性原则，而中立、独立和尊严原则是义务性的。与有效性相关的许多原则，看来必然是要去追寻的。

对原则进行诠释和平衡

大多数原则在严格意义上都不是绝对的，它们都是罗纳德·德沃金所说的"诠释性概念"②。这些原则需要在具体的情境中诠释：这可能是因为像公平性、比例性等相对原则需要在特定情景中分辨，或者因为原则之间可能产生矛盾，发生道德冲突，甚至会陷入"我根据原则做对一件事就做错其他事"的道德困境。任何包含多于一条原则的伦理体系，都必然有在某些场景中不同原则相互矛盾的张力。在人道行为实践中，当然也是如此。

对原则进行诠释的第一种形式，是在特定情景中充分理解原则的含义。有些原则本身就是相对的，例如公平，就需要基于具体情景中的工作对象人数和可动用的资源进行判断和计算。要在一场不受关注的紧急事件中对难民营里的三万人发放食物，而此前他们的食物供应水平就低于《环球计划标准》，那么怎样才是公平的做法？这需要在当时当地做出诠释。那就需要判断，怎样才能尽可能在糟糕的情况下实现公平原

---

① 参见联合国的八项千年发展目标，http：www.un.org/millenniumgoals/bkgd.html。
② 罗纳德·德沃金：《刺猬的正义》，周望、徐宗立译，中国政法大学出版社，2016年。
【译者注】罗纳德·德沃金（Ronald Dworkin，1931—2013），美国哲学家、法学家，20世纪下半叶西方最重要的法哲学家之一。

则。其中，要界定公平在这个情景中的具体意味。当你面对一大群人又没有足够食物时，公平意味着什么呢？

需要诠释原则的第二种情况，是道德常识要求我们将一条原则优先置于另一条之上。这意味着当两条原则在具体情景中发生矛盾时，我们得衡量其相对重要性，从而在具体的时刻找到两原则之间正确的平衡。[①] 在这样的情景中，无法轻易仰仗由原则推导出的具体规则，而须找到不同原则之间的最佳平衡。例如，一所红新月医院严格禁止武器进入院内，却有一名当地民兵冲到在四十分钟前的轰炸中受伤垂死的妻子床前。他哭泣着在她床头坐下，急忙脱下外套去握妻子的手，这时护士看到他腰上插着一把手枪。随后护士就喝住他，要求他回到门口去交出枪，但这样做的话，他可能就无法在妻子死时守在她身边了。这样咬文嚼字地遵循规则，在这个上下文情境中没有任何伦理意义。这是遵循法律的字句而非法律的精神之一例，是一个久已有之的难题。如果能温和地请他递过武器，或者将交枪的对话推迟到更合适的时间，就要好得多。此类在人道和中立之间发生的冲突，尤其需要在具体情景中判断这两条原则的相对重量，据此平衡调整行动。

原则在具体情景中指导我们，有助于我们走出许多道德困境，但并不能直接解决所有问题。我们刚才已看到，各个原则可能在某些情景中发生矛盾、冲突，制造出道德难题。因此，原则几乎都不会直接给出办法，而是需要我们对原则进行诠释。原则告诉我们做什么是好的，但并不直接说在困难情况下最好要做什么，这需要我们去琢磨。这就意味着，以原则为基础的伦理体系是必要的，但不足以应对人道行动中的伦理挑战。所有以原则为基础的复杂体系都明白过度简化的"原则主义"的不足，因而会在其伦理中重视、纳入其他的伦理实践，如思虑、良好判断、实践德性的培育等。目前，纳入和融合更多的伦理传统，就是人道伦理的主要挑战，本书第二部分将对此加以探讨。不过，我们首先要理解当前支撑起人道伦理的主要原则。

---

① 平衡也正是比彻姆和邱卓思在《生命医学伦理原则》中采取的做法。

人道行动的伦理目标

"目标"的希腊语是"telos",由此衍生出目的论(teleology)一词。任何一个具体方案的目的论,是指其最终目标、终极意图或最后的目的。它的意思是箭瞄准的靶子,或者对个人渴望或政治欲求的满足。人道行动的(以及一个人道机构的)道德目的,可依照亚里士多德"万物皆有其内在目标"的信念来理解。目标是事物持续变化的完结点,或者是事物一直在回应的呼唤。那么,人道行动的目标是什么呢?正如一只船的目标就是成为一只船,人道行动的目标就是实现人道(be humanitarian)。但我们又如何理解实现人道?它瞄准的是什么?是什么令一个行动成为人道的行为,而不是别的什么行为?

人道的行为所瞄准的,是尊重和保护每个人的人道。这是人道行动的总体目标,由两个关键词表述:人道和公正。前者概括了行动的目的,后者概括的是行动的实施须普遍并不带歧视。在国际关系和国际法中,与"人道主义的"(humanitarian)一词特别关联的是对因武装冲突或灾害而受苦或可能受苦的人开展有组织的援助和保护。一如"国家""政党"等政治话语,"人道主义"一词也可被用于其他非政治的语境,但逐渐带上了特定的政治和法律含义,成为在武装冲突和灾害的极端环境中有组织地行动的一种正当形式。① 这种在政治上和法律上均获认可的行动的伦理目标,是保全人道本身,而不论每个人类个体有什么更具体的身份。这就要求我们理解人道伦理的最基本部分,即"人道"这个理念本身。

---

① 关于人道主义话语的流变,参见 Juliano Fiore, "The Discourse of Western Humanitarianism", Humanitarian Affairs Think Tank, Institut de Relations Internationales et Stratégiques and Save the Children, October 2013。

人道原则

人道这一观念，是人道行动的伦理源头，也是其语言学源头。它表达的基本价值，是所有人道行动的目标：为何发生这样的行动，它追求的结果是什么。对"人道"的传统描述出自著名的、由让·皮克泰在1965年为国际红十字与红新月运动制定的目标：

> 防止并减轻无论发生在何处的人类苦难。其目的是保护人的生命和健康，保障人类尊严。①

皮克泰在20世纪做出的阐发强而有力，这一套核心措辞至今仍在人道伦理中定义着人道原则。但皮克泰的表述主要表达的是目标，而非价值；它声明的是人道行动要做什么，但没有解释为何应当做。皮克泰的行动原则显然是从某些更基本的先在价值推衍而来的。他设定了这个价值，却从未在其评注②中明确表达。我们为什么要防止和减轻人们在战争或灾害中受到的苦难，况且有些受苦的人还是我们的敌人？在这里，对于何为其最深刻的道德目标的问题，人道伦理异乎寻常地保持了沉默，不加详述。

皮克泰在对原则进行评注时，形容人道是"人彰显自己是人的情感或态度"，由此表达了"对人类的积极好意"③。对皮克泰来说，人道是助人者的善意和同胞情感，自然而普遍地关联起其他任何有需求的人。人道就是休谟的同情、阿奎那的共情。人道是人有人性。人道的这一情感层面，无疑是人道之所以重要的关键部分：这是我们所有人共有的，是我们都能表达的。皮克泰认为，这种道德情感与爱相近——他并没有

---

① Jean Pictet, "The Fundamental Principles of the Red Cross: Commentary", Henry Dunant Institute, Geneva, 1979, p18. 这套原则延续下来成为红十字与红新月运动的原则。【译者注】让·皮克泰（Jean Pictet, 1914—2002），曾担任红十字国际委员会副主席和红十字国际委员会法律部部长，日内瓦大学副教授以及亨利·杜南学院院长和主任。

② 【译者注】即皮克泰在1965年写成的《红十字的基本原则评注》（"The Fundamental Principles of the Red Cross: Commentary"），上文引用的人道定义就出自这一作品。

③ Jean Pictet, "The Fundamental Principles of the Red Cross: Commentary", Henry Dunant Institute, Geneva, 1979, p20.

直接用这个词，但引用了其他人的话——或者使用拉丁语里的"爱"（caritas），以及其现代版本"慈善"（charity）①。助人者的人道所具有的充满爱意和情感的这一面，可被称为从人道原则生发出来的关爱德性，我们会将之作为人道的第二个方面来论述。而且还有比回应他人苦难的情感更深层的东西。这种情感本身是因认识到受苦的他人身上有深刻的善（good）②而发生的。人性的情感涌起，是因为我们感到生命本身具有内在价值。我去减轻你的苦难，拯救你的生命，不是因为我善良。我善良，是因为我知道人类的生命美丽又宝贵。这是在生命本身之中的善。我们可以称之为人道的根本价值，而非人道附带的德性。人的生命和人格的巨大价值，使我们成为人道主义者。所以，最基本的人道主义原则"人道"本身，有两个方面：一种价值和一种德性。我们珍视人类生命的价值，我们也因此能够有人性。

作为价值的人道

人道伦理的目标就来自上述对每一个人之可贵的欣赏。我们每个人都能欣赏，因为我们就是人，知道生命宝贵。生命的价值本身也就自然成了人道主义的"telos"（目的）。每个人本身就是目的。③人在，就是好的。人在生活中充分、独特地成为自己，就是好的。一个人的生命就是他应当渴望的，也是别人应当为他渴望的自然的善。

因此，人道伦理的目标就在当下，切身切己；这种目标是迫切的，不是前瞻的。当人类生命在暴力和灾害中受到威胁，人道主义的目标就是人，而不是什么政治社会的大图景。人道行动是一种人的目的论，不是政治的目的论。人道行动中，没有比人更大的目标：和平、民主、宗

---

① 【译者注】"charity"的词源即为拉丁语的"caritas"。
② 【译者注】为适应中文读者习惯，将名词的"good"按哲学界通用译法译为"善"，将形容词的"good"译为"好的"。
③ 皮克泰确实用了这个康德式的表述，见 Jean Pictet, "The Fundamental Principles of the Red Cross: Commentary", Henry Dunant Institute, Geneva, 1979, p26。

教皈依、社会主义、政治伊斯兰、军事胜利，都不比人更大。人道行动是一种"in extremis"① 做保护和援助的急切的、有限度的伦理。人道行动会关注和平，关注人类更广泛的政治、经济、社会繁荣，但这种关注更似希望，而非以之为目标。正如一只船要是能许愿的话，就会希望有好天气，不希望有坏天气，人道主义者也希望有和平和好政府，但其工作目标却是保护人。人道行动的目标限定于拯救和保护个体的生命，人们因而有机会繁荣发展；但人道目标并不包括人们如何发展、如何组织规划发展。人道行动的目标并不是好的社会，也不是某种具体缜密的政治计划。其目标，就是生命。人道主义的"telos"就是人的生命的气息和好好活着的尊严，富有自尊，身边的他人都给予爱，尊重你的为人之道②。

人类生命的这种基本的善，正是人道原则现行的标准已然触及，却不曾深入陈述的。③ 现代的联合国人权传统在很多方面比简略且急促的人道主义表述更充分地表述了人道。《联合国宪章》的前言非常明确地认可人类生命的基本价值，以及人类生命所造就的人格。1945年的《联合国宪章》首页就确认"人格尊严和价值"是其伦理根基，也是政治的首要目标。④ 联合国的政治伦理和人道主义伦理一样，以生命本身为最优先的善，以人道为基本。《人道主义宪章》则比红十字原则更深地将联合国的尊严和权利的传统融入对人道的理解。《人道主义宪章》明确，人道目标就是"人道这一基本道德原则：人人生而自由，在尊严和权利上一律平等"⑤。这就确立了人道行动的道德基础和伦理目标：人类生命是一种基本的善，必须受到保护和尊重。

但人类生命是什么？为什么人类生命是好的？我们该如何理解这种

---

① 【译者注】拉丁语，意为在极端情况中。
② 【译者注】"为人之道"原文是"humanity"，在人道领域术语中通译为"人道"，也有"人性、为人的处境"的意思。在本书中译里，有时为了令语意在中文中更加显明，会将这个词展开为"为人之道"。
③ 这里我使用了约翰·菲尼斯的"基本善"（basic goods）的概念，见约翰·菲尼斯：《自然法与自然权利》，董娇娇、杨奕、梁晓晖译，中国政法大学出版社，2005年。
④ 《联合国宪章》序言。
⑤ 《人道主义宪章》第一段。【译者注】此处用《环球计划手册：人道主义宪章与人道救援响应最低标准》2018年中文版译本。

主导了我们最基本的道德、呼吁着人道行动的基本的善？

生命是我们作为人所有的一切。因为有了生命——有了气血搏动、一呼一吸之间的清醒意识——我们才知道了欢乐和痛苦，知道了自己和他人。有了生命，我们才存在，并面向外部创造意义、关系和爱。最重要的是，人类生命是身体和心智的统一体。身体的生命和心智的生命并不截然两分。人类生命既应按传记视角看作是人格和个性，也应依照生物学视角看作是血和肉。没有身体就没有人格（person），没有人格也没有身体。我们活得具体。身体、心智和情感在同一段为人的经历之中活着，这就是我们的生命。作为人类，我们是以一个统一体，而非以各个器官部件彼此相遇的。我们的面孔、声音、动作、气质、气味、身体的温度、皮肤碰触之下的骨和肉，都表现了我们在人格上是怎样的人。身体和人格的合一须得珍惜，不可分割。二者合而成为我们之所是。因为我们靠身体活着，遂能感觉到其他人活着，即便对方只是苟延残喘。所以，尸体看上去才如此空洞、残缺，不再是我们认识的那个人格，唯能唤起回忆而已。一条人类生命总是一个人格，不只是一具身体。活着是做一个人，独一无二的某个人。

人道行动的第一原则采用"人道"一词而不用"人类生命"，正是因为人道主义者一直努力把握人类生命在人格上的深度，讨论人格，而不是讨论身体。"人道"这个概念在语言学上就表达了呼吸和个性在个体生命中的统一，表达了我们所有人都是同一物类，都拥有同样的生命。我们的为人之道不仅是一具身体，也不仅是一个心智。人道生成于我们身体和心智的合一，以及我们与他人的关联。我们的生命是活生生的，不是简单地存在。一本书是存在，一个人类是活着。① 活着就是一个独特个体充分地展开自己个人人格化的生活：既作为他人对象的我，也作为个人主体的我②。每个人类生命都具有利科所说的"独一性"。

---

① 这是马丁·海德格尔阐明的人的存在（existence）和普遍的存在（being）的区别。【译者注】海德格尔《存在与时间》陈嘉映、王庆节译本将"Existenz""existence"译作"实存"，"Sein""being"译作"存在"。

② 【译者注】"A me and an I"，即英语中"我"的主格和宾格，也是社会心理学家乔治·赫伯特·米德提出的"客我"和"主我"。中文里没有这种语法现象，因此译文展开诠释了。

在人道伦理中，"尊严"的理念要说明的就是每一个人都同时有作为对象的"我"和作为主体的"我"。这个奇怪的词起源于欧洲封建制，指封建领主的尊严和社会地位，现在人道和人权话语用它指称人类生命中人格的深度。在将"我"用作主语和宾语的时候，我们每个人就确认了自己的人类生命具有独特的人格，充盈着身份、爱、社会关系、记忆、关切、特质、失败、成就。因此，尊严是我们以人格用第一人称的主体身份清醒地活着，而非只是简单的有机存在物，从而具有的美。尊严是我们坦诚地知道自己在这世界上只占有脆弱的、暂时的位置而具有的风度。尊严是我们对作为主体的"我"的感知，是我们相信这个主体的"我"会在死之前活得好的信念。如果我遭受虐待、饥饿或忽视，那并不是我的身体，而是作为对象的"我"受到伤害。这是我人格上的痛苦。所以，我的为人之道就在于我意识到：生命是作为对象的"我"在与他人的斗争和爱恋中，带着自己人格上的目标、缺陷和未来希望活着的。"人道"这一道德观念传达的正是这种人类生命的人格丰富性。人道行动的伦理关切就在于这一丰富性，因而必须努力援助和保护人们的健康、关系、尊严和个体的未来，这一切都融合在有人格的人类生命之中——这就是他们的人道。① 人道作为价值，要求人道行动考量人，考量她或他的整体。

作为德性的人道

作为价值，人道表达了我们在道德上认知到人类生命极为重要，认识到人类生命蕴含丰富，在物理存在之外，还有活生生的身份认同、感情、关系、成就、记忆和希望。但我们的人道不只是一种价值。人道还作为一种德性而保全生命。因为我们知道生命宝贵，我们就想向别的生命伸出手，保护他们。我们自己拥有人道，便是有人性的。有人性，就

---

① 利科对此描述为一个人的"不可分割性"，这个理念带有基督教三位一体论的痕迹，它既是一种人类学，也是一种神学。

是在态度、行动和规则之中落实人类善良的德性。

我们知道所有人类生命都宝贵，因为我们自己就是这样一条生命，我们能经历和想象他人生命之丰富，尤其通过他们的面孔。于是我们从自己所处的位置了解到，人类生命的美是普遍的；在世界各地的故事、政治、宗教和艺术中，我们也听到其他人谈及这种美。我们也知道，在我们为人之道的经历中，有些道路充满痛苦和悲哀。生命是一种基本的善，但其感受并不总是好的，其结果也不总是好的。我们发现很难和他人相处，会仇恨，会在很多种冲突中争斗。我们也会遭遇坏事，如事故、疾病、亲密之人的死亡。我们遭遇的坏事也会源于残暴和贪婪之举，源于社会的不公平组织。我们也可以做坏事，成为残暴、贪婪、不公平的人。简言之，苦难就交织在人道和我们自己的为人之道中。我们知道苦难，想象苦难，因此向受苦的人伸出援手，因此认为应当在力所能及之时保全和援助人的生命。

这样伸出援手，休谟、阿奎那、利科等人即称为同情和共情，它是人道原则的第二个方面。这就是皮克泰在人道主义传统中强调的感动的一面。在13世纪，托马斯·阿奎那用拉丁语词"misericordia"，即"共情"，阐发了人道令人感动的一面，他认为这既是一种情感，也是一种德性，它分为三个阶段来充分发挥作用。① 当一个人被其他人的苦难感动时，就要去减轻他人的苦痛，这时就产生了共情的情感。这种情感是人道德性的第一步动态。第二步动态是集合起行动的意志，阿奎那称之为决断时刻，这时我们将自己推向行动。第三步动态是在情境中更多地考量受苦的人的具体情况，以此决定在当时情况下正确的行动。②

出于人道与人接触，首先是态度和面向的问题，关系到我们如何转而面对在我们眼前或在想象之中受苦的人。多明我会神父蒂莫西·拉德

---

① Ryan, "Aquinas on Compassion", *Irish Theological Quarterly*, 75（2）, Sage, London, 2010, p161.
② Ryan, "Aquinas on Compassion", *Irish Theological Quarterly*, 75（2）, Sage, London, 2010, p161.

克里夫曾说："我们在其他人转向我们的面孔之间生活和死去。"① 因此，践行人道的德性是从我们如何看待和关注彼此、如何在受苦的人面前表现开始的。法国哲学家、活动家西蒙娜·薇依就极为强调"关注"（attention）在我们处理自己的及他人的苦痛时的重要性。她认为，"一个人活动中的真、美和好都来源于同一种活动，即对于对象投入的完全关注"②。正如人道行动的第一步动作，这种出于人道的关注是我们的为人之道在面对受苦之人的为人之道时发生的交互表达。真正的关注在发生时带有平等和尊重。人道主义的关注，不是向下俯视人，而是直直地看他们，这时，两个共有同一种为人之道的人彼此平等相连。合适的关注，是两方相遇，不是一方检阅。在两方相遇时的密切关注中，需要有富于关爱、好奇和回应的精神，才能问出要紧的问题：发生了什么事？你感觉怎样？你需要什么？我能怎么帮你？

在人道关注这一过程中，要求人们彼此接近，包括物理上接近，以及相互理解、务实合作。红十字国际委员会和无国界医生的人道实践就尤为重视"邻近"（proximity）的做法：接近受害人很重要。人道行动中渗透的左翼传统主张"团结"（solidarity）的政治理念，人道行动在宗教中的表现方式强调陪伴的承诺，都秉承了同一种态度。

关注另一个人的真实状况很难，也不容易持续。最好的人道的关注，并不是为了实现控制的情感关系，而是为求恰当地联结、理解和回应而去看、去渴望。西蒙娜·薇依说："这种紧密、纯净、毫不谋利、毫不索取、慷慨给予的关注，它的名字就是爱。"③

---

① Timothy Radcliffe, "Glory God in Your Bodies", 2013年在波士顿的讲道。【译者注】蒂莫西·拉德克里夫（Timothy Radcliffe, 1945—），天主教世界著名的布道家、演说家，1992年至2001年间任天主教多明我修会会长，2015年起任罗马教廷正义与和平宗教委员会顾问。

② Simone Weil, "Attention and Will", in *Simone Weil: An Anthology*, ed. Sian Miles, Penguin, London, 2005, p234.【译者注】西蒙娜·薇依（Simone Weil, 1909—1943），法国哲学家、社会活动家。

③ Simone Weil, "Attention and Will", in *Simone Weil: An Anthology*, ed. Sian Miles, Penguin, London, 2005, p234.

作为爱与关心的人道

皮克泰没有怎么直接将爱当作人道行动中的基本德性来谈。如今爱恢复了广泛的意涵,不再仅指浪漫之爱,我们就可以更充分地讨论这个问题了。心理学家艾·弗洛姆有一部著作开创性地讨论了现代世界中的爱,恢复了对爱的广义理解。他批评此前占主流的浪漫之爱的模式是在两个个体融成的"一体"中偏向了其中一方,继而他重新凸显了爱在作为社会和政治力量时所包含的权力和责任。① 弗洛姆将爱定义为"对我们所爱之物的生命和生长的积极的关心"②。他描述爱的这种"积极性"体现为四种要素:责任心、关心、尊重和了解。爱是对他人给予回应,关心他们,尊重他们,努力更了解他们,以期更好地理解他们。毕竟,"如果不以了解为基础,关心和责任心都会是盲目的"③。人道原则牵涉的就是这种最深刻意义上的爱。人道行动就是因对彼此的爱而生的关注,理想的人道行动是爱的显现,会尊重、关心、理解、回应。

保罗·利科在其哲学和医学伦理学中建立了"关心"(solicitude)的概念,以把握我们"共同生活"的原初伦理冲动。④ 这种关心与爱一样,标志着意识到"另一个人的生命、需求和匮乏"的友爱。利科将关心看作人之为人的自发部分,发生在他所谓"枯燥乏味的职责"之前。⑤ 我们对彼此的关心"揭示了我们彼此类似",就在那"当作我自己"和"你也能"的时刻,⑥ 我们认识到了我们与受苦的人共有的脆弱的为人之道。质量良好的人道行动在危急时刻接近和关注人们时尽力展现的,正是这种关心、这种人道。利科与他之前的阿奎那和休谟一样,

---

① 艾·弗洛姆:《爱的艺术》,李健鸣译,上海译文出版社,2008年。
② 艾·弗洛姆:《爱的艺术》,李健鸣译,上海译文出版社,2008年,第39页,有改动。
③ 艾·弗洛姆:《爱的艺术》,李健鸣译,上海译文出版社,2008年,第42页。
④ 保罗·利科:《作为一个他者的自身》,佘碧平译,商务印书馆,2013年,第七研究第二节,第283-288页,有改动。
⑤ 保罗·利科:《作为一个他者的自身》,佘碧平译,商务印书馆,2013年,第七研究第二节,第286页。
⑥ 保罗·利科:《作为一个他者的自身》,佘碧平译,商务印书馆,2013年,第七研究第二节,第287-288页。

区分了自发的"天真的关心"和更为"批判的关心"——在人们一起对关爱和资源分配做复杂决策时,就需要后一种关心。两种关心对人道的情感性方面都很重要:一种关心触动我们,另一种关心随即以理性指引指导我们。要将"有人性"落实在实践业务中,在面向身处政治性困境的大量人群的大型救助项目中,因为规模扩大了,事情就变得更加复杂。面对这种情境、这种规模,人道从业者在与人们一起探求尽可能好的人道策略时,就需要明智的、批判性的关心——有智慧的爱,有理性的共情。

皮克泰在刚开始评注人道主义原则时就指出,人道原则是人道行动的目标和源泉,但确实不是一个指导性原则。它的作用是作为一种绝对的道德价值,确认人类生命的个体丰富性和基本的善,由此激发出普遍的使命感:做人道的事,带着爱预防或回应人的苦难。

法律中出于人道的原则①

长期以来,人道伦理已从人道这一普遍的道德原则中衍生出关于武装冲突中的人道待遇的多项具体原则。在国际法的发展中,这些出于人道的原则已体现为具体的职责、权利和规则,或已构建为具体的道德身份,如非战斗人员、平民、难民。这些道德及法律规范衍生为具体的二级原则,管制武装冲突中出于人道的行为。它们是人道原则在行动中的精确表现,代表了人道伦理在武装冲突中的第二种重要阐发。

上述的法律精确性有其古老的道德根源,可追溯到人类历史中有关战争的宗教伦理和习惯伦理。② 应保护某些类型的人(尤其是妇女、儿童、无武器的人、老人和专职宗教人员)免受武装冲突影响——这种人道的观念,在不同程度上存在于历史之中,但这些规范并非一直被遵

---

① 【译者注】"Humane principle",为了与最基本的"principle of humanity"(人道原则)区别,译为"出于人道的原则"。

② 参见 Hugo Slim, *Killing Civilian: Methods, Madness and Morality in War*, Hurst, London, 2007, pp11-21。

守。弗朗索瓦·布尼昂在其论及国际委员会保护战争受害者的法学史权威著作中就保护平民的原则观察到："这条原则历经几个世纪才被接受。"① 不过，现在这一条和其他关于出于人道的行为的原则在国际法中得到了前所未有的认同。人道机构的《人道主义宪章》总结了这些法律原则，将之确立为参战方和人道机构开展所有人道行动的基本道德规范。② 这些出于人道的原则可以分为三类：识别受保护人、敌对行动的军事行为、人道赈济的适切种类，分别指导武装冲突的三个主要方面。

出于人道的身份识别

人道原则的第一种精确表现反映了用法律保护武装冲突中的某些群体，确保他们受到人道待遇的努力。战争法在这个方面发展缓慢，但方向始终一致，定义了一系列武装冲突中的道德身份，据此对这些身份类别所指涉的人给予不同的法律状态和保护。这些类别包括非战斗人员、平民、难民和国内流离失所者（Internally Displaced Person，IDP）等概念。③

• 非战斗人员和平民：这个群体在法律上定义为"不直接参加"武装冲突中的敌对行动，由此具有获得人道主义保护和援助资格的群体。④

• 难民：这是一个特别的平民子群体，他们如果因畏惧生命危险逃

---

① François Bugnion, *The International Committee of the Red Cross and the Protection of War Victims*, International Committee of the Red Cross, Geneva, 2003, p717.【译者注】弗朗索瓦·布尼昂（François Bugnion），1970 年起在红十字国际委员会工作，2000 年至 2006 年任国际委员会的国际法与合作主任，2010 年至 2018 年任国际委员会大会委员。现为国际人道法与人道行动独立顾问。

② 见《人道主义宪章》4—7 条。

③ Sarah Collinson, James Darcy, Nicholas Waddell, Anna Schmidt eds., "Realising Protection: The Uncertain Benefits of Civilian, Refugee and IDP Status", HPG Report 28, Humanitarian Policy Group, ODI, London, September 2009.

④ 见《日内瓦公约》第一附加议定书第 51（3）条和第二附加议定书第 13（3）条。也可参见 Nils Melzer, "Interpretive Guidance on the Notion of Direct Participation in Hostilities Under International Humanitarian Law", ICRC, Geneva, May 2009.

跑并越过国界，在法律上是享有受庇护的权利的。与此相关的"不推回"原则，指不可违反其意志迫使难民离开庇护所。①

- 国内流离失所者：这是另一个平民子群体，指受武装冲突所迫在本国内逃离的人。这个类别的人在国际关系的软法律中逐渐得到更多承认。通常认为他们因为流离失所而特别脆弱。他们一般是人道主义特别关切的对象，各国和国际组织建议对他们采取专门的人道主义支持形式。②

出于人道的行为

国际人道法也推衍出专门供参战方采用的一系列出于人道的原则，以在武装冲突行动中尊重人道原则。这些原则旨在鼓励各种保护行动，是将一般的人道原则具体化为在严峻的冲突情境中的操作原则。它们是：区分、预防措施、比例与不必要的痛苦。③

- 区分：要求军事力量在军事策略和行动中时刻区分战斗人员和非战斗人员。这就是区分原则。④
- 预防措施：必须尽可能地保护平民和非战斗人员，必须采取大量预防措施来向他们警示即将发生的军事行动，保护他们免遭敌对行为，在战斗中回避他们。这是预防措施原则。⑤
- 比例：人道法还明确"作战方法和手段不是无限制的"，一支军事队伍所使用的武力只应与他们面对的威胁成相应的比例。这是在使用

---

① 见 1951 年的《难民公约》，http://www.unhcr.org/3b66c2aa10.html。

② 见《国内流离失所问题指导原则》（"The Guiding Principles on Internal Displacement"），http://www.unhcr.org/43ce1eff2.html。

③ Marco Sassoli, Antoine A. Bouvier & Anne Quintin, *How Does Law Protect in War?* Vol. 1, *Outline of International Humanitarian Law*, 3rd edn, International Committee of the Red Cross, Geneva, 2011, pp93, 158-162.

④《日内瓦公约》第一附加议定书第 43（3）条。

⑤《日内瓦公约》第一附加议定书第 57 条。【译者注】按议定书原文，"作战方法和手段……不是无限制的"出自第 35（1）条。

武力时的比例原则。① 该原则与国际人道法中另一条出于人道的原则密切相连，即军事力量应时刻避免"不必要痛苦和过分伤害"。②

武装冲突中的战斗人员须时刻以这些军事行动中出于人道的原则为指导。然而，这些原则同时也与国际人道法中同等重要的"军事必要"原则相互平衡（也受到挑战）。这项原则允许战斗人员使用任何他们认为必要的武力，以获取军事优势，但不得违反战争法；此原则并未允许战斗人员"不计任何代价"③。就此，马可·萨索利教授实事求是地评论说，这样确实意味着国际人道法总是"人道与军事必要之间的妥协，这种妥协总是无法满足人道主义议程，但已带来了极大的好处：人道法已被各国当作可以尊重的法律接受"④。

出于人道的援助

某些种类的人道活动也是战争中出于人道的行为的一部分，也被阐发为对人道主义关切的法定、正当的表达。这里区别了人道赈济提供的帮助在道德上与武装冲突中其他支援（如提供武器、宣传设备、军队薪酬等）的不同。这些有关赈济的原则将适切的人道行动具体分为三个主要类型的帮助：人道援助、人道保护、人道倡导。

- 人道援助：认可人道帮助有其必要的物资属性，如食物、避难所、水、卫生和生计支持，用以维持有尊严的人的生命。

---

① 《日内瓦公约》第一附加议定书第51、57条。【译者注】按议定书原文，"过分伤害和不必要痛苦"出自第35（2）条。

② 《日内瓦公约》第一附加议定书第51条及评注，参见 Marco Sassoli, Antoine A. Bouvier & Anne Quintin, *How Does Law Protect in War?* Vol. 1, *Outline of International Humanitarian Law*, 3rd edn, International Committee of the Red Cross, Geneva, 2011, pp280-283。

③ Gary D. Solis, *The Law of Armed Conflict：International Humanitarian Law in War*, Cambridge University Press, New York, 2010, p269. 其中 Solis, pp258-269 对军事必要性做出了优秀而易读的讨论。

④ Marco Sassoli, 转引自 Gary D. Solis, *The Law of Armed Conflict：International Humanitarian Law in War*, Cambridge University Press, New York, 2010, p258。【译者注】马可·萨索利（Marco Sassoli），日内瓦大学国际法教授。

- 人道保护：指帮助人免受暴力和有辱人格的待遇、与家人建立联系的赈济类型，如通信技术、有保护功能的建筑、身份证件办理、监狱探访等。
- 人道倡导：专门的人道倡导是一种逐渐受到认可的人道活动，公正、中立地吸引人们关注脆弱人群的需求，关注违反国际法的行为。①

这些出于人道的援助、保护和倡导原则，通过国际人道法专门的强制令和禁令获得了法律效力，最著名的就是《日内瓦公约》及其附加议定书，以及难民法。这些法律设定的人道赈济和保护的种类，是参战方和人道机构的法定责任。② 人道行动中适切的赈济类型也在由人道机构共同体制定的人道主义响应最低标准中被赋予了非常实在的内容。这部专门关于人道援助与保护的软法律标准，厚达 330 页③，详细描述提供赈济物资、管理赈济流程时好的参考做法，涉及四个人道行动的关键领域：供水、环境卫生和卫生促进（water, sanitation and hygiene promotion；WASH）；食物保障和营养；住所和安置；医疗卫生。④

公正原则

公正，人道行动的第二大原则，从两个方面对人道这一绝对价值的轮廓进行了细描。其一者，公正原则清楚、明白地将人的生命价值普遍化，确保我们为保全人类生命要做出不可避免的选择时，可做到不偏不倚。其二者，公正原则用一种以需求为基准的客观理性，指导了人道的

---

① 人道倡导在国际人道法中并没有成为专门的人道行动，但可以根据《日内瓦公约》共同第一条敦促各国保证尊重国际人道法的意思，将人道倡导认作一种人道活动。而要确保所有相关方都做到尊重，基本的就是要获得冲突期间的需求和违法行为的相应信息。人道信息与分析也可看作是公正的人道机构基于《日内瓦第四公约》第一百四十二条提供的服务之一。人道主义倡导在《国际红十字与红新月运动及从事救灾援助的非政府组织行为准则》中有明确认可。

② 例如，《日内瓦第四公约》第 23 条和第一附加议定书第 68—71 条。

③ 【译者注】这一标准的中文版全称为《环球计划手册：人道主义宪章与人道主义响应最低标准》，2018 年出版时，全书共 398 页，正文共 343 页。

④ 见《环球计划手册：人道主义宪章与人道主义响应最低标准》。

情感德性（共情）。

根据皮克泰的红十字标准表述，公正原则指出，人道行动：

> 不因国籍、种族、宗教信仰、阶级、政治见解而有所歧视，只是努力减轻人们的疾苦，优先救济困难最紧迫的人。①

所以，公正这一信条是一项确认应普遍开展人道行动的原则，同时也实在地指导在极端情况中如何最好地优先施展行动。公正体现了一种价值（普遍性与无歧视），也包含一项操作性原则（客观性、以需求为基准排优先次序）。因此，人道主义的公正涵盖了人道行动在真实实践中的各种重要伦理关切：普遍、无歧视、平等、客观、公平。

无歧视中的根本平等与普遍主义

如果人类生命是一种基本、普遍的善，那么每一个人的生命都是好的。那就不应有对不同人类生命的歧视，一条生命不会因民族、财富、性别、信仰或政治见解等与道德无关的外在而有所区别，不会因此而比另一条生命更好。人道这一价值标志，胜过了一个人的生命中其他一切身份，这使得人道行动中有一种根本的平等。人道行动必须努力拯救在武装冲突或灾害中受苦的任何人。穷苦的制衣工人的生命和富有的工厂主的一样珍贵；煽惑起无差别暴力行为的狂热空想家的生命，和主张和平、彬彬有礼的小学教师的一样珍贵；敌方受伤士兵的生命，和我方正在挨饿的平民的一样重要。人道原则规定了：这样的平等是真实的，因为一个人类的生命本身就是好的，而不是在其生命是实现更大的政治或社会目标的工具时，它才是好的。人的价值乃是基于生命，而非基于有用。

落实人道主义价值时的这种根本平等，就令人道实践潜在地有了巨

---

① Jean Pictet, "The Fundamental Principles of the Red Cross: Commentary", Henry Dunant Institute, Geneva, 1979, p18.【译者注】此处使用《国际红十字与红新月运动的基本原则》中文版，http://www.redcross.org.cn/html/2019-05/59994.html，有改动。

大责任。这种责任在道德上要求人道机构应帮助在武装冲突和灾害中受苦的每一个人。这就给一线人道机构提出了紧迫的可行性问题。为了解决人道响应的规模和可行性这样急迫的操作问题，公正原则引入了一项必要的道德限定条件，借此合乎伦理地合法界定帮助对象。这就是以需求为本的客观性。

以需求为本的客观性的基本原理

在道德上，相比生命本身，社会性和政治性的差别都是表面的，所以根据人道主义的公正信条，在人道行动中唯一能合理区分必须照看一个人、不照看另一人的，就是他们的相对需求。换言之，要衡量不同人的生命的优先性，只能基于谁更可能失去生命。是客观的苦难程度，而非信仰和身份这样的主观联系，确定了人道行为排出优先次序的恰当标准。人道响应和人们的需求相称，而非与其身份相符。

这种以需求为本的客观性，在资源有限、不可能均等地帮助有需求的每一个人时，是一种可在道德上合理落实人道价值的方式。这样实现了某种公平，既尊重了人们的基本平等，也采取了合理行动，在无法帮助每一个人时尽可能地实现人道主义。在食物或医疗服务远远不能满足需求的极端情况下，就使用分诊法的医疗客观性来进一步缩窄人道主义的关注对象。分诊不再用需求来衡量，而是用生存来衡量。对一个人下判断，根据的是他们有多大可能康复。要重视的是，这种基于生存的客观性看来对各个相关方，包括照护者和病人，都具有痛苦而真实的道德意义。彼得·雷德菲尔德在其为无国界医生写就的伦理学民族志的力作中，讲述了詹姆斯·奥宾斯基及其无国界医生同事在数十万人丧生于刀下的卢旺达大屠杀期间提供人道主义医疗照护的经历。其时有大量受重伤的人来到他们的诊所，无国界医生团队在人们的额头上贴上写有"1""2""3"的胶带来分诊。奥宾斯基回忆："'1'表示即刻治疗，'2'表示在二十四小时内治疗，'3'表示无可救治。'3'都被移到急救室对面路边的小山上，尽可能让他们舒服一点，在那里死去。"无国界医生团队发现,这个过程对人刺激极大,但奥宾斯基还记得3号队列里一位伤得不成人形的女人看到他如此垂头丧气时,对他轻声说话,让他鼓起勇气,去照顾其他人。①

这个片段反映了公正有其极端的、非常个体化的问题。而人道机构还须围绕公正做出更具战略性的决策。他们须放眼整个国家的人口,决定最佳的工作地点,面对哪个群体(男性或女性、年轻或年老)、哪些需求。各机构还须考虑多个国家,比方说,是在叙利亚还是在中非共和国开展工作更合理、更可行。无论基于公正的决策是在诊所里做出的关涉个体的选择,还是在机构总部做出的战略选择,这些决策的合理客观性都要有依据。这个人受的伤具体是何种性质?如何比较一国各地的饥饿程度?在叙利亚和中非共和国,我们分别能对人类生命起到什么影响?以需求为本的公正,有赖于需求的证据。于是,实证就成为合乎伦理的实践中十分重要的一部分。

公平的难题

人道主义的公正中的根本平等,以及基于需求客观地对人群做出区别的理念,在很多情景中会带来道德上的冲击。这种伦理的基础,是将人群看作人群,而不是将人群看作行动主体。大多数规范性的伦理框架理所当然地关注个体行动、行为、错事和个人责任。所以,大部分的伦理学感兴趣的是正义和公平。而人道伦理学在这些方面似乎有道德盲点,因而人道行动一直遭受政治幼稚、不负责任的批评。

在多数情景中,人们的首要身份都是受害者,这时人道主义的公正中以需求为本的客观性看来是公平的。我们在前述案例中看到,人们在

---

① Peter Redfield, *Life in Crisis*: *The Ethical Journey of Doctors Without Borders*, University of California Press, Berkeley, 2013, pp174-175.【译者注】彼得·雷德菲尔德(Peter Redfield),北卡罗来纳大学教堂山分校人类学教授,研究领域包括科技医药人类学、人道主义与人权、殖民史等。詹姆斯·奥宾斯基(James Orbinski, 1960—),全球卫生领域的知名学者、科学家、人道主义工作者,创建无国界医生加拿大组织,在1998年至2001年间任无国界医生国际主席,现为约克大学全球卫生研究中心主任、教授。

直觉上能理解为何要按紧急程度、需求和治疗可行性来排列照护的优先顺序。这样做有其道德合理性，在一切情况同等时，这种做法能得到人们赞同。但许多人会觉得，对施害者和受害者给予平等的治疗，则是极度的不公平。在决定如何、何时出于人道治疗人时考虑他们在战争和灾害中的伦理行为，似乎肯定就是正确的。在武装冲突中，敌意和不公的感受猛烈爆发，通常这些感受也是有其缘由的。此时，要做到无歧视，严格遵守客观地基于需求给予帮助的信条，就非常困难了。从公平的角度来看，要说故意选择杀戮、伤害、强奸的人的生命和承受了这些罪恶的人的生命一概平等，是说不过去的。

此处涉及在道德上非常重要的观念：活该受的苦（deserved suffering）和不该受的苦（undeserved suffering）。而人道主义意识形态的基本原则在此遭遇了重大的伦理异议。人们所做之事一定影响他们在队列中的位置吗？一个人对其他人的苦难负有责任，就应削减其得到人道待遇的权利？那无国界医生可能应在卢旺达分诊工作中分出第四个类型：不配治疗，用以标记受伤来到诊所的胡图军队屠杀者。发起不正义战争的人和因此无辜受难的人确实在伦理上不对称，其罪责也不一样。在灾害中，如果有人不遵守安全建筑规范，偷窃公共资金而造成人们面对灾害的脆弱性，他对后来发生的灾害是要负伦理责任的。人们的行为使他们在道德上并不平等。不过，在原则上，人道行动还是会帮助丧失战斗力的参战者和非战斗人员或平民，无论他们做过、说过什么，导致什么后果。这样做是因为，在武装冲突或灾害中不道德地战斗、做事的人，仍然是人，其内在仍是珍贵的。但是，人道伦理如何论证这种无论人们做过什么都给予平等、普遍的人道待遇的严格信念呢？①

对这个人道行动中的不公平性的难题，人道伦理有两种回应。其一是从法律上诉诸正当程序和人道法。法律上对此种质疑的回应既合理又清晰。人道伦理的一部分重要内容，一直是决意推动国际和国内法律的制定，通过法律体现和落实在武装冲突中尊重和保护人的生命的人道主

---

① 在道德哲学中，这些是配得（或者"应得"）和不配得，以及某些人何以配得不同的、不平等的好处和待遇的问题。

义价值。有鉴于此，战争中的人的伦理行为，理应是由武装冲突期间及结束后的法律和司法正当程序判定的问题。问题很明白：人道机构如果将人看作战犯，在他们经历法律正当程序之前就拒绝帮助他们，这就是错误的。这样做是过早判断了人，预设他们有罪且会在法庭上被判有罪，为此而拒绝承认他们生命的基本的善。这就违背了人道的绝对价值。人道行动不这样做，而会为了缓和问题，合理地遵循自身的价值观，积极提倡各国施行人道法。

人道伦理对这个武装冲突中的不公平难题的第二种回应，有很强的神学色彩，并有充分的心理学意义。其关键在于仁慈、宽恕和神意的观念。人道伦理尊重仁慈的价值，将之看作有人性的德性所涵盖的内容。人道伦理似乎深信，人的善良有可能回归。在传统中，向人们展现仁慈和宽恕，是为了给他们一个从错事中回头的空间。人们可以借此洗心革面，再次反思。展现仁慈是在承认人与人之间有一种深刻的平等，即在于我们普遍都有可能做坏事。仁慈的人诚实地自知，他们也可能会做类似的错事，因为他们也是人。

人道主义的公正中的无歧视的普遍主义，大概就蕴含了一种人道主义的希望：人道行动的仁慈和善意，也许会启发人们反思和放弃不人道的行为。在深刻影响欧洲和北美人道行动实践的基督教传统中，为一个坏人悔改而发的欢喜，总要大于为九十九个好人一贯守德行而发的欢喜。① 在神学上，仁慈可体现为宽恕，宽恕留下了恩典和神意改变人的空间。在大多数武装冲突中，人道机构总有些时候会帮助曾经极度暴力、不人道的人，或者帮助那些曾为了实现自己的政治目标大力鼓吹不人道行为的人。在人道伦理中，对不人道的人展现仁慈，无论他们信仰、支持什么，都给他们食物、医药和保护，是极深地恪守了人道原则。在这种做法中，即便是最不合伦理的人的生命也是宝贵的，因为他们总有变得更好的自由和可能性。

这种宗教式描述大概会吓坏许多没有宗教信仰的人道主义者，但看来确实能合理阐明，人道伦理如何能够如此绝对地贯彻无歧视，拒斥因

---

① 具体可见《路加福音》第十五章。

"活该受苦"而歧视的观念。不过,这种对于推动人们放弃不人道行动过程的希望,并不一定要用宗教语言来表述。世俗的心理学和社会科学也认可这个转变过程。犯罪学家和治疗师都认为,让人们摆脱暴力团伙、犯罪活动和反社会行为的最佳办法,是借由他们的人性、人道接近他们,将他们视为有责任感的人,以尊重和真情对待他们,不直接评判他们,而让他们最终进行自我评判。其主导理念是,向人展现人道,会在其心里唤醒以人道回报的渴望。这个过程并不是一定会得到预期的结果,但确实在人道主义的信念中占一席之地。

人道主义的公正的伦理中,还可能有另一个公平性的难题,即有些人似乎比其他人更好或在战略上更重要,故更应当获得人道的帮助。有些受伤或受苦的人可能比同样受伤或受苦的一般平民更能对当前危机发挥积极影响,如能干的政治家、妇女、人道的士兵或非政府组织的卫生工作者,这时坚持平等待遇似乎很不明智。也许更能做好事的人,应当在诊所里排到队伍前面去?也许人道的帮助应当有偏倚地基于一个人可能带来的好处,而非公正无偏倚地基于这个人的需求?如果说,不人道的人可能不值得享有人道主义的平等,那特别好的人也就可能特别值得享有人道主义的偏爱。这些公平性问题当然不只是人道机构才有。英国学者佐伊·马里奇引用了苏丹人民解放军的一位前成员的话描述20世纪90年代的政策:"苏丹人民解放军认为,如果人们对解放无所贡献,他们又为什么应当受益于救助呢?"① 在战争中,围绕优惠待遇发生的争议都是从冲突的逻辑延伸出来的。

这种正向歧视(positive discrimination)的公平性问题之所以产生,是出于功利主义的审慎考量,而非出于正义。如果有人看起来特别有用,能拯救更多的生命,或者能实现自由和平,那他们大概在道德上就不是和其他人平等的。为了推进这些好的结果,将这些人的生命优先,给他们更好的人道资源,大概也合情合理。许多主张在紧急状况中以妇女为优先的,就是这样立论的,其依据是妇女对儿童的健康、照护

---

① Zoe Marriage, *Not Breaking the Rules, Not Playing the Game: International Assistance to Countries at War*, Hurst, London, 2006, p6.【译者注】佐伊·马里奇(Zoe Marriage),伦敦大学发展学教授。

和教育的影响力大于男性，且妇女被认为比男性更倾向于和平。早期恢复项目会以曾经的战斗人员为优先，预设的是如果他们的精力转向积极建设生计，能减少他们回到暴力、伤害他人的风险。然而，这两种偏好，都是公平的吗？

政治哲学家约翰·罗尔斯在处理"可允许的不平等"问题时，认为他所称的"差别原则"的存在是正当的。[①] 这一原则容许地位和利益回报存在差别，但须基于两个条件，"第一，它们（这些差别）所从属的公职和职位应该在公平的机会平等条件下对所有人开放；第二，它们（这些差别）应该有利于社会之最不利成员的最大利益"[②]。罗尔斯理论的常见问题是，在他流畅的理想理论和崎岖的日常政治现实之间，不容易找到完全的契合。然而，"可允许的不平等"却给对某些个人和群体给予人道优惠待遇提供了一个强有力的结果主义式理由，虽然在此罗尔斯的第一个理想条件其实是无法实现的——毕竟在多数武装冲突中，社会上大多数高级职位都不会向所有人开放；而在性别偏好的问题中，不是所有男人都能自由成为女人，反之亦然。

许多人道项目偏向妇女和儿童，这似乎需要明确的伦理依据。这种偏向可能会被看作是违反了公正，偏好某些群体甚于其他群体。有两种方式来论证对这两个群体的正向歧视：其一是指出这两个群体的需求超出其他群体；其二是提出妇女对公共恢复过程有更大作用，因而有这种合理的偏向。在根据性别和年龄决定分配方案时，各机构就会发现，儿童的脆弱性给他们真真切切地造成了更大的需求。儿童无法像成年人一样尝试多种应对策略，还往往面临很大的遭受剥削的风险。儿童仍在成长、发展，这意味着他们在童年遭遇的任何健康损害和社会性伤害都会对其生活机遇发生持久影响，所以他们的即时需求可能比成年人的更具长远意义。同样可以如此合理地论证妇女有更大的需求，因为她们往往以两班或三班倒的角色劳动。这指的是，妇女除了在农耕、贸易和其他

---

① 罗尔斯：《作为公平的正义：正义新论》，姚大志译，上海三联书店，2002年，第125-126页。

② 罗尔斯：《作为公平的正义：正义新论》，姚大志译，上海三联书店，2002年，第70页。

商业形式中承担生产角色，还额外承担生育、照护和家务的再生产角色。妇女所承担的额外角色，应当能阐明为何要对她们给予额外的援助，好让她能够担起这些过量的劳动负担。另有说法认为，妇女对家庭照护得更多，管理公共资源时更讲策略、更不自私，这也能支持将更多的援助偏向妇女，前提是这个命题是真实的。如果提出这一更加功利主义的主张，说妇女是更明智的管理人，所以应得到更多赈济，那人道机构就须证实这个逻辑，确定它不是基于逆向的性别歧视，将所有男性都看作彻头彻尾的个人主义者，有钱宁可买啤酒也不花在家人身上。

　　人道机构似乎也惯于将差别原则用在自家员工身上，尤其是国际员工。许多国内员工经常提出，他们敏锐地感到，人道机构在国内和国际员工转运就医、安全措施和薪酬方面均给予了极度偏倚的差别待遇。对这种显而易见的不公平，常用差别原则、组织对国际员工及其家人负有特别的照料职责、相对居住成本等来辩解。各机构开始逐渐如罗尔斯所说的，将所有的高级职位向驻地国的员工开放，并更好地开展员工能力发展工作，以使他们能够成功申请职位。对外派遣返可做辩解，因为组织有职责出资让员工回家处理紧急家事，即便是一场非洲和巴西之间的昂贵旅程。对薪酬差别也可辩解，因为员工的家庭在不同的国家，国家之间的购买力平价有相对差别。但在紧急状况中的医疗待遇有差别，就很难辩解了。在一场车祸中一名国际员工和一名国内员工都受了很重的伤，将其中一人送到设备不佳的本地医院、另一人送到首都的顶级医院，那就做错了。若是最好的治疗都在国外，那也应该给两人同等的待遇。不过，签证限制往往给平等待遇造成实实在在的障碍。这种情况下，机构需要尽全力来确保签证通过，或者尝试进口必要的医疗照护，好减轻这种障碍的最坏影响。

　　公平性的最后一个难题，是公正与赈济覆盖范围之间的张力。机构的救助项目或者一个综合的跨机构救助项目，如果没有覆盖每一个人的话，是否真的公正了呢？尤其在冲突中，往往在冲突的其中一方做赈济要易于在另一方做。这种典型情况几成常规，显然没有在冲突整体中贯彻以需求为本的客观性。这里有深深的不公平，但不公平的原因并不是机构造成的。大多数机构没有能力在紧急状况始末都达到临界规模。世界粮食计划署、联合国难民事务高级专员公署和红十字国际委员会可能是例外。其结果是，广泛的援助覆盖率和战略上的公正已不再只是单个机构真切面对的道德问题，而已成为所有机构加在一起的整体行动面临的挑战。多数机构规模小，还不足以考虑战略上的公正。它们需要考虑的只是在其工作或可能要开展工作的地区实现地方范围内的公正。在能力范围内，它们有义务只根据需求来操作。不过有些机构采取了"平衡"方针，似乎可减少只在一方工作而造成偏倚的风险。为此它们会在政府一方做一点工作，在反叛一方做一点工作，"就确保做到了公正"。这样做往往是一种管理外部认知、强调中立的战术性策略。有时这样做更是为了确保机构安全甚于具体地关注公正。这种平衡策略作为安全措施在伦理上也许是正当的，但不一定是机构根据公正原则使用其有限资源的最好方式。

第三章
政治性原则：中立与独立

人道伦理的第二种基本阐发，关系到人道行动如何与政治力量合理共存，从而在既定的、无法回避的政治环境中实现人道主义目标。人道和公正原则确立了人道伦理的普遍伦理目标，即保全每一个人作为其本身的"善"。人道行动接下来的两项原则，则是为了在武装冲突和灾害的实际政治环境中实现这一目标而采取的实践性伦理方法。秉承这种务实精神，这两项原则基于公正原则中以需求为本的客观性，继续采用合理优先排序的思路，将人道的践行理性化。中立与独立的目标，就是通过在高度政治化的环境中建立信任和渠道，进一步实现客观性。

中立与独立是审慎的原则

我们讨论中立与独立时，就开始从人道伦理的道德目标明确地转向道德手段：从应该做什么好的事，转向如何把事做到最好。这样，人道主义原则的伦理重点，就从我们为何应该有人道目标，转向我们在战争和灾害中特有的激烈政治对抗和利益冲突的现实条件下，如何实现这一目标。我们的讨论从道德价值的伦理观念，转而考量充满道德智慧的伦理实践，尤其是审慎（prudence）的德性，或者说是实践智慧。在英语里，"审慎"已过分偏向了谨慎的意思；但其最早被使用在伦理学中时，是指能够在不完美的艰难情境中把事做成的技艺。阿奎那使用拉丁语词

"prudentia"来翻译亚里士多德的"phronesis"概念①，这个概念是指朝着好的结果、选择正确手段的实践智慧，也就是实现好事、避免坏事的操作能力。约翰·菲尼斯谈到，可能最好把审慎诠释为"实践合理性"（practical reasonableness）②。对阿奎那来说，这个概念反映的是"做事之中的正确理性"，与制作事物的技艺理性不同，也与理论性、推断性的智识理性不同。③从根本上讲，实践智慧就是能够将好的事情付诸实践的德性和能力，所以是政治、商业、人道行动或其他任何一种实践计划中首要的实务德性。在武装冲突和灾害中，人道伦理一直主张，要将人道和公正付诸实践，最明智、最审慎的方式是中立、独立地开展工作。在实务中持这种姿态，被认为是置身冲突之中又不至于被卷入其中的最佳方式。

中立原则

皮克泰在分析人道主义原则时，对中立定义如下：

> 为了得到所有人的信任，红十字在敌对状态下不采取立场，任何时候也不参与带有政治、种族、宗教或意识形态性质的争论。④

在这里，中立被明确定义为一项工具性的原则，而非一种绝对的价值。用皮克泰的话来说，中立和独立一样都是"推衍而得，无关目标，关乎手段"⑤。

---

① 【译者注】"Prudentia"，拉丁语，目前通译为审慎，也就是现在的英语词"prudence"的词源；"phronesis"，古希腊语，通常解其意为实践的智慧。
② John Finnis, *Aquinas: Moral, Political, and Legal Theory*, Oxford University Press, 1998, pp83-84.
③ John Finnis, *Aquinas: Moral, Political, and Legal Theory*, Oxford University Press, 1998, p435.
④ Jean Pictet, "The Fundamental Principles of the Red Cross: Commentary", Henry Dunant Institute, Geneva, 1979, p52.
⑤ Jean Pictet, "The Fundamental Principles of the Red Cross: Commentary", Henry Dunant Institute, Geneva, 1979, p54.

皮克泰和整个人道主义传统并不是说，中立本身是好事，是要贯彻一生的原则；而是说，在人道行动里，中立是一件服务于特定目标的明智之举，这里说的目标，主要是在应对所有相关方期间产生信任和公平。为了这个目标，中立在人道行动实践中是合理的，但并没有被推崇为一般的道德规则。没有人会主张中立是一种要在日常生活中培育的寻常德性。相反，这是一种超乎寻常、不同一般的审慎，只适用于专门的角色和情境。在人道行动里的道德角色中，中立是成立的，但在个人伦理中，中立一般被看作是道德失败。伟大的意大利文艺复兴诗人但丁在描绘地狱时，为曾经在此世生命里中立的人设置了一个专门的受折磨之地。他们所受的惩罚是滞留在地狱的外部，连地狱都排斥他们。他们的具体罪名是道德上缺乏决断、摇摆和逃避责任。他们不站定任何立场，这样他们就被罚永远在一面旗子后奔跑，那旗子"翻舞着向前疾行，仿佛无论如何不肯站定的样子"，同时还遭受大群胡蜂追逐、痛刺。①

因此，人道伦理所坚持的是，中立在人道行动中有特别重要的道德意义，而非在生活的所有方面都很重要。在人道行动中保持中立，确实已成为专属于角色的责任。② 这就像体育裁判、和平调解员或婚姻治疗师，在向受害者提供人道援助和保护时，最好不要在冲突中采取其中一方的立场。这样的中立姿态与人道行动坚持平等、公平、普遍的待遇在道德上也是一致的。皮克泰也谈到，这样做是要保持审慎，以在冲突中获得所有相关方的信任，毕竟人道主义中立的主要目标并不是站得离冲突远远的，而恰恰是到冲突里面去。皮克泰形容红十字国际委员会面临中立挑战时用的比喻经久不衰："就像游泳的人在水里前进，但要是吞下了水，他就会淹死。红十字国际委员会也须如此看待政治，而不是成为政治的一部分。"③ 红十字国际委员会的前行动部主任柯邱鸣也说过类似的话："在国际委员会里，没有人是生来就中立的，我们在具体的情

---

① 但丁：《神曲·地狱篇》，朱维基译，新文艺出版社，1954 年，第三歌，第 21—22 页，原文第 53—54 行。【译者注】此处用朱维基译本，有改动。
② H. L. A. Hart, *Punishment and Responsibility*, Clarendon Press, Oxford, 1968.
③ Jean Pictet, "The Fundamental Principles of the Red Cross: Commentary", Henry Dunant Institute, Geneva, 1979, p59.

景里才变得中立,这样才能推进人道工作。"①

因此,在人道伦理中,中立很特别,是一种作为,而非不作为。所以违反直觉的是,人道主义的中立是主动为之,而非被动如此。保持中立是人道主义者需要努力才能做到的事情。皮克泰认为,人道主义中立这种主动的形式,是建立在"保留"(reserve)这一观念的基础上的。②保持中立,意味着克制和保留自己的意见,在冲突的两个维度上都限制自己的影响:行动上的军事斗争,以及意识形态上围绕战斗发生的政治性斗争。人道主义的保留既包括军事中立,也包括意识形态中立。

军事中立:无不公平利益

军事中立意味着人道机构不可在战斗中采取立场,通过提供赈济给其中一方带来不公平的利益。这条原则在《日内瓦第四公约》的第二十三条中有清晰表述,人道赈济如果"可能予敌方军事努力或经济以确定之军事利益"③,就可以被中止。

想要在战争中采取立场的人,可以也确实会采取政治联合的策略,如明确地加入冲突中某一方的部队,在政治上、军事上、情感上支持其斗争,在卫生和福利方面只参与覆盖己方的工作。从政治伦理的角度看,这种党派式的策略非常合乎伦理,道德上值得嘉许。这里可能包括多种实物赠予,如食物、医疗支持、现金、信息、武器、人员征募等。但这些做法不可与中立的人道赈济混淆,也不可假冒为人道行动。安东

---

① Pierre Krähenbühl,英国广播公司(BBC)世界频道的采访,http://www.icrc.org/eng/resources/documents/interview/2013/bbc-hardtalk-krahenbuhl-video-2013-06-11.htm.【译者注】柯邱鸣(Pierre Krähenbühl,1966—),2002—2014年任红十字国际委员会的行动部主任。

② Jean Pictet, "The Fundamental Principles of the Red Cross: Commentary", Henry Dunant Institute, Geneva, 1979, pp53-59.

③ 《日内瓦第四公约》,红十字国际委员会,日内瓦,1949年8月12日。【译者注】公约原文本只作"确定之利益",本书作者进一步限定成"确定之军事利益"。对公约中的这一条,1958年的评注特别讨论了赈济物资可能对敌方产生间接影响、参战方可能以此为借口不许物资通过的问题。

尼奥·多尼尼为了澄清这一点，区分了"党派式政治"（partisan politics）和"人道的政治"（politics of humanity）①。"党派式政治"是朝向一种具体的政治结果而努力；"人道的政治"只为了人道主义目标而与政治势力打交道。

在战争中给予单方支持的做法有悠久历史，有许多非国家的联合行动参加战争的著名例子，如西班牙内战中的国际纵队，以及近年来数以千计的"圣战者"志愿到波斯尼亚、阿富汗、伊拉克和叙利亚的武装冲突中为一方效力。各国也在这种党派式争斗中各持立场。在冷战期间，美国和苏联涉入了许多所谓的代理人战争，其间他们各持立场，各自给其中一方提供各种物资和人员。近年来，北约和联合国也如此这般地在科索沃、伊拉克、阿富汗、索马里、马里的战争中采取了立场，成为这些冲突中的一方，而非第三方。

很少人认为军事中立背后的意图有重大伦理问题，均认同人道行动应避免发生军事上的影响，从而得到所有参战方的信任。因此人道伦理中军事中立的主要问题，看来不在于"要采取中立的第三方角色"这一道德原则，而在于要坚持这一角色、约束赈济影响，存在技术性困难。禁止"不公平的利益"看似简单合理，在实践中却很难把握深浅。人道赈济是会造成影响的，但同样重要的是，赈济并不会如人们所想的那样，对冲突的动态发生战略性影响。所以要保持人道主义在军事上的中立，就需要持续地进行影响力分析，既考量潜在的军事和经济变化，也追踪赈济可能直接导致的变化或不公平利益。在大多数冲突中，由赈济而导致的军事利益通常被描摹得很夸张，却难以被经验证实。大多数站在"赈济拖延了冲突时长"和"给了战争发生之机"一派的分析家都擅长大而化之、拼贴轶闻，但不擅长实证。弗朗西斯·斯图尔特近来概述了冲突的实际驱动因素，他并没有在任何显著的结构层面的因果或助推

---

① Antonio Donini, *The Golden Fleece: The Manipulation and Independence of Humanitarian Action*, Kumarian Press, Sterling, VA, 2012, p6.

关系分析中提及人道赈济的因素。① 无论如何，各人道机构确实负有道德义务，要检查自身行动是否带来任何不公平的利益，并证明和维护机构的中立性。

意识形态中立：无意见

意识形态上的保留要求人道机构"不参与带有政治、种族、宗教或意识形态性质的争论"。换言之，人道主义者须保留他们对冲突根源的意见，保留对哪一方正确、哪一方错误的政治观点。用法律术语来说，人道主义者对冲突中的"ad bellum"（开战的对与错）问题应保留看法，但可以从严格的人道主义角度讨论战争行为的"in bello"方面。②

中立和沉默有时会发生混淆。保持中立并非在冲突或灾害中保持沉默。人道主义者能够且必须发声，但发声只是为了吸引人们关注人道主义性质的事实，如遵守或违反国际人道法，或对需求、优先性和实践的具体评价。毕竟，人道主义倡导在武装冲突行为中采取克制，而非倡导政治战略和社会变革。

所以，意识形态上的保留是保持中立的另一个条件，简单也合乎逻辑。然而，这还不是所有机构都接受的条件，因为要保持意识形态上的保守，就会限制机构的倡导主题和更广泛的组织价值观。当非政府组织在20世纪90年代就《行为准则》开展磋商时，中立原则就引发了许多争议，如今争议仍在。对许多在贫困和不公议题上开展游说的非政府组织来说，中立的意识形态保留态度有违其通过指出政治错误、倡导积极

---

① Frances Stewart, "The Causes of Civil War and Genocide", in Adam Lupel and Ernesto Verdeja, eds, *Responding to Genocide: The Politics of international Action*, Lynne Rienner, Boulder, CO, 2013, pp47-84. 【译者注】弗朗西斯·斯图尔特（Frances Stewart），牛津大学国际发展荣休教授。

② 战争伦理和战争法传统上被区分为两个部分，这种区分是有争议的："Jus ad bellum"（开战法，或通译"诉诸战争权"）是关于进入战争的理由有哪些可接受或不可接受的那部分法律。"Jus in bello"（战时法）是关于身处战争之中以后，规定战争行为中哪些是能接受的、哪些是不能接受的法律。

变革来"对权力说真相"（speaking truth to power）的伦理。① 因此，《行为准则》的第三条没有表述完全中立的原则，它坚持的是军事中立，明确各机构不将赈济绑定或倾斜给任何特定的政治或宗教信仰立场，但也保留"非政府人道机构有权利支持某些特定的政治或宗教立场"②。换言之，非政府组织继续维系政治和宗教组织的基本身份，它们能够担当人道角色，但也可能会发出具体的政治评论，倡导多种形式的政治干预。人道伦理与更广泛的社会正义伦理的这种结合，使许多所谓的多使命机构面临了伦理上的张力。③ 这些机构当然也可能被交战方看作是开展游说的政治组织，而非人道机构。④

中立与灾害

在自然灾害中，准入渠道和信任的问题没有那么严重，各机构自然也更不愿对意识形态持完全的保留态度。现在被普遍理解和接受的是，灾害是在政治上、社会上构建起来的，通常不像冲突那么危险和暴力。国际上已认可，导致灾害的脆弱性与土地权利、贫困、建筑规范、城镇化、备灾能力等政治性政策密切相关。这意味着，在灾害之后，各机构在开展人道及发展项目的同时对政治行动和政府政策提出批评，会更为可行。通常各机构在自然灾害中不需要保持像在武装冲突里一样的中立。因此，在灾害中，中立这项工具性的人道伦理原则就不那么相关了。而在相对开放的社会中，如果人道机构可自由发声，其服务渠道和项目也不会受阻，那他们不对某些既得利益和横向不平等（如少数群体

---

① "对权力说真相"是由贵格会在1955年的一份文件中提出来的，后来自由主义非政府组织和各种社会运动都使用了这一口号。
② 《行为准则》第三条。
③ Hugo Slim & Miriam Bradley, "Principled Humanitarian Action and Ethical Tensions in Multi-Mandate Organizations", World Vision, Geneva, April 2013.
④ 非政府组织以人道主义模式行动而遭受政治猜疑的一个案例，是"以色列非政府组织监测"（NGO Monitor in Israel）（http://ngo-monitor.org/），该机构对巴以冲突里非中立的非政府组织倡导提出了批评。

歧视）发声，反而是伦理上的不负责任。在灾害中，中立不像在武装冲突中那样是一项对任务影响重大的角色责任。

独立原则

皮克泰为红十字运动界定的独立原则称，国家红十字会须：

> 始终保持独立自主，以便任何时候都能按红十字的原则行事。①

各国红十字会和红新月会是作为政府的正式助手来建立的，所以独立对它们来说是非常特别的挑战。曾一度有国家红十字会被完全拉进了政府的战争意图之中。在 20 世纪第一次世界大战期间的欧洲，情况尤其如此，到了法西斯时期则愈发突出。② 在近年发生在南美、非洲和中东的冲突中，独立仍然是许多红十字会和红新月会面临的真切挑战。在阿富汗、伊拉克、索马里由西方主导的反叛乱活动中，独立对国际非政府组织来说也是真切的挑战。皮克泰指出，独立首先关乎由"外部力量"施加的不当影响和"侵犯"，而"正是在与国内和国际政治发生关联时，必须明确维护这样的独立"③。

作为人道自主权的独立

皮克泰以其一贯的精确作风指出，自主权是对独立特别关键的伦理要素。自主权在根本上就是为自己做出选择和行动的权力和自我治理的

---

① Jean Pictet, "The Fundamental Principles of the Red Cross: Commentary", Henry Dunant Institute, Geneva, 1979.

② Jean-Claude Favez, *The Red Cross and the Holocaust*, Cambridge University Press, Cambridge, 1999; Hutchinson, *Champions of Charity*; Moorehead, *Dunant's Dream*.

③ Jean Pictet, "The Fundamental Principles of the Red Cross: Commentary", Henry Dunant Institute, Geneva, 1979, p62.

权利。皮克泰强调，维持不受政府干涉的人道自主权非常重要，尤其要避免成为"纯粹的官方工具，只为政府政策服务"。他在20世纪60年代对人道自主权的关切，与当下21世纪初马克·杜菲尔德、安东尼奥·多尼尼等人对交战方、西方反叛乱行动和西方自由主义在近年人道主义政策和实践中将人道主义行动"工具化"的担忧①，是同样的急切。

人道自主权，以及由这种自主权带来的根据纯粹人道主义目标和方法采取行动的自由，对人道行动是否能保持行动上的纯正操守来说，至关重要。在武装冲突和灾害中，有多种外部力量有意愿，也有能力在地方、国家、国际层面损害人道自主权，包括：脆弱社区的当地领导者，交战方的政治、军事、福利代表人，想在灾害过后实现重新选举的政客，资助了人道赈济的捐助国政府。任何一个这样的相关方都可能故意或无意地尝试对一个人道机构施加影响、渗透、拉拢、限制、胁迫，令其丧失人道自主权，随之丧失公正和中立。

《行为准则》第四条是该准则中的独立条款。它明言须拒绝任何政府的不正当影响，尤其要确保人道机构避免成为捐助国外交政策的"工具"。然而，第四条不曾谈到可能过分影响人道行动的地方相关方和权力结构。这种沉默，大概也正代表了许多机构在与地方组织和团体合作时面临的模棱两可。非政府组织常使用通过合作伙伴开展工作的策略，这也就意味着非政府组织实实在在地感到，没有办法实现完全的独立和完全的中立。

人道主义的相互依存

人道主义的独立与中立一样，都是一种角色责任，为的是在许多人

---

① Antonio Donini, *The Golden Fleece*; Mark Duffield, *Global Governance and the New Wars*, Zed Books, London, 2001, 尤可参见第四章; Ugo Mattei, "Emergency-Based Predatory Capitalism", in Didier Fassin & Mariella Pandolfi, eds, *Contemporary States of Emergency*, Zone Books, Brooklyn, NY, 2010, pp89-105.【译者注】马克·杜菲尔德（Mark Duffield），布里斯托大学全球不安全中心教授。

的得胜欲望胜过他们的人道欲望的时候，在分歧深刻、信任不存的政治和军事氛围中，能够施行公正的人道行动。独立同样不是作为普遍的人类德性受推崇的。独立，即意志和行动的自由，本身是一种善，但从不被看作是绝对的善。我们不会将完全独立于他人的生活看作是好的生活，这甚至都不是可能的生活。我们都为各种事情、在不同程度上、在生命的不同时期倚赖其他人，我们也都会向权力妥协。事实上，我们都相互依存，也喜欢他人对我们很重要、我们对他人很宝贵的状态。我们需要有明确的自主权，但也知道我们的独立不会是完全的，完全的独立实际上是孤立。

人道主义的独立也是这种自主性和相互性在实践中的结合。人道机构在人道行动中需要明确的自主权——真正的行动自主，由此能够到处移动，做出人道主义的选择，并据此采取行动。在这种行动免受政治干预的自主和独立之下，一个机构可去访问社区，为营养不良的孩子称重量高，评估经济需求，倾听人们描述战争行为和他们需要什么才能实现安全。有了这些知识，机构就可以基于充分的信息，公正、中立地选择如何能最好地援助和保护人们。但在做这一切时，各机构当然也严重地倚赖他人：倚赖交战各方的好意，让他们安全通行；倚赖人们同意谈论自己的情况，让孩子们接受检查；倚赖捐助方慷慨资助必要的人道活动。实事求是地说，人道行动中高度的相互依存既是无法避免的，也是可取的，在一线对原则进行"平衡"时，也经常要做出艰难的判断：独立和互依到何等程度为最佳？

所以，独立固然是指不受外部干预的自由，却不可将人道自主权理解为自专独行。人道行动总要由多种行动主体共同创造，人道机构也总要仰仗于它们的好意，或至少有赖于它们的包容或认可。有组织的大规模人道行动是始于谈判和合作的联合事业，极少是无所不能、自给自足的英雄救援者一心一意往前冲。这种情况即便发生，也很可能是在人道主义式狂妄下的灾难性举动，因为我们接下来将看到，人道行动在道德上就要求与他人相容、合作。

第四章
尊严原则：尊重、参与和赋能

我们已指出，人道德性的核心在于关注和关心，那么人道伦理在现代的进一步阐发，理应对此核心内容赋予更多的道德细节。我们怎样才能最好地帮助他人？这是人道流程和方法的问题。这里不是指科层制中的流程，而是牵涉人道行动中的关系、态度、行为和权力分享的伦理。

1991年，《行为准则》在皮克泰的"人道、公正、中立、独立"四大核心原则之外又加了六项原则。这六项原则，即第五至第十条准则，都关乎与受影响社区及各种组织、权力机关一起工作。这六项原则借用了政治伦理、社区发展伦理和人权原则来定义人道机构和它们要帮助的人群之间恰当的工作关系。更具体地说，这些新的原则肯定了尊重人们尊严的重要性，以及这些人群参与人道行动开展过程的权利。《行为准则》也确认，持续投入资源，使人们管理自身生存的能力得到可持续的提升，在道德上具有重要意义，相比起自上而下的短期弥补措施——大家长式地给予赈济，结果人们又很快地回到原有的无力、脆弱、充满风险的状态——这样做更符合伦理。

这些过程中的原则最适合总结为尊严原则。对尊严的关切表现在这些原则坚决尊重人们在管理自己的生活和社区时的个体性、能动性和权威性。接下来的讨论，我将不完全按照《行为准则》的条文次序进行。我会将第十条放到第九条之前，因为第十条与尊严问题极为相关。然后我将第八条和第九条放到下一章，专门讨论可持续性和责信的伦理。本章讨论《行为准则》的第五、六、七、十条，关注武装冲突和灾害中受影响人群的尊严，特别强调他们作为人类的能动性，以及他们参与影响自身之事的权利。这些原则十分重要，也判断得当，但任何一个人道工作者都会告诉你，它们没有听起来那么简单。

尊重文化与习俗

《行为准则》第五条称："我们应该尊重文化与习俗。"这是准则中最短的条文，其释义也只有一行："我们将努力尊重我们为之工作的地区或国家的文化、社会结构和习俗。"

这条原则的文本很短，意味却深长。乍看之下，它像是一条确凿无疑的道德常识，用一个条件性的词语"努力"谨慎地限定起来，就成为一条追寻式原则。其中包含的不确定元素是，我们会努力，但无法总是成功地尊重文化与习俗——这反映了应急工作中的行动实用主义。因着这种实用主义，有时候将人道行动的速度置于文化尊重之上，在道德上还是可接受的。这就意味着，有时在极端紧急的时刻，没有时间开全村会议，或者突然有一大群人道工作者抵达贫民窟或乡村地区，没有时间用于礼貌介绍、获得许可、达成对当地规范的一致认识，这种时候有必要直接上手做事。这种早期的权宜有时是正当的，但对于任何最初的尊重不足或违反地方习俗的行为，都须尽可能早地通过道歉、补偿和做出新承诺来加以弥补。

这条原则的基本关切当然是正确的。道德上确实应当尊重人们的多样性及他们各自组织其文化和社会的自由。① 而这里次一级的道德关切点，是希望不要造成冒犯。为了避免因冒犯而伤害人，人道机构的员工身处某个社会中，就应按其服饰文化穿裤子、长裙、长袖衣，戴头巾。如果规范如此，人道工作者也应坐在树下开会，而非围在桌边，让人们延续他们自己的空间和发言惯例，从而享有尊严。人道工作者应随时在重要的社区问题上向本地人表示尊重。例如，在禁止饮酒的地方，人道工作者就不应喝酒；如果他们居住和工作的社会环境严禁恋爱关系或婚

---

① 与自主决策、文化享受和宗教自由相关的权利都在《世界人权宣言》第十八、十九和二十一条中，以及在《经济、社会与文化权利国际公约》第一条和第十五条中申明。

前性行为，或者只能在私人场合小心行事，他们就应遵守此地的性习俗。如此尊重的意义，就在于肯定人们有与众不同的权利和选择自己所在的社会的特性的自由。在这种决策选择中的基本道德规范，是应当留意不因冒犯而造成伤害，并表示对人类社会的自由、多样和自主权的尊重。

不过，就在"不冒犯与自己行为不同的人"这样简单的道德原则之下，也有伦理的雷区。文化差异有多种类型。有些差异只是在衣着、音乐和餐食上的不同审美。其他方面的文化差异却可能体现为深刻的道德观差异，性质严肃，会带来伦理上的挑战。尊重饮酒禁忌在道德上没有问题，因为这种禁忌并不会对一种重要的自由或基本人权构成严重限制，其本身可能还是有益的。大多数不一样的衣着规则也同样在道德上无害。而穿着本地服饰如果有利于增进大众接受度，开拓人道通行渠道的话，可能还应成为一项道德上的责任。不过，如果一种文化是性别主义或者厌恶女性的，只让男人参与人道决策，或者在应急食物发放中偏向男童，这就与基本权利和自由发生了冲突，在伦理上是有问题的。尊重这种文化及其结构，就是与错误行为共犯，违反人道和公正这些绝对原则，也违反重要的人权。任何一个机构都需明确证明有更大的善，才可与这样的文化结构和习俗合作。通常，人道机构都是要挑战这些习俗的。

在人道行动中，文化差异经常带来何为恰当的性道德和实务伦理的问题。例如，许多社会中，卖淫的文化是被普遍接受和盛行的。有些人道工作者会在非工作时间付费给成年性工作者，为此辩称"在这个地方很正常"。有些文化鼓励十几岁的女孩寻找年纪大的性伴侣，作为一种受认可的婚前性教育的过渡仪式，或者是为了自己的社会地位提升和升学来"傍个大款"①。赈济工作者可能会情愿成为这样的角色。在许多国家环境更加恶劣，女孩子在长到国际认同的 18 岁成年之前就被招去卖淫，许多女孩是受迫于强力，违背自己意愿的。行贿和腐败则是政治

---

① 例如，前一种现象在马达加斯加的一些地区经常发生，而后一种现象常见于非洲许多地区，年轻女性按惯例在报纸和网站上登广告找"大款"。

和商业领域的道德问题，也可被视为文化和习俗问题。在许多缺乏有效治理、合理薪酬和强大税收基础的社会里，人们须行贿才能获得公共服务、政治渠道和商业机会。人道机构常常遭遇腐败行为的挑战：腐败行为在许多国家是文化禁忌，在一些社会却是通行规范。人道工作者在伦理上当然很难尊重此类性习俗和实务惯例。这些习俗可能与他们个人的道德产生严重冲突，且常牵涉剥削、滥用权力，或直接侵犯一个人的自由和权利。我们要避免这些做法，不仅是因为人道工作者参与其中就犯了错，也有出于审慎的强有力理由，即这些做法会使本机构名誉扫地，由此可能会损害机构的人道主义能力，也就有损人道工作者在任何社区驻扎和工作的主要道德目标。

同时也须认识到，一种习俗即便在一个社会中风行，也并非被该社会中的所有人接受。常为惯例的，不一定就是正确的。不然，蓄奴、杀婴、女性割礼也会被看作是道德上的善，但并非如此。各种社会行为、性行为、政治或商业行为即便盛行于一个社会，也不一定被一致认可为合理的习俗或文化。行贿或儿童卖淫可能很常见，但社会中的大部分人可能不会将其认为是本地社会的习俗或文化，而会认为这些做法造成了很大伤害。在伦理上，这些事情被看作是有害行为而非习俗，人道工作者应留意，不要对错误行为做出没有把握的文化解释。

关于性伦理还存在一种伦理冲突，即在全球规范和普世权利中被认为是道德规范的行为，被地方习俗认作是道德禁忌。当下最显著的例子就是同性性行为。一些社会中的部分团体和政府认为同性性行为在道德上是错误的。大多数有自由主义渊源的人道机构则会认同现代人权理念，即性取向是个人自由，而任何对女同性恋（Lesbian）、男同性恋（Gay）、双性恋（Bisexual）或跨性别者（Transgender）人群（简称"LGBT"）的负面待遇都是歧视和侵犯权利。自由主义的人道机构会平等地接待和招募LGBT人群，不会将员工身处同性关系或具有变性身份看作是不道德的事情。

在这种情况下，人道机构显然应贯彻其不歧视的方针，但也要合理斟酌，运用实践智慧。要是机构将LGBT员工放在敌视同性性行为者和变性者、可能令其受伤害的工作环境中，那是既不明智也不对的。机构应尽可能保护LGBT员工免受这种风险，慎重并基于本人同意来决定派遣人选，或者提前商定酌情处理的办法，并监测一线情况，尤其在同性性行为被视为非法并被判处入狱或死刑的地方。在典型的人道主义情境中，LGBT人群若在武装冲突或灾害中被故意歧视和针对，人道机构须明确地将这种行径认作不人道行为，且违反人道法和人权法。这种时候，机构也有义务保护LGBT员工。

目前人道伦理实现的标准界定极少，更未触及这些关乎习俗和文化差异的更深层问题。强调尊重个体差异和社会多样性，在没有严重的道德冲突风险时是完全成立的。但《行为准则》并未明确说明如何判定真正的价值冲突，如何识别某事是无害或积极的习俗而非道德上令人遗憾的做法。简言之，面对一种文化差异背后实质是重大道德差异的情况时，人道伦理需要有明确的态度。这种情况下，人道机构及其员工应当回避或反对他们所认为的错误行为。

建设当地能力

《行为准则》第六条确立了"我们应该努力增强当地的灾害应对能力"的原则，并具体谈到这意味着"雇佣当地员工、购买当地物资以及与当地公司开展交易"，以及"通过作为合作伙伴的当地非政府人道机构"，并"在合理的范围内同当地政府机构开展合作"。

这条原则的道德主旨关涉到受影响人群的能力，以及他们掌握自己的生存和恢复的权利。这条尊严原则关乎的是人作为自己生活和亲友生活中的行动主体，拥有尊严，能维护自己能动性和自主权的权利。这条原则确立了人作为人类主体而非他人的人道主义客体的尊严。这一主题有力地延伸到了第七、八、十条准则。

这条"当地能力的原则"结合了政治伦理中的自主、自决与社区发展伦理中草根的有效性与可持续性的原则。人道伦理的这方面内容，在政治上特别要避免不当干涉、家长制和殖民主义下的威权实践——而这正是在许多西方机构的意识和传统中根深蒂固的做法。从政治上来看，

第六条准则正当地提出,要将人道权力递交给受影响的人群和他们自己的治理结构。而从发展视角看,这项原则所含的技术智慧是:本地知识最贴合实际情况,只要有充分资源和技巧,就最适合做出应对行动。所以,当地能力就是最佳性价比所在,是最可能成功并持续下去的人道结构。《行为准则》中隐含的许多发展伦理都应用了发展式救助或者"救助—发展"连续一体的观念。这种观念在20世纪80年代和90年代从慈善界的共识转化为正式的灾害理论[1],随后由红十字运动、联合国机构和非政府人道组织积极吸收进了人道政策和项目运作之中。

和第五条准则一样,这一条行文中也保守地使用了一个条件短语"只要条件允许"。这再次表明,尽管这项原则是义务性的,但也可以有例外。其中一种具有正当性的例外,也和第五条一样需要作权宜之计:在极端危机时期,当地结构无法应对和吸纳必要的行动速度、高水平的行动能力和大批量救助物资。这种紧急例外情况意味着,经过衡量,在一个时期内可将人道原则置于当地能力原则之上。但在早期没有执行当地能力建设原则的,都须在随后的工作中加以缓解,在危机的余下阶段和新的危机准备工作中慎重将工作角色、资源和责任转移给当地,以此将当地能力融入领域更广的人道项目。

对当地能力规则的另一种例外,与能力的组织性问题无关,而是围绕中立与独立的原则发生的。这是在政治意义上的例外:中立、独立与能力建设发生冲突时,人道行动的政治性原则,即中立和独立,要置于当地能力原则之上。这种情况通常是在政治上无法确信本地机构/本地政府及本地社区能遵循人道伦理,赈济资源可能被用于实现党派目标、不人道的军事目标或政治目标。政府可能会操纵赈济,用以区别对待敌方平民或竞争集团,或者要控制并截留赈济资源。受灾社区里的当地精英可能会独掌赈济流程,将社区里的其他重要成员排除在外。在这些情况下,只要可行,国际机构就应当对人道项目保留更多的控制权和影响力。

---

[1] Fred Cuny, *Disasters and Development*, Oxford University Press, Oxford, 1983; Mary Anderson & Peter Woodrow, *Rising From the Ashes: Development Strategies in Times of Disaster*, ITDG, 1989; Piers Blakie et al., *At Risk: Natural Hazards, People's Vulnerability and Disasters*, Routledge, 1994.

集体行动

有意思的是,《行为准则》第六条中的"当地能力的原则"还包含了集体行动的伦理原则:"我们高度重视对我们的紧急应对行动进行恰当的协调。"这一条真应该抽出来作为人道伦理中的一条单独原则。

集体行动是伦理中的一项重要原则,因为它对所有共同活动的人提出了道德上的要求,应优化使用他们的各种资源,用于实现公共的善。为此他们应协调各自的活动,集中资源,避免重叠,最大化覆盖范围,组成更强有力的反制力量来面对反对者。有时这意味着,为了更好地集体行动,要削减一个机构的个体野心,阻止其建设机构势力"帝国"的大业。① 在保护工作领域,则使用一条略显老套的"互补"原则来鼓励实现集体行动的好处。这就强调了各个使命不同的机构既要在不同的领域(如医疗、供水、倡导、安置区设计)垂直地发挥其能力,同时也要横向地一同努力,以实现互补的整体成果,这样会比各自单独工作给平民带来更大的保护效益。②

实现有效的集体行动或互补行动,是人道行动中最大的难点之一。在人道行业的讨论中,这个问题主要以"协调"的概念出现,已然成为人道从业者和政策制定者为之执着、力求改革又心生绝望的对象。最近的结构性改革就包括建立跨机构的分领域组群,由联合国人道主义事务协调厅和机构间常设委员会领导的所谓"转型议程"(transformative agenda)负责推进。③ 更广泛地说,协调是国际关系和所有应急管理及福利项目中的重大难题。不过,这个问题的困难程度,及其在一些场景中

---

① 参见一篇讨论人道工作中集体行动伦理和帕菲特的"个体—群体困境"的重要文章:Garrett Guillity, "Compromised Humanitarianism", in Keith Horton and Chris Roche, *Ethical Questions and International NGOs*, Springer, London, 2010, pp157-171.

② Hugo Slim & Andrew Bonwick, "Protection: A Guide for Humanitarian Agencies", ALNAP, London, 2005, pp44-46, https://www.alnap.org/help-library/protection-an-alnap-guide-for-humanitarian-agencies;红十字国际委员会的保护标准,2013年,第67-76页,http://www.icrc.org/eng/assets/files/other/icrc-002-0999.pdf.

③ 见机构间常设委员会(IASC),http://www.humanitarianinfo.org/iasc/pageloader.aspx?page=content-template-default&bd=87.

的复杂程度，并不减损其伦理重要性。合作地行动，并组织"合乎道德的分工"①，始终是一项重大道德义务，因为，往往只有在我们合并资源时，才能达到临界规模。个体机构的一系列无关联行为可能只会发生边际效益，如果联合起来实行更大的战略，同样的资源就可取得大得多的集聚效应。克里斯托弗·库兹在思考集体行动的伦理时，分辨出任何救援和互助的集体行动中都存在双重义务结构：在垂直关系上，是有需求的索取人和潜在捐助者之间的义务；在横向关系上，是更大的潜在捐助者群体中彼此以最佳的方式集合赈济、排出优先次序，以确保公平有效地再分配的义务。② 各个机构须根据这两项义务开展工作，也依此各负其责。

人群参与

《行为准则》第七条将这项原则确立为："应找到适当的办法，使项目受益人参与救灾援助的管理。"条文中专门指出"灾害应对援助决不应该强加给受益人"，且要在人们"参与援助项目的设计、管理和实施"时，援助才做得最好。随后又谈到"我们将尽力使各团体充分参与我们的救助项目和恢复性项目"。这项原则在逻辑上应在第五和第六条之前，因为它陈述的是人的能动性及参与的基本的善，而这是当地能力和可持续性的前提。

参与是人道原则本身所含的一个基本要素。有人性，意味着积极成为自己，并与他人往来。我们能够参与——成长、建设、分享、参加和做出贡献——就是为人之道本身的动态。参与是我们的人格存在的有意识的能动性，使我们的为人之道有别于单纯的"存在"（existence）。真正的存在（being）是参与个体和集体活动，由此创造我们自身的利益，并共享身边的公共利益。所以，我们须将参与看作人类生活中的一种基

---

① 这个表述来自 Thomas Nagel, *Equality and Partiality*, Oxford University Press, 1995。
② Christopher Kutz, "The Collective Work of Citizenship", in *Legal Theory*, vol. 8, 2002, Cambridge University Press, pp471-494.

本的善。能够加入社会、切身地参与社会，是现代西方哲学中的一项基本价值。它包含在约翰·菲尼斯定义的七种基本善之中，即社会性（友谊）；也包含在实践合理性之中，让我们积极、明智地介入世界。① 在没有那么个人主义的非西方社会中，参与和集体身份比西方强调的个人更加重要。做社区的一分子，往往是人们最早、最基本的生活经历。对许多社区里的人来说，"我们"这个代词比单数的"我"更为本能，但他们个体的能动性和参与在这种集体化身份中仍然是核心所在。

参与这种善也带来其他的善。参与既带来更多的益处，本身也是一种愉悦的好处。阿马蒂亚·森主张自由是人类发展的主要推动力，参与正是这一观念的核心。我们能够参与身边的世界，也就有自由去"转化"我们身上和彼此之间的善，最大化利用我们面前的机遇。② 在玛莎·纳斯鲍姆提出的"让人们有能力追求一种有尊严，并且在最低限度意义上丰富的生活"的十项"核心能力"中，参与也是其中两项的基本内容。参与是"归属"（affiliation）的核心，而归属是"能够与他人共同生活在一起并为他人着想，承认并且展示出对人类的关切，参与多种形式的社会互动"的能力。参与也是纳斯鲍姆所说的第十项能力的核心："对外在环境的控制"，也即"可以有效参与塑造个人生活的政治选择……可以在与他人平等的基础上拥有财产权利……可以作为一个人进行工作"③。在法律上，人权法陈述了参与这种基本的善，将参与列为《世界人权宣言》中的一项基本人权。这项权利也明确每个人都有义务

---

① 约翰·菲尼斯：《自然法与自然权利》，董娇娇、杨奕、梁晓晖译，中国政法大学出版社，2005年。【译者注】菲尼斯的七种基本善包括：生命、知识、游戏、审美经验、社会性（友谊）、实践合理性与"宗教"。
② 阿马蒂亚·森：《以自由看待发展》，任赜、于真译，中国人民大学出版社，2002年。【译者注】阿马蒂亚·森（Amartya Sen，1933— ），1998年诺贝尔经济学奖获得者，以福利经济学贡献著称。
③ 纳斯鲍姆：《寻求有尊严的生活：正义的能力理论》，田雷译，中国人民大学出版社，2016年，第23-25页。纳斯鲍姆并不赞同森将自由用作贯穿发展的概念，因为一个人的行动自由往往会限制另一个人的行动自由，因此她倾向于使用正义的概念。【译者注】玛莎·纳斯鲍姆（Martha Nussbaum，1947— ），哲学家，现为芝加哥大学法律与伦理学教授。纳斯鲍姆原书名为 Creating Capabilities: The Human Development Approach，中文版书名另译。此处引用译文有改动。

去回应，为社区做贡献，因为没有社区，人们就不可能得到充分的发展。①

我们正当地参与塑造自己的生活、发展公共利益时，就在构建和发现自己能力的过程中找到了个人的尊严。参与的形式可以是工作、治理，或者在友谊、生育、婚礼或一顿饭食中的简单享受。② 当我们被阻拦着无法参与创造自己的生活时，就会很快感觉到缺失，感到无尊严、被剥夺。我们丧失了主体性和主体间性，受到贬损，作为他人的对象而存在。他人替我们决定事情，给我们东西，向我们夸耀，吩咐我们做事。人们即便是在排队等待、不认识字、由他人喂养、在轮椅里被推着走，仍然能很好地实现个人尊严，通常这是因为他们有深刻的自我感知，在生活的其他部分与人有积极平等的联系，作为他们自己受到尊重。但要是在一项人道行动中，人们从外面涌入来解决你的问题，不咨询你，也不让你参与，开着大车将尘土飞溅在你脸上，在你头顶上做出一切决定，这就是严重的无尊严。

参与原则在其内含的伦理和政治根由之外，还有一条来自发展伦理中的更务实的道德洞见：参与会带来效果，所以参与是好的。不过，做起来一般都不简单。社区发展实践领域长期注重参与，早已指出在援助机构和社区的关系中有不同层次的参与。参与的不同层次说明，并非所有的参与在性质上都是一样的。最流行的参与模型是"参与阶梯"，各个梯级依次为：本质上不是参与的活动（如操纵、象征性参与、装点门面），参与的中间状态（如咨询和安抚），最顶端的完全参与（如合作关系和公民控制）。③

---

① 《世界人权宣言》，第21 (1)、27 (1)、29 (1) 条。

② 这是天主教社会教义的重要主题，例如1891年由教宗通谕《新事物》（*Rerum Novarum*）和1981年的教宗通谕《人的劳作》（*Laborem Exercens*）中关于人的劳作的教导，《家庭权利宪章》（*Charter of the Rights of the Family*）第八条中论及家庭和社区生活。

③ 参与阶梯（ladder of participation）在1969年由雪莉·阿恩斯坦（Sherry Arnstein）在美国的城市规划领域中提出，在1992年由罗杰·哈特（Roger Hart）调整用于国际发展。【译者注】按阿恩斯坦列出的阶梯由下至上为：无参与（操纵、引导）；象征性参与（通知、咨询、安抚）；公民权力（合作关系、代理、公民控制）。作者引用时略有误。

同意

关于参与，已有重要的社会科学研究，分析你纳入（include）了谁，是如何纳入他们的。第七条准则设立了这条追寻式原则：要努力实现"充分的社区参与"①。这当然是很大的雄心，对人道主义员工和受影响的人群提出了"智慧又有效地一起密切工作"的义务，使得人们有尊严地加入并参加工作，不卡在科层流程中，也不打造出一套孤立的人道主义体系，结果人们无法进入合理、全纳（inclusive）的国家治理。ALNAP/URD 的《人道主义一线工作者的参与手册》就使用了这样谨慎的方法。②

一直有批评指出，非政府组织的参与方案创造出与主流政治平行的软性参与形式，不仅耗时，也不涉及真正的政治，由此就将人们对主流政治的真实牵引作用去政治化了。③ 这种批评很重要，而人道项目中的"充分参与"理想，最好是朝向约翰·加文塔所建议的"积极公民"模型努力。④ 这种"公民的方法"使人们的参与与政治保持关联，尽可能

---

① 【译者注】《行为准则》现有三个中文译本，分别作"各团体充分参与"（红十字国际委员会译本）、"让全社区的灾民参与"（《环球计划手册》2004 年版）和"全社区参与"（《环球计划手册》2011 年、2018 年版）。这里对照《行为准则》英文版，并与本书作者讨论，另行翻译。

② The ALNAP/URD Participation Handbook for Humanitarian Fieldworkers, Groupe URD, 2009, http://www.alnap.org/resources/guides/participation.aspx. 【译者注】ALNAP，人道行动责信与绩效积极学习网络（the Active Learning Network for Accountability and Performance of Humanitarian Action），人道行动能力建设的机构网络、智库和资料库，成立于 1997 年；URD，应急、恢复与发展工作组（Groupe URD），人道行动智库，成立于 1993 年。

③ 在发展领域，"参与"最早被作为解放派观念提出，见保罗·弗莱雷：《被压迫者教育学（50 周年纪念版）》，顾建新、张屹译，华东师范大学出版社，2020 年。但这个观念逐渐被吸纳进科层系统，成为发展规划的工具。对参与的批评从发展研究开始，文本有 James Ferguson, *The Anti-politics Machine*, 1990; Bill Cook, *Participation: The New Tyranny*, Zed Books, London, 2001。

④ John Gaventa, "Towards Participatory Local Governance: assessing the transformative possibilities", in Samueal Hickey and Giles Mohan eds., *Particpation: From Tyranny to Transformation: Exploring New Approaches to Participation in Development*, Zed Books, London, 2004. 【译者注】约翰·加文塔（John Gaventa, 1949—），政治社会学家，现为萨塞克斯大学发展研究所研究员。作者引用时略有误。

地与国家和地方当局的职责和义务挂钩。这种思路也理所当然地成为武装冲突和灾害中的趋势，具体表现为国际人道法及各国国内和国际灾害法的发展动向都将人们的受苦和恢复确立为政府的重大政治责任。当然，这种将人道参与引入国家政治主流的普遍看法也有意义重大的例外。当发生了有危险倾向的治理、种族清洗或"盗贼统治"时，就最好建立平行的人道结构来缓冲，保护人们不受政府戕害。在某些特殊情况下，对社区做的最危险的事就是将社区与政府连接。

在医学和商业伦理中，同意原则越来越重要，这是人们积极参与影响自己生命的医疗和商业决策的手段和措施。自愿、事先、知情同意（FPIC）的原则，对人道伦理中的参与原则就很有参考性。[1] FPIC 流程的关键元素尤其适用于人道实务中无法实现充分参与的阶段。在 FPIC 流程中，首先，个体或群体的同意必须是自由自愿、不受强迫的。这就与第七条准则相符，人们不能有"强加"给他们的援助项目或策略。[2] 其次，同意的流程不可是追认的，而须尽可能在人道行动之前就开启，让人们可以在工作起始和正式开展之前就加入。最后，人们要给出有意义的同意，就需要充分得知人道项目的目的和过程。许多机构一直在免疫接种项目、离散家庭重聚项目、食物和现金发放及保护工作中（有意识或无意识地）贯彻积极的自愿、事先和知情同意方针。将同意（以及其中自愿、事先和知情的条件）正式确立为人道伦理的固有内容，会很有好处。同意显然还不是充分参与，却是充分参与的重要部分，也会是人道活动还不能合理实现充分参与时须奉行的一项基本伦理原则。

---

[1]《乐施会自愿事先知情同意指南》（"The Oxfam Guide to Free Prior and Informed Consent"，Oxfam, 2010）是一篇很好的方法指引，见 http://culturalsurvival.org/sites/default/files/guidetofreepriorinformedconsent_o.pdf。

[2] 有一则对非参与式的难民援助的批判影响深远，见 Barbara Harrell-Bond, *Imposing Aid*: *Emergency Assistance to Refugees*, Oxford University Press, Oxford, 1986。《行为准则》选择的措辞显然是有意识地对这一文本进行了回应。

有尊严的人物图像

第十条是《行为准则》给人道机构提出的最后一项条文，行文如下："在有关我们的信息、传播和广告活动方面，我们应该将灾害受害者作为有尊严的人类，而不是绝望的对象来看待。"① 这一条准则要求各机构在展示人们在武装冲突和灾害之中的苦难与经历时，使用符合伦理的图像和话语。这一条还关切到人们的尊严。它将"尊重灾害受害者"置于最优先位置，进而敦促各机构做出"对灾害局势的客观描述，突出强调灾害受害者的应对能力和他们的抱负，而不是仅仅强调他们的弱点和恐惧"。还明确，不可让媒体需求、机构间竞争或机构内部需求凌驾于对有尊严地、平衡地展现人们的灾害经历的承诺之上。

第十条准则决意终结长久以来赈济机构做广告时有选择性、操纵性地矮化展示的对象，甚至使用残忍的、种族主义的图像的做法。急迫的人道广告的设计目的在根本上是某种"买卖"：它是为了动员公众，获得最大化的捐赠。而提升人们对贫困和危机根源的意识，尽管也是重要的目标，在此类呼吁中却往往居于第二位。赈济机构一向直截了当地呈现遭受饥饿、赤贫、伤害的个人的身体（往往是半裸、女性、幼儿）。这种呈现方式与背后的"买卖"目的结合，一次次地在受苦的社区成员之中，也在各机构和普罗大众中，激起强烈的道德厌恶感。许多人将这种图像与性剥削行业联系起来，所以人道广告经常被批评为"灾害的色情片"②。而有尊严地呈现苦难，使用将人们呈现为幸存者的"积极图像"，也就被看作是更真实、更尊重人的做法。

---

① 【译者注】此处译文有改动。
② 例如，参见 Erica Burman, "Innocents Abroad: Western Fantasies of Childhood and the Iconography of Emergencies", *Disasters* 18（3）, Blackwells, Oxford, 1994, pp238–253；另见 Betty Plewes & Rieky Stuart, "The Pornography of Poverty: A Cautionary Fundraising Tale", in *Ethics in Action: The Ethical Challenges of International Human Rights and Nongovernmental NGOs*, ed. Daniel A. Bell and Jean-Marc Coicaud, Cambridge University Press, New York, 2007, pp23–37.【译者注】贫困或苦难的"色情化"指媒体为刺激起受众强烈的同情感受而展示贫困、苦难的做法，其呈现形式往往遵循一种固有的叙事，符合刻板印象，也常伴随为一项"事业"筹资的目的。这种做法如同色情片为了获利，通过特定的方式呈现性行为来直接刺激观众的生理感受。

对某些贬损人的人道广告形式产生这样的伦理直觉是其来有据的。经典的"圣母怜子"式人道主义图像①展现衣衫褴褛的绝望母亲怀抱濒临饿死的孩童,这与商业企业未经相关人员的知情和充分同意就售卖他们匿名的身体以获利的模式如出一辙。更居心不良的是许多相似的图片,带有种族主义和种族优越论色彩:图片中的受害者被动、无声,正由坐在或站在他们上方的医生"拯救",在视觉上提示着西方的医疗技术和更高权力。这样的图像,以及与之伴随而生的将机构和受害人塑造成"我们和他们"的话语,在道德上是有问题的。这主要有两个原因。其一,这样呈现事件并不完整,因而有欺骗性,说的只是半边真相。例如,受苦的母亲和儿童坐在营地里的图像,并不能展现这两个人和他们身边的人(并不在图像里)已经坚持了很久才幸存下来。他们用了许多天终于抵达这个诊所,其勇气和存活的结局有如英雄故事。而在白人援助工作者的图像背后,可能隐藏了大部分正在帮助这些人的人道工作者(他们也不在图像里)就来自受助者自己所属的本地社会的事实。其二,机构将这种紧急状况中不完整的,可能还是种族主义的迷思贯穿图像时,也对观众传达了错误信息,扭曲了观看者的认知,从而造成道德损害。②

这些图像及其话语成了宣传品或色情片,会鼓励观看者俯视某些世界远端的人类同胞。这样的图像建构出对人们挣扎生存的扭曲凝视,带来了在根本上漠视,而非平等、同情地正视遥远的他人的风险。这样的漠视也许仍然会带来钱(即便是出自优越感),但不可能带动起关爱、尊重和人类团结,而更可能培育出父权制固有的危险的怜悯——这个问题在本书第九章会加以详细讨论。这样做并不能增进理解,却会助长不公平的、令人绝望的评论:"这些人有什么毛病?怎么总是这样,总是他们陷进麻烦?"

---

① 在基督教的图像中,"圣母怜子"(pieta)是展现耶稣的母亲玛利亚将解下十字架的耶稣尸身抱在怀中的图式。

② 对这种人道救助活动童话的迷思,最简洁的陈述见 Jonathan Benthall, *Disasters, Relief and the Media*, I. B. Tauris, London, 1993, pp188-189。批判理论家做出了更复杂的阐释,见 Valerie Gorin, "An Iconography of Pity and a Rhetoric of Compassion: War and Humanitarian Crises in the Prism of American and French Newsmagazines 1967—1995", in Josepf Seethaler et al., eds, *Selling War*, Intellect, Bristol, 2013, pp135-156。

这样的负面图像凸显了人道广告和人道机构错误地兜售苦难和赈济的道德问题。人道广告如果贬损人、传达错误信息、在慈善的同时鼓励蔑视，就是不人道的，是错误的。但人道广告的伦理问题不仅仅在于苦难主题本身。广告本身就是有道德问题的。这个行业有意地进行欺骗，将商品色情化，拔高其意义，诱惑受众：这种洗衣粉比别的都好；这种啤酒帮你交到朋友；有这辆新车就能来趟中年艳遇，连情妇都不必有。虽然广告的含义是前者有助于导向后者：这张闪亮的红色信用卡能帮你解决问题，为你赢得尊敬；这种面霜让你常葆年轻。其实，除非再举出坚实的依据，不然广告自然就沦为幻象。所以人道伦理在面对广告公司时，又遭遇了一类必须与之合作才能成功，但对方却未必天然认同所有人道主义原则和目标的组织。要符合伦理地为人道行动募集资金，人道机构须特别注意与广告机构的合作，在展现苦难、生存和恢复时既能动员人们捐赠资金，同时又能保全施者和受者双方的人道。

　　也不需要正向洗白对苦难的展示。一概展现幸存者欢欣鼓舞的图像也同样不合伦理。人们在武装冲突和灾害中的苦难是真实的、不堪的。其中确有赤贫、衣不蔽体、肢体残废，以及目睹亲爱之人死去的情感痛楚。如果要运用休谟的一般同情法则来撬动用于响应的资金，我们就需要让他人感觉到、想象到这样的苦难。依从列维纳斯等人的洞察，在这样的道德动员中，我们也需要有人们的面孔显现在我们眼前，呈现他们的为人之道，最清晰地展现他们的个体生命。看见一个人的脸，我们就能最容易地将他们认同为和我们一样的人。

　　人道机构的营销和财务主管知道，展示个体苦难有助于增加捐赠。保罗·斯洛维克的著作谈到我们在面对巨大数字时会发生精神麻木，佐证了他们这一直觉。① 如果对苦难的个体呈现能做到既符合伦理又获得收益，就能同时实现尊严和捐赠两重目的。人道广告中不可回避苦难，但须带着尊重呈现，不带任何种族主义或优越感暗示，且须征得比现在机构募款工作中通行的更加充分的同意。

---

① Paul Slovic, "Phychic Numbing and Mass Atrocity", ch7 in Eldar Shafir, ed., *The Behavioural Foundations of Public Policy*, Princeton University Press, Princeton, 2012.

在人道主义话语中使用标签

《行为准则》中通篇使用"受益人"（beneficiary）一词①，这个词在人道主义话语中也普遍被用作标签，形容接受人道援助或保护的人。"受益人"来自"bene"（好的）和"facere"（做）两个拉丁语词，两词并举，意为做好事。所以，受益人就是从某事或某人处获得好处的人。在英语里，这个词已成为英国慈善和信托法律中的重要合同术语。每一个慈善机构的建立都是要使某些有需求的人群得到好处。这些受益人由此获得一定的资格，从而获得定向给他们的钱。因此在法律上，受益人的概念伴随着某些权利和获益资格。然而在慈善话语中，这个词也体现了给予者和接受者之间的权力分野，将受益人置于慈善中较低的位置：他们有幸获选，因而被要求展现出对收到赠礼的感激。

在人道行动和汇报中需要一个简洁单一的标签用作"一把抓"的术语，这是可以理解的。商业和公共服务中有顾客、客户；医疗行业有患者（patient），源于拉丁语的"patiens"，意为受苦的人；航空和铁路公司有乘客；人道行业有受益人。但我一向对这个词感到不自在，因而避免使用它，在本书中也从不使用。我的疑虑来自我观察到，这个词已在一些人道工作者口中退而变为不尊重的用语，也被受灾害影响的社区拒斥，他们把这个词看作是一个被动的标签。人道工作者常在艰苦环境中屡屡受挫、精疲力尽，有时会听到他们几乎是啐出这个词来。坏的商店老板和疲倦的公共汽车司机会逐渐将顾客和乘客看成工作中的麻烦，有些人道工作者也会这样将受益人看成是项目中的麻烦——没有这些麻烦，项目就要顺利多了。我也留意到，当我自己使用这个词时，很快就忘记了我所思所讲的是一群人，他们大多正在度过艰难时日。

和我们用于给事物分类的所有标签一样，"受益人"一词可以演变成只涵盖这个类别本身，而不指称类别中的个体。富人、穷人、农民、

---

① 【译者注】"受益人"来自《行为准则》的红十字国际委员会译本，也更符合其词根。在《行为准则》的另两个译本中，这个词作"受助人"（《环球计划手册》2001年、2004年版）和"接受者"（《环球计划手册》2014年、2018年版）。

地主、新教徒、天主教徒、逊尼派、什叶派、罪犯、圣人，这些词都发生过这种演变。以上每一个标签都可能随时间流逝而带上恶毒的含义，反映出权力差异和使用者的偏见，最恶劣的时候还变成虐待的用语。使用抽象的且根本上是官僚主义的"受益人"一词来指人道行动中的人，具体会带来三重道德风险：

首先，这个词预设了人们受益，且只会受益。这个词持续地在潜意识中强化人们在其生存中是被动而非主动的观念。人们受益，而不做贡献。除了这种对个人能动性的暗示，这个标签也预设受益者接受的东西确实让他们受益，且是好的（有益的）。所以，如果在项目里一路谈论受益人，就不可避免地、下意识地丧失了对项目质量的客观感知，就不太会去思考项目可能带来的伤害，或者人们经历的困难。

其次，使用标签就是在归总。将每个人都称为受益人，我们会倾向于泛泛地预设社区中的人们都是一样的，经历相同，需求相同，也应得到相同的东西。如此混为一谈，会阻碍细致地思考人群的多样性，而我们知道多样性在人道项目的运作中是何等重要。

最后，我们按类别谈及人群时，就可能开始将他们去人化了。拒绝将人当作人来谈论，是麻木和负面建构的第一步，这正是构建敌意的重要部分。① 这显然与人道工作者看待自己尽力帮助的人的态度相去甚远，但如果我们一直用抽象类别，而非用男人、女人、儿童、年轻人、老年人来谈论人，人道工作中就存在麻木和去人化的风险。一般的道德规则就是：我们谈论和思考人所使用的语言越个人化，我们就可能越有人性。

人道行动对人还有其他标签，尤其是平民、非战斗人员、难民、国内流离失所者。前三个标签在国际法中有特别的地位，第四种也在逐渐获得这样的地位。这些用语和所有标签一样，都带有混为一谈和去人化的风险，但这些标签在法律中也包含了尊严和权利的概念，由此又显著减轻了风险。鉴于这种固有地位，更明智、更尊重人的做法是在必要

---

① Hugo Slim, *Killing Civilians: Methods, Madness and Morality in War*, Hurst, 2007, pp217-218.

时，或在无法回避谈论人的一般类别时，才在人道主义话语中使用这些标签。

还有一种常用成惯例的人道主义术语是"受害人"。这个标签之所以重要，是因为它强调了如罪行般施加的苦难或悲剧事件。这个词在人道行动的欧陆传统中使用得比英国和北美广泛。然而，虽然受害人这个标签在法律上很有力，且含有应有惩罚施害者、弥补伤害的对等责任的意思，但这个词却可能将人们掩埋在一种压倒性的、不完全的身份中，而他们并不想要，或者正努力克服这种身份。另一种危险在于，人道行动的某些政治利益恰恰来自创造并维系受害人的身份，这在不经意中成为人道行动全球扩张的手段。① 所谓的"受害人意识"，是一种在幸存的不同阶段混杂着力量和无力的情感。"受害人"通常并不是长期让人获得力量的身份。对纳粹大屠杀的研究已显明了这一点，人们更希望被称作"大屠杀幸存者"；在医疗领域，人们更愿意被称为"带艾滋病毒生存的人"而非"艾滋病受害者"。此处的道德规则仍然是关注人们的人道：关注他们是谁，而非他们遭遇了什么事。

人道伦理中关乎尊严的原则强调，让人们在人道项目的实践方法中获得能力修复和实现自己的尊严，是深深根植于人道原则本身的道德义务。人道伦理接下来关切的，是使人们身上的这种改善持续下去，向投入资源支持行动的人和有权利获得支持的人展示人道主义的效果。这就是可持续性和责信的问题。

---

① 见福柯对"受害人学"的重要思考，Didier Fassin & Richard Rechtman, *The Empire of Trauma: An Inquiry into the Condition of Victimhood*, Princeton University Press, Princeton, 2009。

第五章
管理原则：可持续性与责信

当今对人道伦理的阐发尤其关注可持续性和责信（accountability），将其作为道德义务感的核心，也是理所应当。这两个关注点其实都关系到好的管理：人道主义者如何明智地照管资源，照看未来。

效果可持续性是人道主义关切已久的，也是所有用慈善形式展现的负责任的赠予行为所深刻关切的。相关的观念足可追溯到古代，当时认为最好的慈善不仅满足人的即时需要，还会改变人的能力和机遇。环境可持续性则在更晚近才融入人道伦理，如今已成为迫切呼求。责信也是一项传统的道德原则，在大多数由许多个人通过一个组织中介给予的赈济发放形式中，普遍认可这些个人"有权利知道他们的钱去了哪儿"。不过，人道机构愈发认识到，他们也需要就他们的行为，对他们尽力帮助的人负责，而不仅是对资助了他们行动的人负责。

可持续性原则

《行为准则》第八条称："救灾援助必须努力降低未来面对灾害时的脆弱性，同时满足基本需求。"[1] 这是对人类的善的可持续性的伦理关切。《行为准则》充分意识到，所有的人道赈济都会发挥比即时人道效果范围更广、时间更长的效果。对这些更广泛、更长期的效果负责，就要求各机构思考，他们的项目在现在和未来都会发生什么积极和消极的

---

[1] 【译者注】《行为准则》共有三个中译本，此处用更贴合原文的《环球计划手册》2014 年、2018 年版译本，有改动。

影响。第八条准则指出，积极影响尤其是指创造"具有可持续性的生活方式"，尊重"与环境相关的问题"，"减少未来的脆弱性"，避免长期的"依赖外部援助"。

这条原则考量到长期性，因而是最关切赈济结果的。这条原则认识到，即便赈济的首要意图是满足即时需求，但发生更广泛的影响还是不可避免的；因而这条原则坚定承诺，要为人道行动故意和非故意造成的效果负责。这条原则也明确，应有意地将赈济的许多结果导向积极方向，确保人们的生活比危机前更好，帮助他们预防未来的苦难。这项伦理可用比尔·克林顿对印尼大海啸提出的口号来概括："重建得更好"（Build Back Better）。正因为期待持续的进步和积极的结果，第八条准则要求人道主义者在工作时带有多重视野：要看到现在、不久以后和更远的未来。这条原则有很强的结果论色彩，提出了人道伦理中的两个要点：人道工作中可持续性的道德意义，以及在面对负面后果时人道责任的限度。

如果说人道伦理是要平衡各项原则，确保在紧急状况中仍有基本的善，那么我们能在多大程度上合理地期盼人道机构能够围绕多样的、复杂的善（例如多维度的可持续性）来设定目标呢？可持续性常牵涉环境保护、生计和生活方式，三者分别对应可持续性的三大支柱：生态、经济和社会。[①] 乍看之下，这是个庞大的道德规划，比人道原则在武装冲突和灾害中保全、保护人的目标要大得多。以长期问题的规模之大，可持续性果真属于人道伦理的范畴吗？回答必定是既属于，也不属于。说可持续性不属于这个范畴，是因为人道机构在伦理上并不关注环境、经济或生活方式的改变，这些并不是此类机构的首要意图，也不是它们的主要伦理关切。不能指望它们变成环境保护的机构。说可持续性属于本范畴，是因为伦理会演变、会发展。新的问题和新的道德意识会发生，曾经被认同的事情（如奴隶制、种族主义、厌女症）会随着理解的加深而失去认同。我们的伦理持续发展，意味着总会有新的态度和新的行为形式具备道德意义，由此建立新的职责和新的权利。环境可持续性就是

[①] 这是最早在1992年里约热内卢的联合国地球高峰会议上定义的。

一个获得了新的道德意义、对我们所有人都施加了新的义务的问题。

这意味着，人道机构并非环境机构，但仍要对环境负有职责。这样的职责并非其首要职责，也不与其人道主义目标同等重要，却是重要的附属伦理义务，且要对各机构实现人道主义目标的工作方式进行指导。一旦人道机构与环境发生关联，就必须合理地考量可持续性。尤其是在使用能源、消耗自然资源、开垦土地，或鼓励受影响的人群去做这些事的时候。

对环境的关切冲击人道伦理，最早是因为难民营和国内流离失所营地大量消耗木柴。大片地区因而发生了森林砍伐，而居住在这些应急聚居点周围的当地人原本是要倚赖这些树林来满足现在和未来的需求的。人们也很快认识到，救助物资包装、医疗垃圾和人道营地的一般垃圾都会引起严重的污染。因此，人道机构愈发需要思考其物资发放模式，尤其是食物赈济中的能源足迹。现已证明现金项目与直接的食物发放项目有同样效果，甚至效果更好，各机构就需要思考如何尽可能减少洲际航运，增加当地采购，使得供应链更短，实现当地生计可持续。非政府组织既然已经在办公室使用太阳能、电脑和移动电话，也应率先推进使用新型低能耗汽车。实现人道行业的"绿化"，如今理应是人道伦理的重要部分。

《行为准则》还指出了经济可持续性的伦理意义。过去二十年间，人道行动最重要的洞见之一，是由苏·劳泽等人提出的：好的人道行动应关注"拯救生命和生计"，或者"通过生计拯救生命"。① 这是因为让人们有尊严地活着的最好办法之一，就是保全他们的生计，让他们在身体上、社会上和经济上都得以持续。所以，"创造可持续的生活方式"也是人道责任，这与其环境责任类似，但并不等同。第八条准则对"可持续的生活方式"的关切，似乎主要是指经济和社会的可持续性：一个家庭的生计如何使他们得以生存，这种生计的投资和消费模式如何能够

---

① 见苏·劳泽的会议文章，Sue Lautze, "Saving Lives and Livelihoods: The Fundamentals of a Livelihoods Strategy", Tufts University, 1997, dl.tufts.edu/file_assets/tufts:UA197.012.012.00022. 【译者注】苏·劳泽（Sue Lautze），现任联合国粮农组织（FAO）总部应急与恢复部门的高级顾问。

延续这一代的生计，而不至于摧毁下一代的生计。

在这个问题上，在经济现实中，许多人道机构对于可持续性负有很直接的道德责任，因为各个机构往往通过修复旧有生计或发明新的生计的项目，有意地、显著地干预人们的经济生活。在这个过程中，第八条准则主张，各机构须通过"降低（人们）未来的脆弱性"和提高他们承受未来危机和打击的能力，来关注可持续性。① 在地震风险领域，这就可能意味着建造更坚固的房屋，倡导增进土地权利、改进建筑规程和更安全的城镇分区，这样在下一次地震发生时，人们会比从前更安全。在战争导致的饥荒中，这可能意味着通过建立条件更好的饮水点、提前设计好牲畜的去库存和销售策略，来支持牧民，以防其牲畜死亡，资产损耗，最终沦为赤贫。② 上述两类措施都意味着思考未来，做不止于拯救生命的事。在强调降低未来脆弱性时，现在的《行为准则》中精巧又低调地嵌入了"预防"这一道德性理念。第八条准则令人道行动做出短期和长期考虑，既关注拯救生命，也关注可持续性和预防。

显然，人道机构能够提供基本必需品。如果一个人饿了，人道机构可以只"给那人一条鱼"，如果人们无处可住，就"给一张过夜的床"。③ 通常这是件好事，尤其是一个机构无法做得更多，人们也不需要更多的时候。但如果人们需要得更多，机构也能做得更多，伦理的要求就变了。生计进入了问题视野，道德视界拓展，可持续性和预防成为人道行动中的重要道德原则。彼得·雷德菲尔德引用了一名无国界医生一线协调员的话来总结2004年乌干达北部的人道行动发生的道德转向：

---

① 《行为准则》中能力与脆弱性的话语来自前引 Mary Anderson 和 Peter Woodrow 的著作（Mary Anderson & Peter Woodrow, *Rising From the Ashes*: *Development Strategies in Times of Disaster*, ITDG, 1989），以及他们在20世纪90年代为红十字会与红新月会国际联合会设计的脆弱性与能力分析（VCA）框架。Pier Blakie et al, *At Risk*: *Natural Hazards, People's Vulnerability and Disasters*, Routledge, London, 1994 则使用了一个与此相似而更为精巧的灾害模型。

② 关于牲畜保护和可持续性的良好实践，查看牲畜应急指南与标准（LEGS），http://www.livestock-emergency.net/resources/download-legs。

③ "给鱼"一句引自舒马赫《小的是美好的》一书中谈基本可持续性的文章："如果你给人一条鱼，就喂饱他一天；如果你教他怎样钓鱼，他就能一辈子喂饱自己。""过夜的床"一句源自 David Reiff, *A Bed for the Night*: *Humanitarianism in Crisis*, Vintage, London, 2002, 使用了诗人贝尔托·布莱希特的意象。

"起先重点是不要死。后来就有了活下来的问题。"①

未来在道德上是重要的。人际关系中,如果我现在帮助了你,我就有了在未来也帮助你的责任牵绊。你保有我对你的责任作为你的道德资产,我则将对你的责任视为道德义务。这常见于友谊,朋友即便有好几年没有亲密来往,也会彼此寻求帮助。在现代商业中,这种持续的责任常体现为合同的形式,例如为你购买的汽车提供五年担保,你的电脑送修后再提供一个月的担保。责任会在未来持续,义务随着我们彼此的关系深化而增加。如果援助机构在战争中陪伴社区数年之久,他们就逐渐拥有了同样的视野,尝试在当下一起做可以持续到未来的事,如韧性规划和韧性项目。② 伦理从过去延伸到现在和未来。我们与人们一起做过的事、正在做的事,自然会给他们带来期待,期待我们会为他们的未来做什么事,期待我们在未来再次收到呼求会怎么做。人们有可持续的权利主张和义务。不过,这种对持续的、延伸到未来的人道责任的感知,看来在道德上是正确的,却也不能没有界限。一个机构对人们的未来所负的责任,须取决于机构当前的能力,以及现在它面临的其他服务呼求的相对重要性。机构责任界限的典型例子,是在农村人道项目中盛行的种子工具生计恢复包。在集中安置结束,农民因干旱或武装冲突遭受资产损耗以后,帮助他们恢复原有的农业生计——一个机构要干预一个家庭的未来,通常就只能做这么多了。从道德上看,种子和工具是非常实用的启动手段,对未来承担了有限的责任,在人们的生计可持续性中能发挥微小的作用。通常这就是一个机构能合理承担的了。但如果机构有能力做得更多,就应该去做。

第八条准则中明确警示了"依赖"的风险,须予以特别注意,这是所有助人行业的典型忧虑。演员害怕在舞台上忘词冷场;商人害怕资金耗竭;士兵害怕在战役中退缩;而人道主义者害怕被人们依赖,使人们不复主动性、愈发穷困。好的帮助会给人们重新赋能,所以,如果人们

---

① Peter Redfield, *Life in Crisis: The Ethical Journey of Doctors Without Borders*, University of California Press, Berkeley, 2013, p179.

② Hugo Slim & Miriam Bradley, "Principled Humanitarian Action and Ethical Tensions in Multi-Mandate Organizations", World Vision, Geneva, April 2013.

在人道工作过程中被剥夺了力量，完全依赖赈济，那就是其间出了严重的问题。

赈济运转不良导致依赖，当然是人道赈济所不希望的，大多数时候应被看作是赈济的失败。但并非所有的依赖本身都是错误的，并不是每一次运转出问题的依赖都要归咎于人道机构。人道主义学者区分了赈济中积极的依赖和消极的依赖。① 积极的依赖发生在"个人、家庭或者社区没有外部援助就无法满足自身的即时需求"②的时候。这种依赖如果能"促进福利"，保护人们不落入赤贫，就是好的。它显示出赈济实现了一种宝贵的道德目标。在没有有效的卫生和社会服务的国家，人们对外部赈济的依赖通常是真真切切且作用重大的。例如，饥荒期间，儿童在一所非政府组织的治疗性喂养中心挣扎着活下来，或者乌干达北部国内流离失所营地里的成年人通过美国资助的艾滋病毒项目治疗艾滋病，他们当然都依赖赈济。这些都是作用关键的、道德意义上可贵的依赖。

消极的依赖则是"满足当前的需求，却削弱了人们在现在和未来满足自身需求的能力"③。这种运作不良的依赖之所以发生，是由于赈济制造出了遏制食物和劳动力市场有效运转的因素，或是构成了遏制个人行为的因素：要是个人从事生计劳动所得太少，还不如等候赈济物资，这时人们就不再从事旧有生计了。有些消极依赖的发生，就是因为人道实践做得很糟糕，将赈济打造成吸铁石一般，将人们从自己的社会经济网络中拉出来，孤立地进入了纯粹的接收者角色，这就遏制了他们采用更主动的应对策略。如果没有合适的理由，这种做法就是道德上的失败。

运作不良、不合伦理的"赈济依赖"的风险和对此的恐惧，也可能被反对赈济的媒体评论家和焦虑的非政府组织鼓吹得过分了。绝大部分

---

① 下文对积极和消极依赖的分辨，来自 Christopher B. Barrett, "Food Aid's Intended and Unintended Consequences", Background Paper for FAO's State of Food and Agriculture, Cornell University, 2006, http://dyson.cornell.edu/faculty_sites/cbb2/Papers/MixedEffects-v2Mar2006.pdf。

② Christopher B. Barrett, "Food Aid's Intended and Unintended Consequences", Background Paper for FAO's State of Food and Agriculture, Cornell University, 2006, http://dyson.cornell.edu/faculty_sites/cbb2/Papers/MixedEffects-v2Mar2006.pdf.

③ Christopher B. Barrett, "Food Aid's Intended and Unintended Consequences", Background Paper for FAO's State of Food and Agriculture, Cornell University, 2006, http://dyson.cornell.edu/faculty_sites/cbb2/Papers/MixedEffects-v2Mar2006.pdf.

因武装冲突和灾害而受苦的脆弱人群，并不想依赖人道组织。其实他们和我们大多数人一样，也重视财务独立和个人自主。危机中，人们通常都会在多种生存策略中积极投入，形成针对大家庭的应对危机的投资组合方案。通常这里牵涉到劳动分工和某种形式的分摊风险。部分家庭成员从救助营地或定期救助物资发放中获益；其他成员留在距离家庭生计（农场、畜群、商店或前雇主）较近的地方，在机遇出现时尽力把握和利用；还有家庭成员远行打工，或者申请难民身份。有些人会用多次身份登记来欺骗赈济系统，这固然是不道德行为，但终归比无望地依赖赈济更有开拓精神。大多数遭受苦难的人都想要延续、恢复生活，而赈济很少会被当成一般家庭整体生存策略中的主要部分。

责信原则

《行为准则》第九条指出，"我们对以下两类人均负有责任：那些我们所致力于援助的人们，以及那些我们从他们那里获得资源的人们"。这条原则注重的是，人道机构须回应它们在道德上和资金上要负责的两种关键"选民"的合理期望：给出资金或赈济的个人和机构，以及收到这些资金或赈济的人们。根据这条原则的理解，人道机构是这两个群体之间的"联络人"，在一方的意图和另一方的需求之间起到实在的中介作用，对两方都要以"公开的和透明的态度"负责。这项原则认为，责信既和财务相关，也和"有效性""效果""限制因素"及最大限度地减少"对珍贵的资源的浪费"有关。这一条也明确了"我们的项目将建立在高标准的职业水准和专家水平的基础之上"。最后这一点很重要，因为这就表明，人道机构应预期自己会被作为专业的从业者而非作为好心的业余人来评判。如此就意味着，对任何有效性上的和财务报告中的失败，人道机构用以主张减轻自己责任的只有外部因素，即超出了它们专业控制能力的情境和状况。它们保证，自己会具备基本的技能和专长。

实证的伦理重要性

伦理中的责信非常重要。责信关乎为自己的意图和行为承担责任，所以它在人道行动中是极为重要的伦理原则，对任何个人或集体事业也是如此。责信要求有实证。各机构需要能够"知道并展示"它们的意图是什么、决策是什么、做了什么，以及因它们的行动而发生了什么结果。[1] 在确定道德责任时，实证非常重要，所以收集实证的过程是一项意义重大的伦理活动，应在人道伦理中阐述得更清楚。理想情况下，人道从业者需要在行动前、行动中和停止行动以后都收集实证。没有实证，就很难实质性地承担起责任。[2]

但怎样才是对人道行动可行的评估呢？武装冲突和灾害都有可能是极为混乱的事件，而在其发生的社会里收集有效信息的手段往往非常有限。不仅如此，人不可能总是知道一切的。所以，要实现人道主义的责信，就应在具体的情况中找寻最好的而非绝对的资讯，用以了解行动的结果。原因有两重：

一方面，有必要判定人道行动的效果，从而为因战争和灾害而受苦的人改进目标选择方案和项目运作过程。责信的这个方面就是指机构对已经做过的事情负责，并从中学习，提升机构未来的能力。

另一方面，各机构都须做到向工作涉及的社区，以及基于人道主义目的提供了资金支持的个人和组织反馈报告。目前向人道机构支付的款项被错误地描述为捐助和赠予。在会计账面的意义上，这可能是赠予，但就其伦理意图来说，则大大超出了赠予的范围。这样的款项是对人道工作的专门投资，并高度期望获得某种特定的回馈。[3] 在陈述和讨论这

---

[1] "知道并展示"的责信原则来自联合国工商业与人权指导原则。关于对非政府组织责信的完整讨论，参见 Lisa Jordan & Peter van Tujil eds., *NGO Accountabiliti: Politics, Principles and Innovation*, Earthscan, London, 2006。

[2] Paul Knox-Clarke & James Darcy, *Insufficient Evidence? The Quality and use of Evidence in Humanitarian Action*, ALNAP, London, 2014.

[3] 人道行动中围绕"捐助者"和"赠予"发生的话语，许多并不准确，对想要加入某个具体投资过程和结果的个人和组织来说，也没有助益。

种人道回馈时，须将其视为投资人和代理机构之间的道德合约。

简言之，如果人道机构对于自身正在做什么不能掌握有用、有意义的事实，就会产生把事情做坏、辜负了信任和投资组织的人的道德风险。

要评估行动效果很复杂。在人道行业，对于如何最好地衡量及报告行动结果，当然有深度的讨论。讨论已从简单的量化衡量人道投入和产出，如计算发放食物的吨数或拯救生命的数量，转向更细致的对人道成效（outcome）和长期影响（impact）的评估。排在第一位的责任是记录量化指标，这确实是非常重要的，且需要集中报告。这些是即时性的结果，直接指向人道行动保护人类生活的基本目标。各机构需要尽可能知道其活动和物资发放的细节，以及关系到人的生命和健康的即时结果。而接下来的责任是评估人道行动更综合的影响，这就更加复杂了。人道行动更广泛的效果，包括意料中的和意料外的，在道德上都是重要的。《行为准则》从积极和消极两方面描述了这样的效果，也明确了仅仅拯救生命在人道行动中是不够的。例如，尊严、能力建设和韧性都是更广泛的积极影响，在人道行动的意料之中；而丧失尊严、增加暴力行为风险、环境损害等消极影响，也属于行动的广泛影响，也同样重要。

通常很难精确地评价影响。乐施会的克里斯·罗赫等人很早就指出，评估影响时，实证是一个很大的问题，涉及测量、归因、汇总、所有权的问题。① 在一项具体的工作中最适合测量的是什么？测量这些事情的难度有多大？一个机构如何将其干预活动与"反场景"相比较，例如比较干预和不干预，或者把现行干预方式与另一种干预方式比较，从而进行测量？某些成效（例如改进了健康和安全，或增加了危险）应多大程度上直接归因于机构的行动，还是归因于其他行为主体的行为？一个机构如何将其各种不同工作（治疗性喂养、国际倡导、能力建设）叠加、汇集在一起，评估其整体影响？当职业生涯和机构声誉都倚赖成

---

① Chris Roche, "The Seemingly Simplicity of Measurement", in Horton and Roche, *Ethical Questions in International NGOs*, op. cit. 【译者注】克里斯·罗赫（Chris Roche），2002—2012年在澳大利亚乐施会工作，现为乐卓博大学（La Trobe University）发展实践方向教授和发展领导力项目（DLP）副主任。

功，有谁愿意认领在影响上的失败？这一切意味着，评估影响在技术上和政治上都很困难，但各机构须尽力去做可以合理做到的，指出还不能确定的。仅仅报告投入和产出数字是不够的；必须尽可能评估成效和影响，人们也有权利在事前和事后得知意料中和意料外的结果。我们会在第八章看到，好的伦理思虑，是发挥各种广泛影响的第一步。

性价比

性价比（value for money）是人道伦理的一个重要方面，关系到《行为准则》所关切的不浪费珍贵资源。这又是一种正确的道德直觉，是人道伦理中一项基本原则，在生活的各个方面也是如此。亚里士多德写到医疗实践时的著名说法是，只有两种类型的差错："差错或者出在推理上，或者出在做事时的感知方面。"[①] 与此类似，人道行动中也可能发生两种浪费：一种是因为计算错误，另一种是因为粗疏大意。因粗疏大意而犯的错误不如相对价值的计算错误那么复杂。例如，如果一个联合国机构在刚果东部炎热潮湿的地区有大量的疫苗库存，但没能将这些人道资源保存在最适合的冷藏条件下，结果疫苗全部失效，那这个机构就因为粗疏大意而浪费了珍贵的资源。如果一个非政府组织在索马里因为安保设施过分宽松而在现金救助项目期间被小偷窃走了五万美元，这也是一种因粗疏而发生的浪费。而计算性价比会比较复杂，需要更多地以结果为导向思考如何最好地使用资源。例如，一个机构是将资金投放于国内流离失所者营地中两千名营养不良儿童的高成本治疗性喂养项目，还是做一个快速的市场干预，将差不多数量的现金交给地方商人，让他们为本地区购入食物，降低本地价格？哪个做法能更好地实现人道主义价值？第一个方案能拯救两千名儿童，第二个方案能触及一万个有营养不良儿童的家庭，能解决成人和婴儿的营养不良，并预防流离失所

---

① 亚里士多德：《优台谟伦理学》，徐开来译，载苗力田主编《亚里士多德全集（第八卷）》，中国人民大学出版社，1992年，第379页，通用编码1226a35-37。【译者注】此处根据徐开来译本，参古希腊文修改。

再度发生。

牛津的哲学家托比·奥德写了一篇讨论全球医疗保健的成本效益的文章，开头就举出一个特别鲜明的性价比决策例子：

> 假设我们有四万美元预算，可以按我们认同的方式用于应对失明问题。我们可以做的一件事，是为美国的一个盲人提供一条导盲犬来帮助他克服障碍。这样要花费四万美元，因为狗和接收狗的人都需要培训。另一个选择是将这笔钱用于在非洲做逆转沙眼后果的手术。每位治愈患者的成本低于二十美元，能治愈两千多位失明的人。①

奥德指出，如果我们把人们都看作具有同等道德价值的人，那么选第二种就比选第一种好两千多倍。第一种做法会浪费掉那四万美元中百分之九十九点九五的潜在价值。这之所以是一个极端的例子，是因为完全可以反驳说，美国的医疗预算首先对美国公民负有道德义务。但是在人道项目运作和责信中，就必须用到奥德式的功利主义思考。显然，有些人道干预活动会比其他活动提供更好的价值，在条件允许时，就该优先做这类活动，或者在确实应该对某些个体做出成本更高的干预的时候，也须将这类优先活动列入其他一系列干预活动之中。在根本上，性价比是在不同人群之间分配资源时的公平性和平等性的问题。按成本效益的要求，我们要考察，在许多需求相似、资源却有限的时候，什么才是最合理的行动方向。如果我们疏忽了对性价比的追求，就可能会违反公正原则而发生歧视——偏向一个小群体，使其接受高成本、低成效的干预，而其他群体得到的却很少，甚至被完全忽视。

英国政府对赈济性价比的考量可能是最容易理解的。英国国际发展署强调"三个E：经济（economy）、高效（efficiency）、有效（effectiveness）"，以此指导高性价比的决策。② 最便宜的当然不一定就是最好的

---

① Toby Ord, "The Moral Imperative Towards Cost-effectiveness in Global Health", Centre for Global Development Essay, March 2013, www.chdev.org/content/publications/detail/1427016. 【译者注】托比·奥德（Toby Ord），牛津大学哲学高级研究员。

② "DFID's Approach to Value for Money", July 2011, http://www.gov.uk/government/uploads/system/uploads/attachment_data/file/49551/DFID-approach-value-money.pdf.

价值，但必须衡量不同项目的相对成本与效益。在 2011 年索马里中南部的饥荒中，数十万人最基本的优先事项是获得食物。因通行受阻严重，大规模的食物发放项目成本高昂，效率低下。联合国儿童基金会的汉南·苏里曼没有等待通行问题改进，而是牵头成立了一个创新的非政府组织联盟，通过索马里银行业的哈瓦拉网络①对该地区输入了 9 200 万美元的现金。食物和现金转移支付都到得太晚，没能挽救在饥荒中死去的 25.7 万人，但现金转移支付确实是成本效益更高的响应办法，比简单地发放食物包更经济、更高效、效果更广泛，且鼓舞了索马里妇女获得更大的自主权和参与度。虽然有小部分资金被误用和滥用，但腐败的程度还是低于食物等实物赈济的腐败。② 因此，设计项目和做项目报告时考虑性价比或成本效益，是根据人道伦理提出的意义重大的要求，也是《行为准则》第九条中不可或缺的部分。

人道利益相关方

《行为准则》强调面向两端的责信，关注两种类型的利益相关方，有时可被称为向上的责信（对捐助方）和向下的责信（对接受援助的人）。③ 然而这样描述出的垂直关系带有等级的意味，所以最好避免使用。比较好的做法是只谈对投资者的责信和对接受者的责信。

目前在《行为准则》中对责信的二元倾向并不完全是现实的。人道

---

① 【译者注】哈瓦拉（Hawala）是一种与现代银行金融渠道平行并存的非正式汇款系统，源于阿拉伯地区和南亚地区。

② Kerren Hedlund et al, "Final Evaluation of the Cash and Voucher Response to the 2011-12 Crisis in Southern and Central Somalia", Humanitarian Outcomes, UNICEF.【译者注】关于文中提及的"妇女自主权和参与度"的效果，这里引用的 Kerren Hedlund 等对该项目的评估报告指出，在实施这个现金发放项目之前，家庭中的丈夫管理钱财，妻子负责采购；在现金发放项目之后，一半的受访妇女表示她们对家庭里的钱有了更大的控制权，她们的丈夫也开始认为"妇女也能管好钱"；63%的受访妇女表示她们在项目之后减少了对丈夫的倚赖，能够参与家庭事务讨论了。

③ 这是非政府组织管理责任组织（Mango）制作的非政府组织财务管理指南在"责信"一节里使用的术语。【译者注】Mango 在 2017 年 7 月与另外两个智库机构合并成 Humentum。现在这部指南有关责信的一节可见 https://www.humentum.org/free-resources/guide/accountability。

组织当然必须对赈济的投资人和接受者负责，但也不仅对这些群体。它们还须对负责治理其工作地域的地方和国家政府负责。它们也要对它们决定不去帮助的人负责。在实践中，解释为什么部分个人和群体不会得到赈济，占据了很多一线人道工作者日常工作的大部分时间。各机构在策划互相补充的项目、开展集体行动的时候，也须对彼此负责。实际上，相比目前第九条准则中陈述的两端责信，人道主义的责信更是一种360度的责任。

话虽如此，在机构与其投资人、机构与其帮助的人之间，确实有更密切的道德和实践关联。在论及责信时，确实应该特别关注这两种关系。理想情况下，投资者、机构和接受者都在深层次上共有人道主义原则所描述的人道主义目标，他们也都应当能够在口头和书面的监测和评估报告中公开透明地向彼此发言。要做到这样，需要所有方面的诚实和合作；但坦率地说，这是很难实现的。

捐资机构、人道机构和需要赈济的人在更广泛地操心项目整体如何运作之外，还往往持防御态度，竭力争取己方利益的硬核问题。就我经历过的而言，捐资政府官员很少能够做到像他们要求其他方的那样透明。联合国机构的选择性报告也是出了名的，因它们要尽力保全地盘、职业生涯和声誉。非政府组织对不良报告满怀警惕，因为这会大幅影响其收入，危及组织生存。受冲突或灾害影响的人则很难凭表面价值去对待任何评估和评价性访谈，他们自然会考虑访谈是否会在当下或未来影响他们收到的赈济。并非只有人道行业会遇到这样的诚信问题，但这种政治上的现实主义如此普遍，结果是人道主义的责信很难落实，这也解释了为何在人道行动的国际系统中责信的重要性仍然只是门面上的装点，未带来真正变革。责信和评估通常被推给社会科学家和联合国机构及非政府组织中侃侃而谈的责信官员。他们常用复杂的技术重新建构责信，从而模糊了承担责任的伦理重要性，也就模糊了讲真话这种更大的政治性问题，而这原本非常简单。

即便不讲真话已成根深蒂固的问题，在人道主义责信方面还是可以做到一些重要的事情。这些事情是可行的，所以必须做到。财务，可以也应该按高标准进行追踪和审计。部分关键的人道成效，可以在每个项目中顺着利益相关方的链条一路取得共识，从接受者和执行机构开始（这两方意见合在一起，最能定义何为积极成效），再到地方当局、国家政府、其他的合作机构和捐助方。这些成效可能很简单，如明确的食物安全措施、健康状况目标、安全等级、尊严指标和赈济触达的人数。有了明确的成效目标，就可以判断投入和产出的效率，也就有可能从总体上来看项目的有效性。

对人道主义原则的责信

任何一种人道主义责信的基本，都是要认识到项目须符合人道主义原则。在任何行动中都履行人道伦理，本身就必须是衡量有效性的基本内容，以评价项目在多大程度上做到了人道、公正、中立、独立、予人尊严、可提升能力、有参与性、有可持续性。不可思议的是，人道主义的评估极少要求考察具体的伦理责任，而往往纠缠于取得多方同意的事件叙事，估量及时性、连接性和效率，却忽视了伦理。[1]

人道主义责信中还有一种倾向是不可接受的：绝大多数的关注点都在对捐资者的责信上。这也不奇怪，因为目前，比起对接受者的责信来说，捐资者的要求会伴随更多的政治性压力、更多的财务风险和多得多的官僚体系工作。人道主义的历史发展至今，更能让一位人道执行总监彻夜难眠的，始终是丢掉一个大捐资者的风险，而不是心怀不满的赈济接受者可能发起暴动或者一个社区可能抵制本机构的赈济。矿业企业的执行总监担心的就与此相反，也许人道总监的态度也很快会不一样了。不过，这种文书工作中大幅偏向向捐资者汇报的现象也可能说明许多人道机构对接受者的责信已经做得很好，一直在做，只是没有写出来。也

---

[1] 许多年来，理解人道主义责信都主要使用经济合作与发展组织发展援助委员会（DAC-OECD）的框架。见 ALNAP, "Evaluating Humanitarian Actions Using the OECD-DAC Criteria: An ALNAP Guide for Humanitarian Agencies", ODI, London, 2006。"好的人道捐资原则"（The Principles of Good Humanitarian Donorship）更关注伦理，但很少被综合地用于日常的评估活动中，见 http://www.goodhumanitariandonorship.org/gns/principles-good-practice-ghd/overview.aspx。

许这是写在他们基因里的，比对捐资者的责信来得更自然。

好的人道从业者会花许多时间解释他们在做什么、为何这样做。大多数一线工作者得向个人和社区领袖不断解释项目的理路，解释决策的缘由，解释赈济对象及选择标准。人道主义者现在更善于将这种信息共享正规化了，他们开发了适用于当地社区的报告方法，设立了常规的申诉程序。这些更正式的责信实践，许多是根据《环球计划标准》发展而来的。《环球计划标准》明确、公开地将人道成效和责信程序落到实处。环球计划的核心标准的其中两项（第一和第五项）坚持以人为中心的项目运作，让赈济接受者参与项目管理，并监测项目表现和评估。① 人道主义责信计划（Humanitarian Accountability Project，HAP）提出的七项责信原则要求其成员机构实现对接受者的责信，同样是关注明确的标准、有力的沟通、参与以及投诉程序。②

《行为准则》《环球计划标准》和人道主义责信计划中的责信原则都很可靠。人道从业者和评论家们却仍在进一步思考，人道行动中存在一种记者迈克尔·詹宁斯所说的不合伦理的"责信亏损"，或者用学者佐伊·马里奇的话来说，在赈济所说的和赈济所做的之间存在深刻的"认知不协调"。③ 如果是这样，就说明在现行的人道主义责信结构里有两处结构性弱点，致使这个结构在伦理上容易发生损害。

第一处结构性弱点，如爱丽丝·奥布雷希特指出的，人道主义的评估和责信都使用"委托—代理"模式，由委托人（通常是政府捐资方）评估代理人（人道主义机构）。更好、更合伦理的，应该是一个能对人

---

① 环球计划核心标准，见 http://www.spherehandbook.org/en/how-to-use-this-chapte.【译者注】该网址因网站改版已不能使用。在2018年版的《环球计划标准》中，原"环球计划核心标准"替换为2016年发布的"核心人道主义绩效与责信标准"（CHS）。地方社区和人群参与决策、监测、评估的内容，集中体现在该标准的承诺四和承诺七中。该版《环球计划标准》及其中核心标准的中文版见 http://spherestandards.org/wp-content/uploads/Handbook-2018-SimplifiedChinese-1.pdf。

② HAP 的责信原则，见 http://www.hapinternational.org/pool/files/english-march-2010.pdf。

③ Michael Jennings, "NGOs Must Address Their Accountability Deficit", http://www.theguardian.com/global-development/poverty-matters/2012/feb/09/ngos-accountability-deficit-legal-framework; Zoe Marriage, *Not Breaking the Rules, Not Playing the Game: International Assistance to Countries at War*, Hurst, London, 2006, pp10-12.【译者注】迈克尔·詹宁斯（Michael Jennings），卫报记者，伦敦亚非研究学院高级讲师。

道行动整体的和具体的干预活动都做出"道德评价"的报告和评估系统。① 这正是奥布雷希特和尼可·别斯基都推崇的"使命责信"（mission accountability）观念，这个观念是人道主义责信应当主要强调的，尤其要去关注需要人道帮助的人们经历了什么。② 在最根本上，"使命责信"关系的是各个机构的人道合法性。人道行动只有在积极、有效地追寻自己宣称的伦理目标时，才具有合法性。这种以使命为核心的道德评价只有一次是很好实现了的，即对卢旺达大屠杀响应进行的全系统评估。③ 这样的评估还应该做得更多。然后，才能依据人道行动多大程度上实现了人道主义目标，多大程度上在过程中践行了价值，如何对间接伤害、复杂性、道德诱惑等具体的伦理挑战（第九章将对此进行辨识）做出决策和反应，进行恰当的评价。简言之，人道主义的责信更应关注原则，而非关注委托人。

人道主义责信的第二处结构性弱点在于规制（regulation）。人道行动基本上是自愿性的、自我约束的。没有任何一方，无论是捐助者、机构、地方当局或接受赈济的社区，会受到真正的外部审查，没有人会真正地审查他们是否及如何尽量用好赈济，是否及如何遵从人道法、应用人道主义原则。④ 这种情况，对一个不停扩张、在许多国家都至关重要、已成为国际关系和全球治理重要内容的行业来说，愈发难以维系。在人权领域和运作公共事业的商业领域，都有实证表明，独立的调查员、监察员或官方监管机构都能给一个行业带来更高水平的责信和进步。人道

---

① Alice Obrecht, "Getting it Right: An Account of the Moral Agency of NGOs", PhD Thesis, London School of Economics, September 2011.【译者注】爱丽丝·奥布雷希特（Alice Obrecht），现任人道主义智库机构 ALNAP 的研究与影响力总监。

② Nicole Bieske, "The Accountability Challenge: To Whom and For What", *Journal of Multicultural Society*, vol. 3 (2), pp1–31, Omnes, Seoul, 2012.【译者注】尼可·别斯基（Nicole Bieske），曾任多个国际人道主义机构的高级领导者，现任透明国际（Transparency International）澳大利亚全球项目总监。

③ The Joint Evaluation of Emergency Assistance to Rwanda, 1996.

④ 一般的成熟民主体制里对政府人道赈济支出的独立监管更加关注的也是战略一致性、效率和赈济的性价比，而非对赈济的伦理和有效性做更细致的检查。可参见英国国际发展署对 2011 年非洲角响应行动的独立评估，http://icai.independent.gov.uk/wp-content/uploads/2012/09/ICAI-report-FINAL-DFIDs-humanitarian-emergency-response-in-the-Horn-of-Africa1.pdf。

行动也应采用一些同类机制。大家需要某种形式的官方公共中介人，对接受赈济的人群、各个政府和赈济机构之间围绕赈济发生的政治性契约进行监督。

有效性与日常伦理

上述的基本人道主义原则规定了人道从业者专门的角色责任。但也有一些通用的专业化原则，适用于所有为公共利益而开展的人类活动。这些通用的良好管理原则要求工作要既有效，又有道德。在伦理中结果很重要，只是关切他人、奉行人道主义，是不够的。你必须尽己所能地关切他人，做到人道主义。关于管理的原则就包括个人的诚信，以及一种强烈的、要将事情做到最高标准、最符合你服务的人群的利益的专业伦理。这首先是一个专业胜任力的问题。

如果人们的生命依赖一种职业，身处这个职业的人就必须非常严肃地面对自己工作的效率和有效性。在人道行动中，如同许多其他的行业，工作管理不善是不合伦理的。因组织本身的原因（而非超越组织控制力的情况）而发生效率上和有效性上的失败，会对其服务人群发生可预见的有害后果。这样的失败发生后就需要加以调查，随后通过好的领导力和好的管理加以纠正。整本《环球计划标准》，包括其核心标准和专门的技术标准，都在明确高质量的人道行动落在实践中有何表征。在《环球计划标准》之外，多数机构都根据自己的专长，制定内部的技术响应标准，以及良好管理的专门标准。良好管理的过程，就是一个人道机构日常伦理的全部内容，大多数人道工作者在工作日里奔忙，也是在此过程中实现"将事情做好"的要义。

针对人道行动中的专业胜任力，已有好几种初步概述的方案。目前虽然对各种方案仍有争论，但也可以识别出，人道行动为了实现高效、有效，应当在日常管理中特别注重十项关键行动原则。① 其中如集体行动和性价比等原则，已经在前文讨论基本原则时强调过，它们或隐或显地包含在《行为准则》之中。

1. 人道主义的纯正品格（integrity）：每一个人道从业者都应真心追寻人道主义目标和原则，并贯彻在他们做出的行动决策、向他人表达自己、表现所在组织的方式之中。

2. 集体行动：有意愿和能力与其他开展或支持人道行动的组织联合起来，实现规模化、高效分工、覆盖面扩大、互相补充和更好的表现，以在给定情况下实现最大化的人道主义效果。

3. 适切：对人道物资和策略的选择和应用，都应符合给定情景中的目标，并准确地满足所有不同类型的受影响人群的需求。

4. 灵活与机动：在不断变化的情景中为了更好地满足变化的需求而产生的行动愿望，随时准备并能够适应和创新。

5. 及时：既有意愿也有能力理解人们各种需求发生的时序性，据此在人们需要之前，或在需要的时候及时发出物资或启动项目。

6. 效率：具有愿望、资源和能力在运作一个组织或项目时用最少的时间、花销、资源和人员实现最好的效果。

7. 性价比：对旨在实现同样的或极为相似的成效的不同人道干预活动进行比较，并选择以最少成本为最多人实现最大价值的干预活动。

8. 尽职调查：对你所在机构的政治、商业和人道供应链条和递送网络中的个人和组织进行充分的伦理、利益、风险和专业可靠性调查，并依据收到的信息开展活动。

9. 做好雇主：在可用范围内招聘并保留最好的员工，尽职、公正、尽你最大能力让员工得到培训、支持、保护、奖励和休整，让他们能够最大程度地发挥作用。

---

① 所有这些关于管理的原则，除了人道主义的纯正品格和尽职调查外，都是"OECD-DAC 人道评估指南"、23 条"好的人道捐资原则"、赈济人组织（People in Aid）的"管理支持赈济工作人员的良好实践准则"（Code of Good Practice in the Management and Support of Aid Personnel），以及最新的"核心人道主义绩效与责信标准"（CHS）中明确指出的有效人道行动的关键因素。这个清单及其中的定义是我自己撰写的。

10. 学习与提升：时刻准备也有能力从自己当下和既往的工作，以及其他机构的工作中吸取教训，从而显著而规律地改进你的组织，使其能够更好地实现在现在和未来需要你的组织提供服务的人群的利益。

人道行动真正的有效性，要通过在具体情景中尽可能成功地结合基本原则、管理原则和《环球计划标准》而实现。只有这样，人道行动才履行了它所有的伦理义务。设计和实施一个符合原则、有效、高质的人道项目，必定是行动成功和伦理成功的标志。相反，如果一次援助行动是用昂贵的进口食物非常有效地缓解了一群妇女儿童的营养不良，又不曾让妇女、儿童或其家庭中的男性加入项目的设计和管理，这次行动在深层次上是有问题的。它可能缓解了一个群体的营养不良，但并不是人道主义的成功。这种行动是不合伦理、不完整的。

可持续性和责信这样的管理原则均强调有效性，无论怎样理解人道主义的成功，这两项原则都极为重要。目前我们已概述过人道伦理中所有的主要原则，下一章将探讨人道伦理的总体特点，看如何将其与其他应用伦理体系相比较。

第六章
人道伦理是什么样的伦理

我们已在前面的章节里看到，人道伦理在现代的阐发是呈现为一个基于原则的伦理体系。通过这些原则，人道行业用理想的语言向世界描述了自己。本章则要将人道伦理领域推及其原则之外，借此理解人道伦理应用于实践时的实际形态和特点。从更广阔的视角来看人道伦理就可见得，人道行动的伦理关切在任何冲突或灾害中都会在不同的层次上、在好几个领域中起作用。同样显而易见的是，在实践中，人道伦理并不是简单地落地应用，而是一种"挣扎的伦理"①，现实主义多于理想主义，它采纳了一种专属于角色的道德，也在其早期的原则和规则之外，愈加转向一套权利的意识形态。

人道伦理的不同层次

人道伦理涉及三个层次大为相异的实践：私人的、行动的及战略的。

• 私人伦理：作为医师、社会工作者、供水工程师、保护工作官员或生计工作专家的人道工作者，经常会处理非常个人化的生存和尊严问题，与成人和儿童个体、与家庭和小规模邻里发生密切联系。这个层次的实践关切的是正经历苦难的人类个体的最大利益，关切找到即时解决

---

① 【译者注】原文为"An Ethics of Struggle"。"Struggle"同时有极力争取某一目标、与对手斗争、在困境和矛盾中挣扎等多种含义，这些含义也都在作者陈述的人道工作情境中存在。因此，本章根据中文语境灵活地处理这个词的译法，并用着重号来标识。

其苦难的办法。人道伦理的这个私人化领域产生了一系列个人照护挑战：人道实务者个体须面对面地与受影响的个体一同工作，为了他们的最大利益，找到最能满足他们需求的，往往还很急迫的实际办法。

● 行动伦理：人道领导者作为项目管理人，须在安置营地、地区、次大区的层次对整个区域的行动做出选择和决策。这些选择牵涉到各种组织性的问题，如做什么，如何做最好，与谁一同协作。行动领域还更可能涉及最好的组织平台、合理的资源分配这样的组织性问题，以及与政府、武装团体、其他机构和当地非政府组织合作这样更加政治性的问题，也涉及员工关怀和安全的重要问题。

● 战略伦理：作为国际组织领导者的人道负责人要做出全球战略抉择，涉及资金优先方向、项目地理范围、政治性的和交易性的协作。这个层次关系到机构利益和目标。战略领域是人道伦理中最边缘，但可能也是影响力最大的领域。其中要决定机构优先事项、目标设定、资源分配、战略焦点和机构文化等大问题。这些问题还要结合对合适的政治合作伙伴关系、与资助人的战略关系、传播人的需求的决策综合考量。

伦理实践的不同层次在任何大的组织和企业中都存在，显示了人道伦理中各种实践挑战范围之广。而其中最大的挑战是，每一实践层次的人道主义者都要对其他层次的伦理挑战保持敏感。

政治性的行业现实

人道主义原则展现了理想的人道行动如何在武装冲突和灾害中拯救和保护人的生命。许多机构网站的陈述和培训项目的课件都提出，尊重公正、中立、独立等主要原则，人道行动的核心道德价值（人的生命和个人尊严）就可在实践中实现。然而，任何一个人道工作者都会告诉你，一离开人道主义原则的课堂，开始在实地工作，人道主义理想即刻摔进政治现实。①

政治是人道行动的竞技场，人道伦理很快就得被推进政治的进程，要遵守原则就不那么容易了。在政治的竞技场中，人道伦理还得处理自己各个实践领域的专门伦理。除了要做出政治判断，也经常因为做出了政治判断，就还要艰难地做出在医疗、食物安全、供水、卫生、生计、紧急时期教育、保护和社会工作等专门领域中支援众多个体的选择。大多数人道工作者得又做政客又做技术专家：既谈判争取政治空间，又决定如何最好地满足人们的生存需求。

人道工作同时具有政治性和跨领域性，这意味着，比起《行为准则》《人道主义宪章》《环球计划标准》等宣言式的伦理文本所正式认同的内容，人道伦理其实是一个更加复杂的伦理领域。在现实中，人道行动的实践实际上结合了政治伦理、医学伦理、经济伦理、社工伦理、供应链与物流伦理，以及任何回应人的需求的领域的伦理。人道伦理也是多层次的，在通过大型国际组织进行全球扩张的同时，又在社会中非常不同的各个层次发生作用。人道行动的天然领域有机地延伸着，从纽约的联合国总部延伸到一个国内流离失所者营地的坑厕，从日内瓦的会议延伸到战地医院里对伤者的检查。

一种现实主义的伦理

西蒙娜·薇依热切地感受到，"矛盾是真实的尺度"。当我们发现自己处于明显的矛盾之中，可能就是狠狠撞上了现实，因为现实几乎不会非黑即白，通常都是混杂难解的。人道行动确实在每次工作中都经历理想与政治现实的混杂。人道伦理长期以来都挣扎于这样的矛盾：在世界上一些最极端的政治环境中，努力实现非政治化。自然地，人道主义者在此就是遭遇了一种矛盾——狠狠撞上了现实。在人道行动中不可能回

---

① Hugo Slim, "Idealism and Realism in Humanitarian Action", ch1 in *Essays in Humanitarian Action*, ELAC and Kindle Books, 2012.

避政治，回避政治的结果也不好。为了在实地落地活动，各机构要与政治主体谈判获取政治空间。要做人道工作又不政治性地工作，是不可能的。想象人道主义者可轻易获得许可，遵循着原则，尽可到他们要去的地方做他们要做的事，那是做梦。恰恰相反，人道行动一向受政客的阻碍、限制、操纵；人道主义者须从事政治，做出妥协，好在政客之间工作。人道行动也正如政治一样，很快就变成"可能性的艺术"和扩张可能性的艺术。① 除了私人伦理，人道伦理全都关乎政治伦理。人道主义者工作于其中的政治竞技场要求他们，要想部分实现同情和照护的理想，就得在政治上持现实主义态度。在当今运作的所有机构中，无国界医生是对这一事实表达得最明确、最坦诚的。②

长久以来，政治伦理都涉及理想主义者和现实主义者的斗争。今天在政治理论中讨论这种差别时，将之作为理想理论和非理想理论的差别。③ 理想理论设定的是世界应该是什么样的，可以合理地实现成什么样，然后将这一图景设为政治家的目标。例如民主和人权的理想理论，在政治中就起到启迪和"开处方"的作用，设定了一个理想自由社会应当落地构建的蓝图。非理想理论者则否认这种理想主义的实践可行性，认为它根本不现实。他们并不将完美社会塑造为一种可能的现实模式，而是强调要从世界实际是什么样的出发，用理论阐述在这样的世界中实际可能做成什么。在他们的政治伦理中，现实主义者更偏向在真实世界可能性的"可行集合"中比较各个选项，而非不惜代价追求在当下情况中不可行的"先验的"正义模型。④ 对现实主义者来说，政治永远是在一个不完美世界中促使尽可能多的好事"实质化"，而绝不是在完美世界中做提前设计和引导。

英国哲学家伯纳德·威廉斯曾批判理想主义政治是过度简单的政治

---

① 这是奥托·冯·俾斯麦对政治做的著名定义。
② Clarke Masone, Michael Neuman & Fabrice Weissman eds., *Humanitarian Negotiation Revealed: The MSF Experience*, Hurst, London 2011.
③ 见 Zofia Stemplowska & Adam Swift, *Oxford Handbook of Political Theory*, Oxford University Press, Oxford, 2014 中对"理想和非理想理论"的概述（pp373-389）。我的解释以此为根据。
④ 对理想主义和非理想主义政治理论的讨论很多都是在对约翰·罗尔斯理想化的《正义论》批判中自然出现的。

"制定模式",政客决定了道德正确之事,就指望在实践中一一实现。威廉斯指出,在这种制定模式中,"政治理论系统地表达原则、概念、理想和价值;而政治则试图通过劝导、权力的运用以及诸如此类的手段在政治行动中把它们表达出来"①。对威廉斯来说,制定模式的弱点是它赋予了"道德对于政治的优先性",政治就变成了仅仅是"应用的道德"。而政治实际上是要保证秩序、正当性和"合作的条件"的艰难斗争,这都要先于道德协议。威廉斯将制定理论的"政治道德主义"与"政治现实主义"中更准确、更优先的过程进行了比较。

人道伦理就居于这种人道主义理想和政治现实的张力之中。它自有理想,却很快撞入现实。在大部分武装冲突和灾害中,人道行动并不像明确的政治道德,不是一个可以按常规轻易应用或制定的简单伦理目标。相反,它是一种根本的道德理想,必须在非常不理想的环境中,在掌权者将极大的优先性给了长期政治目标或彻头彻尾的反伦理目标的条件下,极力为这理想争取。政治的制定模式在人道行动中并不真实。在国家政治的高涨激情和地缘政治精心计算的大战略中,伸手挽救一条生命这样简单的善很快就遭到挑战、限制、妥协。威廉斯指出,在战争中拯救数千人和救起一个在运河中溺水的人虽然都出于同一种道德冲动,却属于不同的伦理范式。② 另一位现实主义者威廉·高斯顿进一步阐发了这一点:"个人的救援不改变其他事物的原貌:向溺水的人扔下一根绳子并不需要也并不会重组社会关系,在救人者和被救者这两极之外不会发生责任。"③ 而另一方面,显然规模化的人道主义的伦理并不是像私人照护一样,是一种存在和运行于政治之外的简单而独特的伦理——并不能将针对个人紧急状况的照护成规模扩大用到公共紧急状况中去。实

---

① 伯纳德·威廉斯:《政治理论中的现实主义和道德主义》,应奇译,《马克思主义与现实》2011年第3期,第95-102页。【译者注】伯纳德·威廉斯(Bernard Williams,1929—2003),英国哲学家,主要领域是伦理学、知识论、心灵哲学和政治哲学。

② Bernard Williams, "Humanitarianism and the Right to Intervene", in *In the Beginning Was the Deed: Realism and Moralism in Political Argument*, Princeton University Press, Princeton, 2008, pp145-153.

③ William A. Galston, "Realism in Political Theory", *European Journal of Political Theory* 9 (4), Sage, 2010, p392.【译者注】威廉·高斯顿(William Galston,1946—),政治理论家,任教于马里兰大学公共事务学院和哲学与公共政策中心。

际上，人道伦理在扩展到国际组织、大量资源和极端政治环境中去以后，它与政治伦理的关联也就和它与宗教、人文、医疗和关怀伦理的关联相差无二了。

人道行动是在其他人的政治语境中追寻某些目标，因此首先是在政治领域里执行，甚于在其他领域。人道伦理天然地居于政治的范畴，而不仅仅是医疗、营养、卫生、经济或社会工作的范畴，这些只构成了其实践的不同领域。成规模地做人道工作，就是在做政治。后现代伦理学家齐格蒙特·鲍曼也像政治现实主义者一样观察到"将道德洞见和冲动延伸到广大社会上去的问题，其性质是政治的，而非道德的"①。

一种挣扎的伦理

这意味着挣扎可能是人道行动的第十一条主要原则，也是在实际应用时占最大主导地位的原则。西娅·希尔赫斯特恰当地将人道行动形容为一个竞技场。② 人道行动一向要面对许多真实的反对者，他们或真挚或投机地不赞同人道主义理想。正是为此，罗尼·布饶曼才说"（人道行动）有必要与任何一种权力维持张力"③。人道行动经常遭遇抵抗，这一事实说明了世界实际是什么样子，也清楚表明，政治现实主义才是人道工作合适的伦理立场。

那么，人道伦理如何从政治现实主义获得教益呢？英国政治理论家、前精神科社会工作者马克·菲尔普一直在努力定义一种坚守道德价

---

① Zygmunt Bauman & Keith Tester, *Conversations with Zygmunt Bauman*, Polity, Cambridge, 2001, p62.【译者注】齐格蒙特·鲍曼（Zygmunt Bauman, 1925—2017），利兹大学和华沙大学社会学教授，研究现代性与后现代最著名的思想家之一。

② Thea Hilhorst, *Disaster, Conflict and Society in Crisis: Everyday Politics of Crisis Response*, Routledge, London and New York, 2013, ch11, pp187-204.【译者注】提娅·希尔赫斯特（Thea Hilhorst），现任荷兰伊拉斯谟大学国际社会研究中心教授。

③ 前引 Rony Brauman, p399。【译者注】罗尼·布饶曼（Rony Brauman, 1950—），传染病学医师，1982 年至 1994 年任无国界医生主席，现任无国界医生基金会研究部主任，在巴黎政治学院和曼彻斯特大学任教。作者引用时略有误。

值的政治现实主义的形式。① 菲尔普明白指出，好的政治现实主义的伦理"不是相对主义的，而是情境主义的"。现实主义者并不随心所欲地丢开或贬低价值，而是在机构及其能力遭遇实质约束、多方利益出现冲突等各种软硬限制的情境中，极力找到尽可能实现价值的办法。政治现实主义所强调的就是：

> 代理人能现实地预期会带来什么，代价是什么。在判断要做什么的时候，政治家须考虑一系列偶发的、不理想的力量，对他或她的选择构成限制。……这些限制缩窄了可能性的范围，而政治家在向他或她敞开的道路中决定应该采取哪一条时，价值仍然在发生作用。②

这种对现实主义的政治伦理的理解，似可准确呈现出应用性人道伦理中的核心挣扎。它描述了人道伦理只为了人道主义利益参与政治的主要路线，这是在实践中发展出来的。坦诚地讨论人道伦理就可明确，人道工作在深层次上是政治性的。所有的人道主义者都必然遭遇这一矛盾，再从这个矛盾出发开展工作。人道主义的现实主义往往让人迷惑的是，人道主义者常在政治性的斗争中用理想作为主要的说服工具。他们在政治谈判中用道德（人道和公正）来施加压力。所以，他们听起来非常理想主义，而实际上正在非常现实主义地对其反对者进行施压和曝光。

人道伦理中不可避免的政治现实主义意味着，人道主义原则会作为价值的永恒标杆或指南发挥作用，却很少能落实成为行动上的准确"处方"。一个机构的原则总会不得不顺应具体情形中人道主义可能性的可行集合。正是因此，人道行动在叙利亚、海地、基伍地区和索马里的运作方式都有所不同。人道主义原则无法直接应用于一个场景，而须在一个场景中进行诠释。所以，人道伦理乃是在于极力诠释伦理限制，平衡

---

① Mark Philp, "What is to be done? Political theory and political realism", *European Journal of Political Theory* 9(4), Sage, 2010, pp466-484; "Realism without Illusions", *Political Theory* 40(5), Sage, 2012, pp629-649.【译者注】马克·菲尔普（Mark Philp），华威大学历史与政治教授，牛津大学政治学讲师。

② Mark Philp, "What is to be done? Political theory and political realism", *European Journal of Political Theory* 9(4), Sage, 2010, pp468、472.

不同的原则,而非按惯例制定《行为准则》。

角色道德

如果说政治上的现实主义和伦理上的挣扎是应用性人道伦理的核心特点,那另一个核心特点就是采用了角色道德。人道主义原则作为武装冲突和灾害中的一种特定角色道德或角色责任,定义并指引人道行动。人道主义者尊奉这些原则,在国际和国内法予以特别认可的人道实践中尽力实现这些原则,从而创造了人道行业。这个行业随之采用了公正、中立和独立等原则作为角色责任。[①] 这就强化了人道行动极为专门的角色道德——当你在努力实现一种特别的善时理应有的道德姿态和特定行为,并不是在生活的所有领域都成立的普遍规则。

在实践中,人道从业者的角色道德很像医生、警察、政客、护士、军人、牧师或会计。根据他们各自的职务,这些行业的人在当职时须遵从他们的角色责任。一名职业军人在度假时就不可持武器杀死冒犯他的人。他作为持武器的军人的角色,是限定在具体情形中的特别责任。一名会计须仔细、谨慎,须准确地为客户记账,但在管理自己的家庭财务时却可以相对松弛杂乱些。一名牧师必须说出他偶尔在公交车上听到一宗犯罪的机密,但(在一些国家)他可以不说出工作期间在忏悔中听到的秘密信息。

人道主义的职位负有专门的义务,行为须符合人道主义原则,但在人道工作者的工作时间之外,这些义务和原则在他们的个人生活中并非必要,也不是道德上的要求。在人道从业者的人道角色中,他们遵守某些被看作是独属于人道主义的德性。他们必须公正、中立,而在私人生活中就不一定如此,他们可能持有强烈的政治观点,或在危机中以家人为先。例如,若一位黎巴嫩红新月会的护理人员带着孩子在电影院看电

[①] 有一部关于角色道德的经典文本,见 H. L. A. Hart, *Punishment and Responsibility*, Clarendon Press, Oxford, 1968.

影时发生了火灾,他有权先救自己的孩子,而非先查看谁有最大的需求。同样,一位反饥饿行动的供水工程师身在马里时会尊重当地禁酒的习俗,她回到法国家中后则与朋友畅饮。在政治性往来中会发生更直接的价值冲突,在一些国家需要慎重处理。在发生武装冲突的国家里,如果一位本国的人道工作者被人看到常常出现在某个党派的政治集会前排,在她进入人道主义角色时,关于她中立和独立的正当性问题就可能受到挑战。

对权利的转向

实践中的人道伦理还有一个新的特点,即它越发倾向于采用权利理论,与传统的原则和来自国际人道法的法律规则并行,甚至将其超越。基本的人道原则在过去六十年间越来越多地体现在人权法中。在这个过程中,也形成了在人道伦理中从权利角度开展讨论的规范。《人道主义宪章》就很明确这一点,指出了三种一般的权利,这三种权利共同表达出在武装冲突和灾害中遭遇苦难的人的为人之道的构成要素。这些权利密切借鉴和杂糅了《世界人权宣言》和国际人道法;但《人道主义宪章》也指出,"这些权利虽未在国际法中明确列出,却概括了一系列既定合法权利,并给人道主义使命注入了更饱满的实质"[1]。这三种整体的权利是:

- 有尊严地生活的权利。
- 获得人道援助的权利。
- 获得保护和安全的权利。

这三种权利忠实地体现了基本的人道价值。它们关切有尊严的身体的生活,从而明确指向"人的生命要有人格地度过"的原则。而《人道主义宪章》明确强调尊严,只是一个开始。《环球计划手册》中,在《人道主义宪章》提出尊严原则以后,随后的《环球计划标准》在"怎

---

[1] 《环球计划手册》2018年中文版,第29页,有改动。

样是好的人道行动"的各种"处方"中列出了七十七条对尊严的说明。①

在自然灾害方面，国际灾害救助法（IDRL，简称"救灾法"）的发展中也出现了向权利理论靠拢的现象。救灾法的制定工作由红十字与红新月运动和一位联合国特别联络员牵头，目前条款草案已经颁布，几个国家政府已正式认可，并将这些条款融合进本国法律。② 红十字与红新月运动的《国际灾害救助法指南》（IDRL Guidelines）和联合国的《灾害事件中人员保护条例草案》（Draft Articles on Protection of Persons in the Event of Disasters）主要关注的是提升人道赈济供给和协调的效率。③ 二者都尊重国家主权和国家在灾害响应中的首要责任，但也都采纳了人权的框架。红十字与红新月运动颁布该立法指南的决议指明，该指南明确以个体的需求为基本，尤其是"保护基本人权"和"所有人都有提供和接受人道援助的基本权利"。这一决议和《国际灾害救助法指南》本身都明确建议，各国应根据《人道主义宪章》及其后的最低标准来组织人道行动。④

人道伦理的权利转向之所以重要，是因为人道伦理由此与国际法相联，也因为人道原则的道德重点由此从助人者的德性转向了受害者的合法权利。在人道行动中采用权利的政治理论，意味着其伦理范式从一种选择性慈善的道德图景转向了基于法定义务的政治契约。⑤ 这一围绕个体人权来阐述国家和非国家责任的政治过程，早在19世纪于海牙和日

---

① Anais Resseguier, "Dignity and Humanitarian Action: A Journey through the Western Philosophical Tradition", Presentation to the Third Roundtable on Humanitarian Ethics, Somerville College, Oxford, 21 May 2013.

② David D. Caron、Michael J. Kelly & Anastasia Telesetsky, *The International Law of Disaster Relief*, Cambridge University Press, Cambridge, 2014.

③ 联合国的条例草案可在此查看 https://legal.un.org/ilc/texts/instruments/english/draft_articles/6_3_2016.pdf。

④ 红十字会与红新月会国际联合会，《在本国促进和规约国际灾害救助与早期恢复援助指南导言》（"Introduction to the Guidelines for the Domestic Facilitation and Regulation of International Disaster Relief and Initial Recovery Assistance"），http://www.ifrc.org/PageFiles/41203/1205600-IDRL%20Guidelines-EN-LR%20(2).pdf。

⑤ Hugo Slim, "Not Philanthropy But Rights: The Proper Politicisation of Humanitarian Philosophy", *International Journal of Human Rights*, vol 6 no. 2, Summer 2002, Routledge, pp1-22.

内瓦通过第一部现代战争法时就启动了。然而如今看来，采用权利理论也在人道伦理中引发了一些政治上的矛盾，主要有四个方面。

其一，基于权利对人道伦理进行阐释，是对人道行动的伦理基调的重大改变，是用政治的而非人道的视角塑造讨论。这一步发展有其优势，也有其问题，主要是因为将人道政治化是渐进发生的。正义和平的国家之所以正义和平，通常正是因为已经达成了将人道、互助和公平置于优先位置的政治共识。但这种转型通常都在长达数个世纪的深刻政治过程中发生。在武装冲突期间，当社会的基础遭到践踏，权利的政治话语会比人道的同情话语更容易被看作是为时过早，"parti pris"①。战争通常就是对权利的争斗，任何外来的干预都可能加剧人们的对立。人道机构以一种与讨论人道迥然相异的方式谈权利时，听起来会是在政治上有所偏向。

其二，也会发生这样的矛盾：人道主义的行动权利范围可能发生大幅扩散。即便在极端情况下，也很难将人道主义讨论的关键权利严格限制在生命保全和尊严上。谈论权利总会一路关联到对整个人权领域的广泛讨论。至少在自由主义中，如果认为只有少数基本权利才要紧，这种讨论在智识上和政治上都是无法自圆其说的。如果一个身处激战中的阿勒颇的人有获得人道援助的权利，他也就有《世界人权宣言》和其他所有人权公约中规定的所有权利。在和社区打交道时，这种权利的自然增长就带来了人道行动范畴的问题。② 人道行动要在多大程度上回应所有的人权？查尔斯·贝茨就已深刻看到，权利列表越长，对人权的怀疑就会越大。③ 这样，使用权利话语就可能致使人道行动被看作是有争议的人权运动的一部分，从而引发对人道行动本身的怀疑。

其三，权利的系统明确地将人道行动政治化，由此在任何人道主义场景中都将国家责任放在中心。这样做有明显好处，因为国家所处的位

---

① 【译者注】拉丁语，意为先入为主、偏见。

② Alexander Leveringhaus, "Liberal Interventionism, Humanitarian Ethics and the Responsibility to Protect", *Journal of the Global Responsibility to Protect* 6(2), 2014.

③ Charles R. Beitz, *The Idea of Human Rights*, Oxford University Press, Oxford, 2009，尤其可参见他对各种形式的怀疑主义的讨论，pp3-7。【译者注】查尔斯·贝茨（Charles Beitz, 1949—），普林斯顿大学政治学教授。

置通常（虽然也有例外）都最能对冲突中的人道行为发生影响。然而，这也是外交上的考验，因为对违反权利事件的观察经常伴随对国家的批评。如此鲜明的人道主义责任政治化，会让人道机构很难在武装冲突和自然灾害中坚持非政治的姿态，维持人道主义的中立和独立。

其四，在权利的系统中将人道政治化，鼓励国家对危机负全部责任，国家能够负起责任以后，就将国际机构视为无关方或干预者而予以拒斥。这种人道主义的民族主义，已是苏丹、叙利亚和斯里兰卡政府政策的特点，这些强有力的国家政府拒斥、压制或驱逐国际人道机构，所依据的法律基础就是人道主义责任属于国家。这些国家正确地获取了对危机的政治掌控，又错误地，有时是故意地没能达到人道主义的保护和照护标准。

本章超越了人道伦理自身简单表达的以原则为基础的伦理体系，考察其形态和特点。人道伦理在应用中不可避免地变得更加现实主义，成为一种挣扎的伦理，采用角色道德，且愈发倾向于使用权利理论来强化，甚至可能是取代其更传统的伦理主张。本书的下一部分将不再进行理论勾勒，而将更详细地审视人道伦理的实践。

下编

人道伦理的实践

第七章
理性与情感

在上、中两编里,我们看过了我们作为人类的伦理意识的起源,以及伦理意识如何在回应武装冲突和灾害的苦难时阐发为人道伦理。现在我们要开始思考,在真正发生的人道工作的滚滚浪涛里,脚踏实地地做出合乎伦理的决策,意味着什么——真正实践人道伦理,是什么样子的?我们要运用起自己身上的哪些部分,来遵循伦理、做出合伦理的决策?作为人道从业者,我们如何一以贯之地进行伦理实践,现实地、习惯性地遵循人道主义原则,言行合一地践行本书第一部分的内容?本章考察的是我们在人道工作中努力遵循伦理时运用的不同机能,以及影响道德选择的各种伦理传统。

我们的道德机能

我们作为有伦理的存在者的经验,混合着感觉、思考和行动。人格的这三个方面——心、头脑和手——在我们要做出道德实践时,都需要运转起来。我们需要有所感觉,对感觉带来的问题进行思考,选择最佳的应对,然后在行动中充分体现自己的决定。

这样的伦理实践,需要在情感、理性和行动之间取得良好平衡。不过,伦理学史上有各种伦理学派过分强调单一的理性因素、情感因素或者行动的因素。阿拉斯代尔·麦金太尔在撰写西方伦理学史时描述说,启蒙时期的各种哲学家错误地对伦理实践进行了二元的定义:要么是根据规则的"计算",要么是情感上的"偏好";自此道德思考就陷入了

"长时间的灾难"。麦金太尔指出，从这种现代伦理传统中基本的二元论流传下来指导我们的，是晦涩又彼此冲突的伦理"碎片"。① 他呼吁要回到更成整体的亚里士多德和托马斯·阿奎那的路径，以德性的培育为基础，使思想、感觉和习惯合而构成实践智慧。

尽管人道行动特别注重原则，在本书这一部分，我要探讨的却是这种整体的伦理路径。对大部分人道主义实践者来说，最契合实际的应用伦理学是在时间推移中发展出来的人道主义德性，他们可在日常和在重大危机之时都应用这种德性。德性是运用我们所有的道德机能才能生长出来的，所以本章要逐一考察这些道德机能，下一章再具体查看人道主义的思虑。

理性

有两种极为理智的、计算性的思想流派主导了现代西方文化中的人类福利伦理思想，并由此影响了全球的规范。这两种思想流派是基于义务的伦理学和功利主义伦理学。前者确立了人类福利中善的绝对原则，后来在国际法中呈现为人权；后者被普遍用作履行福利职责、为实现人权时公平分配资源所使用的比例规则。

18世纪伟大的德国哲学家康德开启了道德判断来源于人类理性的传统，并提出了"定言命令"（categorical imperative）的原则。"定言命令"声称，"我决（绝）不应当以别的方式行事，除非我也能够希望我的准则应当成为一个普遍的法则"②。换言之，康德认为，理性对每个处于我们的位置上的人都会做的事提出命令，这时我们听从这理性的命令，是活得最好的。这一派伦理学很快被称为"义务论"（deontology，从希腊语的"义务"一词衍生而来），因为将康德的定言命令付诸应用，

---

① 麦金太尔：《德性之后》，龚群等译，中国社会科学出版社，1995年，第一章。【译者注】阿拉斯代尔·麦金太尔（Alasdair MacIntyre, 1929—），英国道德哲学和政治哲学家。
② 康德：《道德形而上学的奠基（注释本）》，李秋零译注，中国人民大学出版社，2013年，第18页。

就创造出在具体情形中的一系列绝对义务。康德坚持各种道德绝对命令是普遍的原则,由此提出:决不可撒谎,即便是在杀手敲门质问被他追杀的人是否躲在我们的屋子里、而我们又要保护这个人的时候。① 这种绝对主张,当我们要坚守原则时在理性上是融贯的,但在想要挽救生命的时候,我们却在情感上痛感其谬误。

欧洲伦理学中第二种影响甚大的计算性模式,来自 19 世纪英国哲学家杰里米·边沁。边沁主张一种"道德科学",只由一条规则主导:功利的原则。这种被称为功利主义的伦理学观点要求,要解决任何道德问题,都要计算哪种行动路径最能保证数量最多的人的幸福、愉悦和福利。边沁说:

> 功利原则是指这样的原则:它按照看来势必增大或减小利益有关者之幸福的倾向,……来赞成或非难任何一项行动。我说的是任何一项行动,因而不仅是私人的每项行动,而且是政府的每项措施。②

如果说康德的绝对义务对我们有内在的吸引力是因为根据绝对义务可塑造出一以贯之的道德规范,那么边沁唯一绝对的功利规则激起的却是截然不同的伦理直觉。功利主义肯定了我们内心深处认为应该在艰难情形下衡量行动结果的道德意识。这是伦理学中的结果论或比例论,即根据行动的结果,或者根据行动的广泛效果取相应比例,来确定行动的善。③ 我们正是根据结果论认为,在杀手敲门的时候撒谎是好的,由此就违反了康德的绝对义务原则。但换一种情形,很多人会认为折磨一名敌军战俘让其交代出未来作战计划是错误的,这时又是康德的绝对义务

---

① Kant, "On a Supposed Right to Lie Because of Philanthropic Concerns", in *Immanuel Kant-Ethical Philosophy*, trans. James W. Ellington, Hackett, Indianapolis and Cambridge, 1984, pp162-166.

② 边沁:《道德与立法原理导论》,时殷弘译,商务印书馆,2000 年,第 57 页。【译者注】杰里米·边沁(Jeremy Bentham, 1748—1832),英国法理学家、哲学家、经济学家、社会改革者。

③ "结果论"(或称"结果主义")一词是由牛津的哲学家伊丽莎白·安斯孔(Elizabeth Anscombe)在她 1958 年的文章《现代道德哲学》("Modern Moral Philosophy")中提出来的。"比例论"是约翰·芬尼斯在强烈批判结果理论时推崇的,见 John Finnis, *Moral Absolutes: Tradition, Revision and Truth*, Catholic University of America Press, 1991。

意识在作响了。

　　康德的绝对义务不足以细致识别出什么时候撒谎是正确的事。边沁的唯一规则又过分倚赖贸然推断行动的未来影响。边沁要求我们根据"看来势必如何的倾向"来估算一项行动的道德性，其中充满了不确定性，必定会发生投机和臆测。站在当下来看，我们的行动在中期和长期会产生什么影响和副作用，不是总能被看清楚的。在我们并不掌控事件，又有其他我们不知道的人在对同一个问题自行做决定的时候，尤其如此。有时候，医学和工程学能够掌握足够充分的知识，可做出近乎确定的选择，决定使用哪种药物或材料。但人类道德的其他领域，尤其是政治，就没有那么确定了。这意味着，纯粹的结果论是无法以具有充分把握的科学精确性被应用于日常的。在政治伦理中，我们往往无法充分知道、控制、预测行为的成效。康德和边沁都肯定了我们所有人所具有的深刻道德意识，义务和结果在伦理中都具有根本意义。但这两种体系看来都无法完全适用于我们感受到的、正在过的生活。我们大概是想要既尊重绝对命令，又尊重后果。

　　对纯粹的义务论方法或纯粹的结果论方法的这种不满足感，指示出我们的伦理经验中存在着另外两个深刻的真相：道德风险始终真实存在；情感和直觉在伦理中十分重要。康德和边沁的伦理学都不是没有风险的。我们对未来的无知意味着，在每一个体系中，"正确的道路"仍然可能牵涉到坏事，甚至可能引起坏事。每一种路径都有得有失。这里需要看到，风险就是伦理的一个基本组成部分，也是不太可能被完全克服的部分。实际上，只有认识到风险和不确定性在伦理中的中心位置，才能进入更平衡地、真正合理地解决道德问题的路径。对单一的义务论或功利主义产生不完满的感觉，也说明我们需要在伦理中对情感和直觉给予重要位置。如果说我们要将绝对命令、结果、风险和直觉都看作伦理中的永久关切，那么我们也需要一种既尊重价值的深度，又尊重决策的广度的路径，一种更人性的、不那么计算性的人道主义的伦理路径。仅仅使用智能来解决伦理问题太难了，因此我们在艰难时刻感受到的情感也同样是重要的。

情感

许多欧洲和北美的现代伦理传统都倾向于在伦理决策中采用计算或理性考量。现代的义务论者和功利主义者像古代的许多斯多葛主义者一样，警惕地将情感看作是激情高涨的不可靠向导，轻而易举就让我们的伦理决策偏离方向。他们主张，纯粹的理性才是更稳定、无偏倚的向导。康德明确坚持无情感的伦理学路径，主张"不动情的义务"，即"出自感性印象的情感失去对道德情感的影响"①。他认为这是一个人要根据道德律令生活的基本过程，他也极为排斥情感在伦理实践中"昙花一现"。他指出：

> 人应当把握自己……把人的一切能力和偏好都纳入自己的（理性的）控制之下……不让自己受情感和偏好的统治，因为，若不是理性执掌驾驭的缰绳，情感和偏好就会对人扮演主人。②

这种对情感的怀疑，意味着将伦理付诸实践往往就是将伦理当作纯粹的理性认知科学。康德在18世纪的德国极力将情感对伦理的影响减至最小，而同在18世纪的苏格兰，大卫·休谟则认为，理性和情感须一同作用于道德决策。他认识到人类道德来源于情感，坚定地指出"因此道德规则并不是我们理性的结论……如果妄称道德只是被理性的推论所发现的，那完全是白费的"③。休谟认为我们的情感应继续指引伦理决策，但他也认为思考和理性的能力应发挥"纠正的作用"，查证事实，评估可行性，避免选择和策略中的偏倚。因为理性首先是用于评估真相和谬误，休谟认同，必须使用理性来恰当地理解引起我们的激情和共情

---

① 康德：《德性论的形而上学初始依据》，载《道德形而上学（注释本）》，张荣、李秋零译注，中国人民大学出版社，2013年，第194页。
② 康德：《德性论的形而上学初始依据》，载《道德形而上学（注释本）》，张荣、李秋零译注，中国人民大学出版社，2013年，第193页。
③ 休谟：《人性论》，关文运译，商务印书馆，1980年，第三卷第一章第一节，第497页，边页码第457页。

的环境。①

近年心理学、社会学和政治科学中的"情感革命"结合了休谟的学说和神经科学，重新强调情感的价值及人际关系、商业、政治和伦理中的"情商"。② 在政治理论中，情感的角色和价值也受到了更多认可。③ 人们作为选民和政客的政治判断更多地被理解为情感和理性的密切结合。是焦虑、受挫或恐惧等情感率先向我们警示政治危险，是我们的希望和潜意识脚本令我们具有某种政治偏好。④ 我们关心各种事物，这个事实是我们参与政治和伦理的首要驱动力。所以美国政治哲学家莎伦·克劳斯认为，我们的情感须在政治讨论中居于中心位置。尤为重要的是，她主张对变化中的价值进行民主商议时，为"公民的激情"留出空间。⑤

2001年，美国哲学家玛莎·纳斯鲍姆将情感置回伦理的中心。她主张"情感理解力"，提出我们的情感是"在我们不可完全控制的世界中的价值判断"。⑥ 这类似于阿奎那描述共情是"感觉到的评价"⑦。我们感觉到事物时，是在探求周边事件里哪些是道德上可贵的，或是道德上反感的。纳斯鲍姆展现了我们更高的情感（如悲恸、惊叹、愤怒、快乐、恐惧、丧失、爱和共情）并不只是我们的动物性或身体性的部分——这些情感并不只是可能带我们偏离实践理性之路的痛苦和愉悦的表达。这些情感不只是迟早会消失的生理反应。她鼓励我们尊重情感，

---

① 休谟：《人性论》，关文运译，商务印书馆，1980年，第三卷第一章第一节。

② 关于这种趋势更流行的表达，可见 Daniel Goleman, *Emotional Intelligence: Why It Can Matter More Than IQ*, Bloomsbury, London, 1996。

③ Martha Nussbaum, *Political Emotions: Why Love Matters for Justice*, Harvard University Press, Cambridge, MA, 2013; Anthony Clohesy, *Politics of Empathy: Ethics, Solidarity, Recognition*, Routledge, Abingdon, 2013.

④ George E. Marcus, W. Russel Neuman and Michael Mackuen, *Affective Intelligence and Political Judgment*, University of Chicago Press, Chicago and London, 2000.

⑤ 莎伦·R. 克劳斯：《公民的激情：道德情感与民主商议》，谭安奎译，译林出版社，2015年。【译者注】莎伦·R. 克劳斯（Sharon Krause），现任布朗大学政治科学教授。

⑥ Martha Nussbaum, *Upheavals of Thoughts: The Intelligence of Emotions*, Cambridge University Press, Cambridge, 2001.

⑦ Thomas Ryan, "Aquinas on Compassion", *Irish Theological Quarterly* 75(2), Sage, London, 2010, p161.

将其看作是"一种判断或思想"，具有比纯粹理性的、计算性的思想更高超的丰富性和稠密度，是一种有质感的思考。纳斯鲍姆认为，我们的情感明显受到自己的成长发展和他人的成长发展的牵动，所以，理应严肃地将情感看作道德性质的提示和指导，指向何为重要之事、何为正确之事。我们的情感会体现我们内心最深处对何为好坏、何为对错的思考。情感一旦被激起，就果真成为"思想的激荡"①。

不过，当然不可假设所有的情感都是好的。虽然我们的情感可以很好地评价、做出伦理判断，但也有可能是不道德的。纳斯鲍姆指出，"不是所有的情感都是平等的……有一些情感本身是道德上可疑的……与自我欺骗相关"②。例如，贪婪等许多负面的情感，如果不认为它是负面的，就不合伦理了。也有些情感可能是由我们身边的社会，或由我们不平衡的个性不道德地构建起来的。我们可能会受自己所处的阶级鼓励去轻视贫困的人，感到他们不如自己有价值。顽固的种族主义和替罪羊的做法则会在我们内心植下对某些类型和群体的人的厌恶、妒忌、仇恨，随后就习得了对他们去人化、漠视，在情感上蔑视他们。③ 所以，在认同情感是重要的伦理评价的同时，我们也要在思虑中评估出情感里合乎伦理的内容。那么，我们如何在日常伦理实践中有效地融合从情感和理性而来的伦理洞见呢？

德性

有些伦理学探索比纯粹的计算模式或纯粹的情感模式更为细致，以

---

① 参见 Martha Nussbaum, *Upheavals of Thoughts*: *The Intelligence of Emotions*, Cambridge University Press, Cambridge, 2001, pp27-33；她的关键句"思想的激荡"来自普鲁斯特。

② 参见 Martha Nussbaum, *Upheavals of Thoughts*: *The Intelligence of Emotions*, Cambridge University Press, Cambridge, 2001, pp453-454。

③ 关于对我们情感的道德性的分析，以及"受情感塑造的态度会受恐惧、权力和嫉妒的影响"的分析，见 Martha Nussbaum, *Upheavals of Thoughts*: *The Intelligence of Emotions*, Cambridge University Press, Cambridge, 2001, pp345ff；以及我的一本书 *Killing Civilians*: *Methods, Madness and Morality in War*, Hurst, 2007, ch6。

亚里士多德的伦理学，以及追随他的学说的基督教与伊斯兰教伦理学传统为最佳代表。除了犹太教的托拉经和《塔木德》、基督教的《新约》、伊斯兰教的《古兰经》和《圣训》之外，亚里士多德的《尼各马可伦理学》和《优台谟伦理学》也是西方伦理学的基础系统文本。这些传统极为关注具体问题的细节、个人德性的培育、个人选择的重要性，以及对道德绝对律令的强烈意识。运用这里的德性观念，来建立对人道主义德性的认识，应当是有可能的。

亚里士多德在其伦理学中使用意为卓越的希腊词"arete"来描述好的行为和品性。这个词在拉丁语中译作"virtus"，其词根是拉丁词"力量"。"有德性的"（virtuous）一词和"审慎"一样在现代英语中发生了意义贬损，与"虔信"和"自以为正义"发生混淆。不过，约翰·芬尼斯已指出，这已远离了其真实意涵：

> 德性不是恪守常规或规则，而是卓越和品性的力量，是一种要怀着明智的爱追求真正的善的倾向和意愿……并成功抵挡坏的选择在根本上不合理的诱惑。①

亚里士多德伦理学的基底是追寻"黄金中道"（golden mean），即将德性看作是在给定情况下态度和行动上的过分和不足之间的"中间状态"。所以，在怯懦和鲁莽之间，有德性的中间状态是勇敢；在获利和失利之间，是公正；在诡诈和幼稚之间，是智慧。② 对亚里士多德来说，培育这些中道的德性，将这些德性应用在艰难境况中，正是有伦理地行

---

① Finnis, *Aquinas: Moral, Political, and Legal Theory*, Oxford University Press, 1998, p84.【译者注】在中文里，常用的译法"德性"也有类似的意义贬损，丢失了其西方语言里"卓越、能力、力量"的意涵。学术译者很早就注意到这一点。例如 20 世纪六七十年代潘汉典在翻译马基雅维里（利）《君主论》的时候，根据语境将"virtue/virtù"一词分别处理成"有能力""大勇"等；近年有刘训练则统一译作"德能"。参见马基雅维里（利）：《君主论》，潘汉典译，商务印书馆，2005 年；马基雅维利：《君主论：拿破仑批注版》，刘训练译，中央编译出版社，2017 年。近年中文学界常用"美德伦理学"指称亚里士多德开启的这一脉伦理学。但是在这里，仍然选用了读者更为熟悉的"德性"一词。

② 亚里士多德：《优台谟伦理学》，徐开来译，载苗力田主编《亚里士多德全集：第八卷》，中国人民大学出版社，1992 年；还可参见亚里士多德：《尼各马可伦理学》，廖申白译注，商务印书馆，2003 年，第 53—57 页，通用编码 1108b15—1109b25。

动的核心。反复实践伦理也有助于发展"品质"(ethos)①，将有道德地解决问题的经验积累下来，有助于发展在生活中及在基于直觉理性和理智理性做出的选择中使用实践智慧和判断力的习惯。②

可靠的判断、温和的行为并非亚里士多德伦理学的全部内容。他也对人类生活的目标抱有鲜明主张。他设定了明确的道德绝对法则，主张要清晰地思考道德选择和道德责任。亚里士多德很明确，人类的目标是过好的生活，就是一种大体上有德性的生活，这种生活会产生充满意义的、长存的幸福。我们作为人类所为的就是这个。这就是"我们的用途"和"我们要做的工作"，恰如一件好斗篷有着为我们遮挡、保暖的德性，又如船和房子也各有其内在的目的。所以，"好的制鞋人的工作是好鞋……灵魂的工作就是有德性的生活"③。这就是我们作为人类的目标。

亚里士多德主张在伦理中有一总体目标的观念，以及他提出为实现目标所需的德性，对人道主义者和人道机构都很重要。正如鞋匠忠于制作好鞋的工作目标，人道机构也要忠于其目标，为受到战争和灾害影响的人创造出人道成果。亚里士多德指出，在追寻目标时，我们必须培育智慧、判断力和思虑的能力，找到给定情况中的黄金中道，以创造出"可实行的善"④。这些可实行的善，是价值在实事中的呈现，这正是政治现实主义者在其伦理学中所珍视的。毕竟不能用无法实现的事情来评判我们，只能用在武装冲突和灾害中有实际可能的事情来评判。所以，我们既应当一直在生活的所有方面都抱有目标，也一直受限于我们能实际改变之事的可行集合。可行性是伦理的一个重要方面。可行性并不改变目标本身，却决定了一个目标在给定情况中可实际实现的程度，也有

---

① 【译者注】这个希腊语词正是"伦理、伦理学"的词源。
② 见亚里士多德《尼各马可伦理学》和《优台谟伦理学》中论述实践智慧和判断的段落。
③ 参见亚里士多德：《优台谟伦理学》，徐开来译，载苗力田主编《亚里士多德全集：第八卷》，中国人民大学出版社，1992年，第356页，通用编码1219a21-27。【译者注】本处引文是译者参照徐开来译本，从古希腊文重译的。
④ 亚里士多德：《尼各马可伦理学》，廖申白译，商务印书馆，2003年，第17页，通用编码1097a24。

助于形成行动的"实际选择"①。实践智慧和判断力的德性帮助我们在具体情形中找到恰当的有德性的路线。有时这路线会是胆识和发明的混合，有时则需要谨慎、克制。

不是所有的善都是两极之间的中间状态。亚里士多德明确指出"并不是每项实践与感情都有适度的状态"②。有些善是绝对的、基本的善，如生命、友谊、社会和合理性。③ 有些事情则是绝对的、本质上恶的，如嫉妒、恶意、谋杀和偷窃。在这些本质上的错误中，你找不到一个中间状态，例如：没有办法正确、均衡地谋杀一个人。人道伦理通过以人道、公正为绝对价值，禁止无差别杀害和折磨，也有力地把持着此种道德底线。

选择

理性、情感，以及在具体德性中培育理性和情感的目的，是为了在生活中做出最为道德的选择。这会涉及选择最好的态度、行为、策略、合作关系或行动。在任何情形下都有必要判断可行性、有德性的中道和道德绝对律令，因此，伦理最终就是选择和决定。所有的伦理传统都强调在个体生活中有目的地、深思熟虑地做出选择的重要性，对组织来说，也必然如此。选择必然也是人道伦理的关键部分。

对于选择，常有刻板印象，认为是二取其一的激烈决策。做选择的常见典型画面是一个人站在十字路口，要决定往哪里去：向右、向左、向前还是向后。有时我们会面临这种做两极选择的时刻：是关闭一个人道项目，还是冒险尝试从未实行的应急措施。但相对而言，即便在人道

---

① Zofia Stemplowska & Adam Swift, *Oxford Handbook of Political Theory*, Oxford University Press, Oxford, 2014.
② 亚里士多德，《尼各马可伦理学》，廖申白译，商务印书馆，2003年，第48页，通用编码1107a8-9。
③ 关于对基本善的阐发，见 John Finnis, *Natural Law and Natural Rights*, Oxford University Press, Oxford, 1980；以及他对阿奎那如何看待人类的善的讨论，见 Finnis, *Aquinas: Moral, Political, and Legal Theory*, Oxford University Press, 1998, ch3。

伦理中，如此尖锐的选择也不多见。大多数时候，日常选择并非要做90度或180度的大转弯。

通常我们的选择是梯级的，而非两极的。我们已在一条阶梯上，选择往上或往下挪动。例如，我们面对一个威权政府，或在反叛乱行动发生期间，要尝试平衡人道主义原则：我们决定接受独立性上的相对损失，换取更多的通行许可。我们在妥协的梯子上来回挪动。这些选择更像是伦理气候的变化，而非戏剧化的决定。于是，这些梯级选择就比"十字路口时刻"更微妙、更常见。要是我们没有意识到自己在做选择，就可能已经危险地倚赖既有路径，很快就在不知不觉间像那锅里的青蛙一样变得滚热。

选择也可以不是梯级的或二元的，而是更有探索性地寻找路径。我们可能会借着选择，在已经选定的不确定路径上再推进得远一点。比如说，在粮食安全的项目运作中扩大一点覆盖范围，增加一些现金转移的比例，减少直接的食物发放。我们不确定这样做是否行得通，是否会导致通货膨胀而令人们受到损害，但我们选择试一试。

行动

我们的伦理生活并不止步于做出由理性和情感塑造的选择。伦理不只是理性和情感。我们的选择还要尽量有效。如果说理性、情感、德性和选择是我们实际上践行伦理的必备要素，那么如果缺少了行动去落实我们所做出的道德判断和决定，践行伦理也是不完整的。感觉并判断何为对错，愿意去做好的事情，本身是很重要的善。但是，只要有可能，我们就须将这样的道德感知落实为具体的实践。所以，行动是伦理的最终成果。人道伦理的实践场恰好被称为人道行动，就是因为这种基本的道德洞见：伦理没有行动，就没有意义。

第八章
人道主义的思虑

如果说伦理实践应当包括理性、情感、德性、选择和行动，那么我们结合以上一切来解决人道实务中的伦理问题的过程又是怎样的呢？在人道工作的日常伦理中，我们应该如何最好地做出严峻的决策？如何在道德梯级上调整位置，或是在探索多种路径时做出明智的选择？伦理学中使用"思虑"（deliberation）① 一词，来形容在行动的过程中进行评估和决定的过程。道德哲学家和各种宗教都坚持，伦理决策中必有"慎思"（due deliberation）。如果我们不曾思虑过，就没有对重大事项给予应有的注意。而人道行动中，是什么构成好的思虑过程呢？

亚里士多德非常明确地定义了思虑：将实践智慧应用在我们能够处理，却具有高度不确定性的问题：

> 我们思虑的是在我们能力以内的事情……我们所思虑的并不是目的，而是实现目的的事情。……思虑是和多半如此、会发生什么问题又不确定，其中相关的东西又没有弄清楚的那些事情联系在一起的。在重大事情上，如果我们不相信自己能够

---

① 【译者注】"deliberation" 一词，在不同的学科传统中有不同的中译：在伦理学中，常作"慎思、思虑"，通常指个体的活动，是亚里士多德最早专门提出的概念，这也是作者在本章中主要援引的思想资源；这个词在政治学的翻译中，常作"审议、商议"，如审议式民主、民主商议等，可视为多个个体参与的思虑，即本书作者讨论的"有他人一同参与的思虑"和"集体思虑"。本书中，在这个词作为一般概念和个体活动出现时，参考近年国内亚里士多德伦理学研究，译作"思虑"；在讨论多方参与思虑的章节中译为"商议"，包括"商议式民主"。但请读者注意这两个词实为同一个概念。

做出判断，我们就会邀请其他人一道来考虑。①

亚里士多德提出，要在我们的思虑中邀请他人加入，因为他们的知识、经验和利益会对我们的决策有益。此外，将我们的问题告诉别人，彼此敞开谈论的过程，也一定会帮助我们更好地理解问题本身。

思虑最好有他人一同，还因为思虑往往也关系到他人。多数伦理决策都是如此。一位公司首席执行官由于业务扩张，要找一栋新办公楼，她只有在和雇员们讨论过最佳选址和建筑设计以后才能做出好的决策。否则，她可能就考虑不到大多数雇员的居住地点及新址通勤难易如何；或者她可能会忽略新楼需要为身有残障的雇员配备什么通行条件。人道主义是一个照料人的行业，所以人道主义的思虑往往牵涉到成百上千人的利益和后果。将这些一并纳入思虑，显然会得出更明智、更合伦理的人道主义策略和决策。《行为准则》的第六和第七条就明确指出，思虑作为一种活动最好与受灾难影响的社会成员一同开展。

思虑也可以独自完成，可能作为一个大的流程里的一部分，或者是在不得不与他人隔绝的情况下发生。有时我们别无选择，只能自己考虑问题。思虑不一定总是长时间、缓慢、有许多人参与的过程。有时形势要求快速动用本能，需要的是急促的判断，而非周全的分析。在一所着火的房屋里还有孩子睡着，这时我们快速做出伦理判断，凭借的是情感的道德驱动、良知的判断和已成为习惯的德性。在这种情况下，坐下来和尽可能多的利益相关人开会商议这个问题，显然是错误的。

在许多情况下——可能是大多数情况下——我们都有时间进行思虑。举步维艰的人道主义形势通常都是逐渐形成的，且在一定时间内还会发生变化和发展。例如，叙利亚内战一开始是政府在2011年的猛烈镇压行动，但随着时间推移，演变成了一场国际化的内战、区域性的难民危机，以及跨境和跨火线的人道行动。像这样演化出的形势里，伦理思虑时时在进行，由此形成连续不断的反思，追问做什么是最好的。围

---

① 亚里士多德：《尼各马可伦理学》，廖申白译，商务印书馆，2003年，第68页，通用编码1112a30-1112b。【译者注】此处以廖申白译本为基础，参考陈斯一的译文修订（陈斯一：《从政治到哲学的运动：〈尼各马可伦理学〉解读》，上海三联书店，2019年）。

绕国际人道主义发生的现实政治悲剧，是今天在叙利亚有数千所着火的房屋，各机构要提供直接援助，却遭遇政治性的障碍。人道主义者没法思虑如何援助最好，只能先思虑如何接近受影响的人群。

好的思虑

思虑的突出特点是富于反思，考量周密，充满关切。任何思虑都要通过理解问题所涉人群不同的需求和视角，发现和深思问题的真正性质。随后要识别相关人员的职责，以及确定要解决问题最可行的行动。好的思虑将人们聚合到一个创造性的对话过程中。理想情况下，这种对话随后会让人们能成功地自行找到共同的答案。① 最好的情况是，思虑不仅是道德上解决问题的方法，也会在伦理危机期间作为道德上的支持力量起到指引作用。识别出难以解决的道德问题，并一同着手处理，这是认可了人们正面临困境和道德压力；而共同进行决策，则能鼓舞精神。不过，有时候思虑不成功，或者做不出决定，这时就需要一位领袖介入局面、推行决定，或者在其他人无法做决定的时候有足够的勇气做出决定。

作为行动的思虑

好的思虑不仅是久坐苦思，还会包括，也应该包括深思熟虑的行动。思虑不仅是谈话、思考、挠头。牛津经济学家约翰·凯曾强调迭代决策的重要性：迭代决策是有意地与问题来回互动，从而解决问题，而非退而想象问题，用计划和设定目标来远距离解决问题。随着思虑不断实验，决策是具有创造性的，因为"问题以及我们对问题的理解，会随

---

① 这基本上是哈贝马斯对思虑的理解，即思虑是"沟通行为"，即其 D（话语）原则，D 原则随后促生 U（普遍道德规范）原则。

着我们处理问题而发生变化"①。在人道工作中，思虑通常就是这样在实地上开展实验。在现代管理科学的语言中，这是"反思性实践"，其间我们一边做事，一边反思怎样做得好，并据此调整和创新。② 不需要停下来思虑。思虑可以是非常活跃的实验。通常开始思虑的最好办法，就是尝试做一件事，看是否行得通。

这种积极行动的思虑的原则承认，在行业边界上，我们的技术性知识永远不够，而我们通常可以通过做新的事情来学习到更多，而不是仅使用现有知识来思考和规划。尤其在不确定的情势中，在什么事情有可能实现、什么事情会起作用尚不明确的时候，我们得做出实验和创新，这就是思虑的一部分。这可能是在国内流离失所人群社区里试行移动电话网络，看这样做是否可促进保护工作的早期预警；可能是勇敢地将救助物资车辆开上路，看看到了我们没有接触过的一个武装团体所占据的检查站里会发生什么事。在快速变化的实际工作中，我们无法总是奉行"预备、瞄准、开火"，可能要颠倒一下，按照互动性更强的思虑规则"预备、开火、瞄准"来行动，然后再反思，再次开火。我们总得开动起来，由此推进工作，并进行思虑。这就是城市活动家纳比尔·哈姆迪所说的"向后工作"。有时候我们只须"在能做的地方开始做"，以此理解正在发生的事，围绕可能做什么、最好做什么来启动想象力。③ 在许多形势中，我们的思虑过程是突然浮现的，而非步步合乎规范的。只有在体验过或扰乱过一个局面以后，我们才能开始合理地思考这个局面在我们面前摆出的问题。思虑往往是开始，而非暂停。

---

① John Kay, *Obliquity: Why Our Goals are Best Achieved Indirectly*, Profile, London, 2011, p87.【译者注】约翰·凯（John Kay），牛津圣约翰学院教授、《金融时报》专栏作家，曾为牛津大学赛德商学院院长、伦敦政治经济学院和伦敦商学院经济学教授。

② Donald A. Schon, *The Reflective Practitioner: How Professionals Think in Action*, Basic Books, 1983 and 1991.

③ Nabeel Hamdi, *Small Change: About the Art of Practice and the Limits of Planning in Cities*, Earthscan, London, 2004, ppxiv-xxvi.【译者注】纳比尔·哈姆迪（Nabeel Hamdi），牛津布鲁克斯大学建筑学院住房与城镇发展项目名誉教授，建筑师，1997年联合国人居荣誉奖获得者。

人道主义的思虑

与行动相连的思虑仍然需要使用讨论和反思的方法。人道伦理学要形成人道主义思虑的独特方法，可以借助三种不同的思虑传统，它们各自都能对人道实践有所贡献。

- 决策理论：聚焦于个体和组织做决策的心理学。这种理论能指导我们了解人道机构里有效的决策形式，由此促进组织内的思虑。
- 政治理论：政治伦理学中对商议式民主的讨论，考察的是为努力解决社会不同阶层之间的权力和正义问题的全纳（inclusive）的讨论形式。由此可探究人道机构可如何在与政府当局和受影响社区的政治性关系中开展向外的思虑。这种理论可帮助我们与各种利益相关方开展组织外部的集体思虑。
- 医学和社会工作伦理学：专门讨论一种在专业人员与脆弱的患者或客户及其家人之间进行的非常私密的思虑形式。这个伦理学体系可以为亲密地面对面开展的、涉及个人需求和选择的人道实践的思虑提供参考。

以上每一个思虑领域都可助益人道伦理。本章就要考察其间的具体关联，借以塑造更清晰的好的人道主义思虑实践。

组织中的决策

思虑的目的和成果应当是各种决策：决定继续做一件在做的事情，或决定尝试新的事情。这就意味着，透彻理解决策对思虑过程非常重要，这样能帮助人道机构在各自的组织里做出最好的决策。

现代决策理论准确地区分了判断和决策。[1]

---

[1] Richard R. Lau, "Models of Decision-Making", in *The Oxford Handbook of Political Psychology*, ed. David O. Sears et al., Oxford University Press, Oxford, 2003, pp19-59.

- 判断：对形势和相关选项的评估。要做出判断，我们须使用所有能拿到的数据来权衡证据。我们通常不可能实现完全充分的知道或理解，所以，最好是把好的判断看作一种艺术或一种天赋。具有良好判断力的人似乎是超越了数据，感受到问题的纹理，犹如陶工感受手中的陶土，感知陶土的质地和可能塑成的形状。①

- 决策：在两种以上的选项中做一个选择。决策要同时考虑对形势的判断和可能的选项。通常选项可分成确定且定义明确的和不确定且定义模糊的，也可分为有风险的和相对没有风险的。在人道行动中，也和在商务、政治和政府中一样，决策是由个人、团队或者由整个组织做出的。决策也是在一个组织的不同层级中做出的，典型的是由一线或总部来做出决策。

和亚里士多德一样，现代的决策心理学也指出，重大决定常在不完美的情况下做出。在许多人道行动中确实如此。多数个人或群体在组织的任何层级上做出决策时的心理，通常都具有"有限理性"的特点——只能达到有限的理解，很少能知道所有的信息、选项和后果。② 和不完全知识的问题一样，决策也常常面临时间紧迫的问题，还受到其他决策挤出效应的影响。按优先次序排出哪些决策最重要，这种能力是罕见的技艺。我们常会被距离我们更近的决策事项占据头脑：一直在敲门的人，或者是电子邮箱里最新的邮件。我们也会想要拖延或取消困难的战略决策，选择去做更简单的决策。这和公众的期待相反，这意味着有些重要的人道决策并不是做得过快，而是做得太过缓慢，或者根本没有做出来。这种决策延宕的一种典型事例，就是在慢性灾害中对于是否响应早期预警、是否宣布进入具体危机阶段持有犹豫、勉强的态度。③

---

① 对陶工的这一描绘是以赛亚·柏林的经典文章《政治判断》中的洞见，Isaiah Berlin, *The Sense of Reality: Studies in Ideas and their History*, ed. Henry Hardy, Pimlico, London, 1996, pp40–53。

② "有限理性"是由诺贝尔经济学获得者、决策理论家赫伯特·西蒙（Herbert Simon）提出来的。

③ Hugo Slim, "Synthesis Report of the IASC Real Time Evaluation of International Response to the 2011 Horn of Africa Crisis", June 2012, p16 at https://reliefweb.int/sites/reliefweb.int/files/resources/RTE_HoA_SynthesisReport_FINAL.pdf.

心理学也指出，我们会本能地使用一些固定的认知方法来进行判断和决策。重要的是要意识到这些思维捷径，它们有时有助于仔细思虑，有时则会削弱思虑。我们在判断和决策时如果不能严守思维规则，大脑就趋向采取以下四种主要策略：归类、简化、锚定、情节化。① 这些是我们做常规决策时的心理应对机制，在同时面对大量决策或者决策时间紧迫时，就会更倾向于采用这些办法。

- 归类：在我们遭遇一种具体情况或问题时，就马上尝试将其归入与我们曾面对过的类似事情的既有模式。简言之，我们是尝试将其识别为已知的事情。有时这样做是对的，过往经验可直接帮助解决新问题。有时则可能导致刻板地理解问题，实则是误解。例如，在发生了一桩赈济物资车辆遭到公路上方山上的落石攻击的安全事故以后，我们可能不曾考虑到这一次事故背后是本地对赈济的接受度的深层次问题，而错将其理解为是一次单发性的小流氓行径，因为上一次我们面对的类似事故，就是小流氓扔石头。但这一回的根源可能完全不同，也更为深入。

- 简化：我们会用各种办法来简化决策。如分解法，即将问题分解为几个部分，只解决最简单的部分。如修改问题，我们可能借此有意地忽略或低估不确定性和困难。我们也可能依赖一些经验法则，遵照简单的指令如"简要为上"、"问日内瓦总部"、"别讨价还价"或者"看上一次是怎么做的"。或者我们使用背书，或称"榜样策略"，复制我们赞赏的其他机构或人道主义者的做法。有时这样做是明智的，有时这样虽然便捷，实际并不适用于当前问题。

- 讲故事：这是一种特别有力的简化方式，指占主导地位的群体对事件和动机进行编辑，生产出一种关于当前形势的圆满故事，令其他人认可这个故事的真实性。故事随后被"贩卖"为对问题的解释（实际上可能只是部分解释，甚至与问题完全无关），又依据这个故事做出决策。讲故事是在电影和电视剧中使用的术语，也盛行于管理学，被看作是领袖传达公司的挑战和目标的最佳方法。但在许多这样的故事被推翻、商

---

① 这个清单是基于 Richard R. Lau, "Models of Decision-Making", in *The Oxford Handbook of Political Psychology*, ed. David O. Sears et al., Oxford University Press, Oxford, 2003, pp30-31 做出来的。

业失败以后,这种方法就过时了。① 人道机构也要小心对待某些用于解释伦理问题、支持人道决策的"故事"。这样的故事可能过分简单化,还植入了关键行为主体的自身利益。

- 锚定与调整:我们尝试或试验性地启动某次响应,随事件发展而进行调整或中止。如果以真正开放、随时准备起锚的心态合理使用,这个方法就比较像约翰·凯和纳比尔·哈姆迪提倡的互动式思虑。

思虑的文化和思虑的心理同等重要。决策受组织文化的影响不亚于受决策者个人心理的影响。无论决策是由个人还是团队做出的,总会倾斜向每个组织中的某些文化规范。这有可能是积极的价值规范,如包容、透明;也可能是在所有决策中都会出现的文化标志或习惯。例如,有些机构不加考量地采纳了商业文化,在决策中优先考量"底线",将财务损益作为第一标准。有些组织则采纳实用主义的文化,以价值和透明为先,全情承诺"把事做好",奉行团队忠诚和保密。又如对警察伦理进行的研究指出,有些警队有一种非正式的伦理文化,称为"蓝色代码"或者"肮脏哈利"信条,即认可警察为了完成任务,可以在一些规则上妥协,并奉行绝对的团队忠诚,乃至为此遮掩同事的过错。② 有些组织文化极为厌恶风险。在人道机构中,这就表现为极度强调员工安全和操作规程。与此相对的是有些组织文化推重大胆、气魄、独立,并由此推动思虑。这样的公司将承担风险看作承诺和行动的标志。无国界医生就将这种文化类型投射到了人道领域。对性别、种族、年龄的歧视也可能在某些组织中占强势地位,持续导致决策过程和结果发生偏向。有些组织的伦理更倾向结果主义、功利主义,更看重收尾的状态,甚于看重价值和手段。组织文化所具有的力量,意味着人道组织的伦理文化对形成决策非常重要。

通常在进行思虑时尽可能把所有相关方都纳入在内,能实现最好的判断和决策,除非是在面对着火的房屋。ALNAP 最近对人道领导力的研

---

① John Kay, *Obliquity: Why Our Goals are Best Achieved Indirectly*, Profile, London, 2011, p87.

② Louise Westmarland, "Police Ethics and Integrity: Breaking the Blue Code of Silence", *Policing and Society* 15(2), 2005, Taylor and Francis, Oxford, pp145-165.

究显示，协同式的领导力和决策往往能做出更好的决策，也能获得更多认同。① 用参与式的决策纳入所有的利益相关方和部分建设性批评者或质疑者的意见，能避免一些"认知盲区"，也能避免精英式的"集体思考"——这种思考必然只限制在某个群体的知识和观点之中。② 不同的人、不同的群体从不同的角度看待问题，有不同的利益，拥有各自的信息，理解到不同的内容。因此在理想情况下，有力的参与式决策包括四个阶段：纳入各种人群来获得近似360度的视角，从而尽可能开阔地看问题；尽可能多地采集信息，尤其是彼此相反的实证；广泛分享这些信息；一同使用这些信息来做出判断、采取决策。

然而在紧急状况中，群体决策不总是明智的。协同性领导有可能动作缓慢，也有实证表明，在形势不清晰时做决策，个人比群体更有决策力。当个体必须对模糊的问题不经讨论就做决策时，这人通常就会做出判断、采取决策。而一旦这个人应邀加入一个群体讨论这个问题，就可能退缩、放弃早先的决定，止步不前。当一个群体应邀就一个模糊的问题做出群体的决策时，同样会发生止步不前的情况，群体变得无法决定事务，或只持中立态度。③ 这种被称为"向中立靠拢"的现象显示，机构在人道工作的各个层面上给个人领导力和个人裁量权留出空间有多重要。有些重要的思虑和决策需要由领导者单独做出，而不是诉诸移动电话、电话会议、机构间组群会议——这些途径都是力求达成共识，更甚于找到策略。

组织中具有开放性、探索性、参与性的思虑是决策过程的一种。还有其他类型的思虑，如使用规则、决策树或问题清单，这些是更加封闭的环路。这种框架式的思虑在商业伦理、医学伦理和社会工作伦理中十

---

① Paul Knox Clarke, "Who's in Charge Here? A Literature Review of Approaches to Leadership in Humanitarian Operations", ALNAP Working Paper, ODI, London, 2013.
② 这一段及下文所述参与式决策的四阶段，来自 Max Bazerman and Dolly Chugh, "Decisions Without Blinders", *Harvard Business Review* 84(1), 2006, pp88-97。
③ Steffen Keck, Enrico Diecidue and David Budescu, "Group Decisions Under Ambiguity: Convergence to Neutrality", INSEAD Working Paper, April 2012 at https://faculty.insead.edu/enrico-diecidue/documents/ambiguity%20in%20group%20decision%20making.pdf. 前引 Knox Clarke 的文章也同意这一观点。

分流行，尤其适合用于场地安全、供应链伦理、招聘流程等常规工作规程。框架在"伦理合规"准则中也很盛行，这种方法最早由埃森哲咨询公司实行，其时埃森哲列出了五十八条行为条陈，向员工展示如何在实践中落实价值。比如其中一条指出："我们最好的员工能够理解不同的观点，促进包容的环境。"① 这种指引行动的条陈成为伦理清单中的规矩。不过，也有实证表明，在更复杂的情境中，很少会在实际实践中应用框架。当人们开始更深度地讨论一个嵌入具体情境中的问题时，框架就会很快被舍弃。

框架式流程在人道伦理中也发挥作用，可见于国际人道法、《行为准则》和《环球计划标准》，它们均采用了对照清单式的方法。例如，在解决某些道德问题时，可以参照下列六个大问题来考察形势和各种做法。这个问题清单只给出封闭答案（是或者否），但可用于从人道主义角度识别不同做法的优劣，以供进一步思虑。

1. 这样做是否尊重了基本的人道主义原则和《行为准则》？
2. 这样做可能促进的行为会遵守还是违反国际人道法、难民法和灾害法？
3. 这样做可能增进还是削弱人道行为主体达成《环球计划标准》的能力？
4. 这样做可能提升还是削弱目标人群的尊严和生存环境？
5. 这样做可能增进还是削弱我们遵从良好的人道管理原则的能力？
6. 受影响人群是否会理解和尊重我们的决策？

---

① 《埃森哲商业道德准则》，见 https：// www.accenture.com/_acnmedia/PDF-63/Accenture-CoBE-Brochure-English.pdf.【译者注】现在该链接中的文件已经更新到 2021 年版，原有的句子已修改为："重视多样性和独特贡献，促进信任、开放、包容的环境。最好的员工会……促进协同的、彼此支持的环境。"

决策情境

在人道伦理中,也可将决策框架用于粗略区分思虑和决策所面临的情境类型。

我们在本章开头着火房屋的例子中已见到,不同类型的伦理挑战需要和适用于不同种类的思虑和决策过程。可以使用库涅温模型(Cynefin Model)对四种情境类型里不同种类的思虑进行建模。①

这个模型有力地显示,不同种类的思虑或决策如何对应于不同种类的形势及问题。对相对有序的环境可进行常规的思虑,开展分类和分析。在更为复杂混乱的形势中,较理性的方法失效,要"建立感知"就须使用参与性更强的方法,要求你去体验问题:深入探索复杂性,或是纵身投入混乱,在其中行动,以此发现应该做什么。这就类似于纳比尔·哈姆迪建议的"在某处开始,面向后方工作",从经验进到理性。

这一模型要求依赖感知。这就呼应了亚里士多德所说的实践智慧的德性,以及纳斯鲍姆所强调的感觉。这样做防止了思虑走向过分理性、计算化的形式。而在更无序的混乱复杂形势中,就要仰仗于分析性不太强,但具有强烈的人道主义直觉和德性的人去发挥能力。他们凭借直觉和德性感觉到应当如何设计援助项目,在极端的或非常规的环境中创新并有效地操作。这种环境的例子有海地地震造成极度破坏,且人道资源过密;或者在叙利亚城镇地区的人道行动中面临难以进入当地、冲突持续进行的新挑战。在这样的环境中,相比依照过往详细分析局势的经验进行归类来设计项目,探究与感知更能导向有效的实践。

---

① David J. Snowden and Mary E. Boone, "A Leader's Framework for Decision-Making", *Harvard Business Review*, November, 2007。该框架的网站,见 https://www.cognitive-edge.com/the-cynefin-framework/。

思虑的合法性

好的思虑或商议必定也要有合法的过程,由此成为一种符合伦理的讨论形式,得到相关人员的尊重。米勒维茨(Karolina Milewicz)和古丁(Robert E. Goodin)在研究国际组织的思虑时发现,思虑要取得成效和可信度,必须具有权力的空间,决策方能被坚持推行并产出成果。① 他们在考察过的成功商议案例中识别出七种关键特征:

- 真实:商议是真实的,不是装点门面的。
- 包容:所有相关人员都参与其中。
- 高效:商议指向决策,而非务虚。
- 合法:商议被认可为官方的、会发生作用的。
- 讨论规则:人们知道如何良好地交谈。
- 赋权的决策:商议会导向行动。
- 反馈循环:商议会持续进行,人们不断学习新知、不断因时调整。

面向广大社会开展政治性商议

在多数人道组织中,大家都遵循共同的目标,通常都有共同的语汇,借此可充分交流。与外部主体开展政治性商议,则更为微妙,会出现更多挑战,须跨越文化、阶级、生活经验、意图和利益等方面的差异。人道机构与所涉社区、国家当权者、武装团体和捐资方就项目运作中的困难抉择尝试进行商议时,通常都会受这些鲜明差异构成的政治态势的影响。

在大多数难以处理的人道伦理案例里,以某种形式开展公共商议都

---

① Karolina Milewicz and Robert E. Goodin, *Deliberative Capacity Building Theory International Organizations*, Social Science Research Network, 2012.【译者注】米勒维茨(Karolina Milewicz)是牛津大学政治与国际关系系教授;古丁(Robert E. Goodin)是澳大利亚国立大学哲学教授。

是极为迫切的。《行为准则》第七条强调多方参与，就是要求开展公共商议，广泛、多样的讨论可以导向更好的决策，令人道机构获得更大的合法性。这样的讨论通常是某种形式的结构化对话，如社区会议、机构间常规会议和高层闭门讨论。这种商议经常伴随着权力的不平衡和政治目标的巨大差异。与赤贫的社区成员讨论援助办法，通常会将人道机构置于政治上的优势位置。与政府或武装团体讨论人道主义准入许可，机构的权力位置又倒转了。

人道主义者不怎么说与政府当局"商议"，而是使用"人道谈判"或"人道外交"来描述与国家和非国家权力当局的讨论。[1] 但是，在这两种过程中，人道工作者陈述人道主义的理据时，他们讨论在给定的情境中如何对人道行动做最合伦理的安排时，就是在发生伦理的商议。红十字与红新月对人道外交定义得很清晰，围绕结果和手段进行的人道商议正是人道外交的核心："人道外交是说服决策者和意见领袖在任何时候都应为了脆弱人群行动，并充分尊重基本的人道主义原则。"[2] 外交和谈判都比单纯的商议更强调说服，而且人道外交经常是在武装冲突和灾害中非常不平衡的政治环境中开展的。[3] 然而在外交和谈判努力之前，人道从业者必然已经开始伦理思虑了，而最好的外交会议或谈判，就是所有参与方都敞开地、共情地、富有建设性地进行商议，找到最合伦理的人道行动策略。

商议的原则自古典时期以来就居于民主政治的中心。过去二十年间，"商议式民主"的概念在政治理论中复兴，这很大程度上是受德国哲学家尤尔根·哈贝马斯启迪，话语伦理开始受到重视。[4] 商议是政治社群或其选举出的代表人做出决策的重要方式之一。这被看作是一种争

---

[1] Deborah Mancini-Griffoli and Andre Picot, *Humanitarian Negotiation*, Centre for Humanitarian Dialogue, Geneva, 2004; Gerard Mchugh and Manuel Bessler, *Humanitarian Negotiations with Armed Groups*, United Nations, 2006; Larry Minear and Hazel Smith, *Humanitarian Diplomacy: Practitioners and their Craft*, United Nations University Press, New York, 2007.

[2] 该定义见 http://www.ifrc.org/en/what-we-do/humanitarian-diplomacy。

[3] Jan Egeland, "Humanitarian Diplomacy", in Andrew F. Cooper et al., eds, *The Oxford Handbook of Modern Diplomacy*, Oxford University Press, Oxford, 2013, pp352-368.

[4] Jurgen Habermas, *Moral Consciousness and Communicative Action*, Polity, Cambridge, 1992.

论、反思的形式，有别于其他的民主决策形式，如讨价还价和投票。讨价还价本质上是竞争性的、妥协折中的，而投票则是偏好的简单叠加。与此二者相对的是，商议是一种建设性争论的形式，意在激发变革，让所有相关方共同生成在伦理上都可接受的创造性办法。① 在政治中，商议常发生在议会和正式会议等开放的空间，而讨价还价和达成交易则发生在密室里、走廊上、私人午餐席间。

公共商议作为民主过程的主要好处，由意大利社会科学家迭戈·甘贝塔和斯坦福的政治科学家詹姆斯·费隆总结成以下的列表。这些好处也是支持公共人道主义商议的充分理由。

政治决策中的公共商议的好处为②：

- 公共商议可传播信息，并公示出相关方面的私隐信息。
- 公共商议可缓解或克服有限理性。
- 公共商议可激发想象，激励人们创造新的方案。
- 公共商议要求公开地对选择和偏好做出解释。
- 公共商议可分摊风险，鼓舞勇气去尝试大胆方案。
- 公共商议会稀释为自身谋利益的主张，并推动原则进入公共考量范畴。
- 公共商议可从分配正义的角度做出更好、更公平的决策。
- 公共商议可达成更广泛的共识。
- 公共商议会产生更具合法性的决策。
- 公共商议可提升参与者的伦理和智识品质。
- 公共商议可增加公共责信。

但公共商议也有风险。甘贝塔指出，商议也有其问题。③ 第一，我

---

① Jon Elster, *Introduction to Deliberative Democracy*, Cambridge University Press, Cambridge, 1998, pp1-16.

② Diego Gambetta, "Claro! An Essay on Discursive Machismo" and James D. Fearon, "Deliberation as Discussion", in Elster, *Introduction to Deliberative Democracy*, op. cit.【译者注】甘贝塔（Diego Gambetta, 1952—）是任教于佛罗伦萨欧洲大学研究所和牛津大学的社会理论教授；费隆（James D. Fearon）是斯坦福大学的政治学教授。

③ Diego Gambetta, "Claro! An Essay on Discursive Machismo" and James D. Fearon, "Deliberation as Discussion", in Elster, *Introduction to Deliberative Democracy*, pp21-22.

们在房屋着火的场景中也可见到,"如果结果的质量随时间飞逝而迅速下降,商议就纯粹是浪费时间"。第二,商议期间的政治性修辞和纯粹的口才技巧能欺瞒众人,或者在参与商议的群体中造成盲从。其中一种影响很大的情况,是精英游说者在讨论中大幅加入政治宣传或者虚假信息。这就会造成欺骗,造成苏珊·斯托克斯所称的"伪商议"和"伪偏好"①。第三,"商议有可能令讨论进行得极为细致,可能导致停滞不前的效果",这正如我们前面讨论过的,在集体讨论模糊形势时参与各方容易趋向中立的态度。② 这就是所谓的分析瘫痪效应。迈克尔·沃尔泽谨慎指出,商议在政治中的可行性和意义可能被夸大了。他指出,理智的、公正的商议(类似于刑事陪审团中客观的、体现社会多样性的商议)只是政治实际运作方式中的一小部分,不应高估其意义,却相对忽略其他的政治活动,如竞选、抗议、精英谈判、操纵,以及赤裸裸的权力展示。③

今天的公共商议不只是面对面的讨论。大多数社会都一直充斥着更多的商议形式,尤其是新的信息时代中有了博客、推特、互联网媒体和其他虚拟讨论空间。布朗大学的政治学家莎伦·克劳斯准确地指出,每个社会中都有更大的"商议体系"在发生作用,比官方组织的讨论广泛得多。④ 这样的体系包括:抗议、竞选活动和有影响力的电影中的讲话和情感,专家顾问组织的讨论,宗教人员和媒体评论员的宣教,还有人们在餐桌边、在汽车里、在脸书网和推特上、在办公室打印机边上热议

---

① Susan Stokes, "Pathologies of Deliberation", in Elster, *Introduction to Deliberative Democracy*, op. cit., pp123-139.【译者注】苏珊·斯托克斯(Susan Stokes),芝加哥大学政治学教授,芝加哥民主研究中心主任。

② Diego Gambetta, "Claro! An Essay on Discursive Machismo" and James D. Fearon, "Deliberation as Discussion", in Elster, *Introduction to Deliberative Democracy*, op. cit.【译者注】甘贝塔(Diego Gambetta, 1952—)是任教于佛罗伦萨欧洲大学研究所和牛津大学的社会理论教授;费隆(James D. Fearon)是斯坦福大学的政治学教授,p22。

③ Michael Walzer, *Politics and Passion*, Yale University Press, New Haven, 2006, ch5.【译者注】迈克尔·沃尔泽(Michael Walzer, 1935—),美国著名政治思想家,哈佛大学高级研究所社会科学学院终身教授。

④ 莎伦·R. 克劳斯:《公民的激情:道德情感与民主商议》,谭安奎译,译林出版社,2015年,第138页及其后内容,边页码第120页及其后内容。

切身问题的"日常言谈"。① 克劳斯指出,这种商议体系中的所有元素都会深刻影响到针对具体道德问题的情绪、意见和意愿的形成。人道机构在这种更广泛的商议体系中,围绕武装冲突和灾害问题,通过倡导、游说和筹款活动,发挥了很大作用。各机构愈发需要向这种公共商议输入信息,但也需要在为了自己的行动决策做出伦理结论的时候听取公众的反应。在某些情境中,各机构不仅要筹资,也要为机构正在实行的伦理战略采集公众意见,为此组织公众投票和公共会议,也是明智的做法。与公众开展双向对话而非单向的"索要",能使机构在特别困难的时刻获得伦理的指向和合法性,比如决定留在戈马的营地里,或者决定跨越国境进入叙利亚。

在与地方当局和受影响社区交谈时,所有的人道主义者都会经历商议带来的各种益处和风险。跨越不同文化、语言和阶级的对话总是困难的。在极端化的社会里或在时间紧迫的紧急状况下,就更难开展高质量的商议。有时地方社区或政府职员只是被人看到与人道机构深入交谈,对他们来说就是极为危险的了。但在能够与地方当局、受影响社区、武装团体、捐资机构和捐资公众开展宝贵的商议的时候,就是发生坦诚的、建设性讨论的重要时刻。应当去追寻和把握这样的时刻。

有同理心的商议

商议理论特别留意权力不平等和文化差异,尝试通过强调对话技巧来克服这些问题。现代政治理论将正式的商议理解为一种复杂对话,其间倾听是主动的、能带来变革的。哈贝马斯为了表述这种倾听的强度,使用了"相互反向"(reciprocal reversals)的概念来鼓励各方反向进入对方的经验中,借此理解他们发言的基础。这就要求各方都做出很大努

---

① 这一句原本出自 Jane Mansbridge, "Everyday Talk in the Deliberative System", in Stephen Macedo, ed., *Deliberative Politics: Essays on Democracy and Disagreement*, Oxford University Press, New York, 1999, pp211-242。

力来理解其他方的情况,这样,各方都能一起思考,提出道德上为所有人接受的解决办法。不过,他提出的还是一种非常理性化的过程。莎伦·克劳斯沿着休谟的思想,也认同情感在商议中的作用,指出"为了……达成具有正当性的决定,我们必须与他人一起去感受","当我们的内心被激发了,我们的头脑就改变了"。① 克劳斯认为,反向理解或称"观点采纳"同时牵动情感和理性。她认为,我们的理性大部分"通过诉诸我们所关切的东西得以展开"②。要恰当地采纳多种观点,想象他人的观点和经验,我们"要征询的不是我的个人反应,而是那些受影响者的情感"③。我们须想象自己作为他们是什么感觉。

人道主义的商议需要在三个主要方向上进行有同理心的反向理解:

- 人道机构须感受和理解当局和受影响社区的目标和理由。
- 当局须感受和理解受影响社区和人道机构。
- 社区须了解政治当局和人道机构的目标和理由。

对各方经验和目标的正义性都予以认同,通常不可行,也无必要;但认识到各方的经验和目标,对于形成一项各方在伦理和操作上都能够接受的人道谈判策略是至关重要的。

建立人道主义意向

在反向理解和采纳各方观点的商议过程中,推动各个相关方在同一个问题上建立起人道主义公正的立场,由此使得各方都能做出更好的联合决策,是一项重要内容。克劳斯认识到,在跨越不同群体的商议中不可能实现完全的公正,因此她将某种程度的理想的公正看作是商议中应

---

① 莎伦·R. 克劳斯:《公民的激情:道德情感与民主商议》,谭安奎译,译林出版社,2015年,第187、227页,边页码第165、200页。
② 莎伦·R. 克劳斯:《公民的激情:道德情感与民主商议》,谭安奎译,译林出版社,2015年,第176页,边页码第155页。
③ 莎伦·R. 克劳斯:《公民的激情:道德情感与民主商议》,谭安奎译,译林出版社,2015年,第185页,边页码第163页。

有的基本组成内容。① 人道伦理也与此相符。人道行动中，商议的主要目标之一即是收集实证，理解形势，使人道机构能够在识别人的需求、找到与受影响人群打交道的最佳操作手段时，尽可能地客观。鼓励当局和受到问题影响的社区持人道主义的公正态度，必然是公共人道商议的核心目标之一。建立人道主义意向和人道主义公正，在商议和谈判策略中变得十分关键。唯有通过能促进所有方面达成公正，也形成更广泛的人道主义意向的商议过程，各机构和当局才能做出在实地可行的、可长期成功的有效决策。

与遭受苦难的个人进行私密商议

在这些围绕人道主义的宏观策略开展的公共和集体伦理商议形式之外，人道主义思虑也须包括更为私密的共同商议场景，即人道工作者与个体或家庭讨论非常私人的方案。可能牵涉的是诊所里的患者、治疗性喂养中心里照料襁褓中的弟弟的姐姐、监禁中的犯人、寻找失联亲属的家庭、申请现金援助的家庭、正从性暴力中恢复的人。这些非常私人的讨论应当是人道行动的中心，也是人道伦理中最私密的前线。共情的沟通、互相反向理解和采纳各种观点也都融合在这种私密商议中，但这种商议发生的语境是更直接的照护关系。这就和上文描述的关于人道战略的组织性和政治性商议不同。相反，它就是列维纳斯、利科，以及宗教传统和医学伦理中强调的"个人责任的面对面相遇"。

在红十字国际委员会工作的医师保罗·波维耶描述过这些私密的商议如何成为真正的"人的相遇"，其间"人道照护关系是人道行动的核

---

① 莎伦·R. 克劳斯：《公民的激情：道德情感与民主商议》，谭安奎译，译林出版社，2015年，第6页，边页码第5页。【译者注】这里的"公正"，在克劳斯著作中文版里作"无偏倚性"，但在原文中为同一词（impartiality）。

心"①。波维耶在一篇有力地论述了红十字国际委员会对囚犯工作的文章中,强调了在私密的人道工作中为何需要持续发生"共有人道的时刻"和"相互认可",让人道工作者和受影响的人都开放地呈现自己,给出自己的一部分,收到彼此的一部分。这些个体的和家庭的讨论,就是人道原则在行动中反复地落地成为实例的过程。在这样的讨论中,所有相关方都被看作人,寻求为人之道。波维耶讲了几个囚犯和红十字代表之间给予和接受小东西的故事——小至一滴香水。一次一位男性囚犯问红十字国际委员会的代表能否给他一点香水,她在征询当局许可后向男性同事借了一点淡香水,第二天带进了监狱。波维耶写道:

> 囚犯快乐地往自己的脸上、头发上、衣服上喷洒香水,容光焕发,感激地说:"你可知道,我到这里来以后,今天是头一回身上的气味好闻。我觉得自己是个人了。"然后他到院子里去见狱友,分享自己的快乐,将自己的衣服在他们的衣服上摩擦,好分享那芬芳。那天再见到他们时,他们都有了那好闻的气味,又高兴又骄傲地来到我们面前。

与此同等重要的是,波维耶也讲了囚犯给代表送小礼物的故事,也讲到囚犯对代表进行侮辱、发出吼叫,因为他们被压抑的愤怒唯有对代表才能安全地发泄。他也讲到代表们当面听到关于受苦和折磨的故事后的哭泣。

在人道伦理学中理解私密商议时,可借助此前我们讨论人道时考察过的保罗·利科的"关怀"和西蒙娜·薇依强调的"关注"。这两个概念都捕捉到人道行动在发挥最私密的作用时所体现的行业关注点和个体关切。这正是人道伦理一直推崇的亲近和近距离。比利时哲学家嘉勒·费亚瑟(Gaelle Fiasse)总结过保罗·利科的医学伦理,他的诠释很适合指导人道行动在卫生项目中面对面商议式的相遇,乃至指导所有的人道项目,如食物安全、生计、教育、社会心理、水与卫生、避难所、倡

---

① Paul Bovier, "Humanitarian Care and Small Things in Dehumanised Places", *International Review of the Red Cross* 94(888), Winter 2012.【译者注】保罗·波维耶(Paul Bouvier)现为红十字国际委员会高级医学顾问,并在日内瓦大学全球卫生中心任教。

导,这些项目都涉及人道照护的个体关系。① 费亚瑟表明,强调利科所说的叙述、想象、转译和彼此脆弱性,可在患者和照护者之间创造出好的关系,即一种商议式的关系,可被应用于人道行动的核心。

为了与人讨论其所受苦难最好的应对办法而开展细致商议时,倾听是第一步。② 利科对叙事认同(指"我们是自己的个体故事,以及我的故事与他人的'纠缠'")的洞察意味着,好的倾听就是关注一个人叙述其生命中有何事发生、想要何事发生,留心听他们讲自己的生命故事,理解他们所寻求的"下一章"或"故事结局"。真正的倾听不仅是听见,还要求运用想象。西蒙娜·薇依描述倾听的重要性时,将其作为关注法则的一部分:"倾听一个人,是在与他谈话的时候将他放在他自己的位置上。"③ 人道工作者们清楚地知道,跨越文化、阶级、性别、经历、痛苦的巨大鸿沟去倾听,绝非易事。这需要薇依所建议的想象力,还要进行一些转译。利科认为转译意味着学习"说他人的语言"。这种语言能力,实则是与他人的生活经验发生共鸣,从而理解他们所处的位置和他们的需求能力。我们进行的转译不会完美,总会"历经某种拯救和某种对失去的接受"④。对国际人道工作者来说,转译往往通过实地的语言翻译者来完成。但如果要实现真实而有意义的商议,想象转译的过程就是必要的。⑤

不可低估让人们发言在人道主义商议中的重要性。发言是一种权力行为,而倾听的行为则表达了对发言人的尊重。因此对于在武装冲突和

---

① Gaelle Fiasse, "Ricoeur's Medical Ethics: The Encounter Between the Physician and the Patient", in Christopher Cowly, ed., *Reconceiving Medical Ethics*, Continuum, London, 2012, pp30-42.【译者注】嘉勒·费亚瑟(Gaelle Fiasse),现在加拿大麦吉尔大学哲学系任教,是研究亚里士多德和保罗·利科的专家。

② Hugo Slim and Paul Thompson, *Listening for a Change: Oral Testimony and Development*, Panos, London, 1993.

③ Simone Weil, "Human Personality", in Sian Mile, *Simone Weil: An Anthology*, Penguin, London, 2005, p91.

④ 保罗·利科:《保罗·利科论翻译》,章文、孙凯译,生活·读书·新知三联书店,2022年,第59页。

⑤ Leila Kherbiche, "Living (with) others' words: the challenge of humanitarian interpretation", paper presented to the ELAC Conference on *Humanitarian Workers: Ethics, Psychology and Lifestyle*, University of Oxford, 17 December 2013.

灾害中失去了许多或常常受到忽略和虐待的人来说，发言是一种特别重要的经历。一位埃及的寡妇告诉剑桥人类学家海伦·沃特森："从心里说出的话比你草草写下的字生动得多。我们说话时，词语就在灼烧。"①人们有权利谈自己的生活，同样，人道主义者在和当局及社区开展公开和私密的商议时，也需要有力地说出人道的价值。与他人一同进行的人道主义思虑，须将充满人性的发言置于优先，人道主义价值才能回应人们的需求，将拒绝人们需求的冷酷意识形态灼烧出孔洞。

在我们人道主义者认识到所有人都很脆弱，自己还可能在某种意义上比我们面对的人更脆弱的时候，发生这种富于关怀的对话是最有成效的。在具体的人道主义形势中，人们也自有其韧性，能够为彼此探讨出最好的办法。费亚瑟观察后说道："有时一个受苦的人，比起治疗她的人，会在其他的存在维度上成就得更多。"② 这确实是许多人道工作者的共同经验，他们常常敬畏地面对饱受武装冲突、饥荒和灾害之苦的人们身上的尊严、韧性、实践智慧和善好。

伦理胜任力

所有这些不同方式的思虑都需要与人道工作者的技术知识及其组织的价值观和特长相结合，从而使每位人道工作者的伦理胜任力提升到相当的水平。伦理胜任力是由安·加勒格等护理伦理学的学者提出的实践性观念。加勒格将伦理胜任力定义为一种强烈的道德能动力在受过专门

---

① Helen Watson, *Women in the City of the Dead*, Hurst, London, 1992, p11, cited in Slim and Thompson, *Listening for a Change*, op. cit.【译者注】海伦·沃特森（Helen Watson），现为剑桥大学圣约翰学院社会人类学的主任。

② Gaelle Fiasse, "Ricoeur's Medical Ethics: The Encounter Between the Physician and the Patient", in Christopher Cowly, ed., *Reconceiving Medical Ethics*, Continuum, London, 2012, p41.

训练后的展现，是"根据道德责任进行认识、思虑、行动的能力"①。道德能动力和伦理胜任力的对立面是道德盲目或道德自满，它会令人们不愿或不能检省具体形势中的伦理。

伦理胜任力是所有人道工作者都应努力具有的，也是整体测量及评估人道项目运作的好办法。加勒格对此提出的模型是五种能力的集合。第一是知识，尤其是能够知道一点伦理学、工作技术领域、规则和指南、人们的备选方案以及当下所处的社会政治状况。这种知识随后有助于合乎伦理地解决问题。第二是感知维度上的能力，即感知和认识到伦理问题发生的能力。具备伦理胜任力的标志之一，就是有使人能发现道德问题的"道德之眼"。也正是在这种感知之中，直觉和道德感才能指导出正确的分析和行动。第三是伦理的反思能力，我们已经讨论过这种思虑能力。第四是伦理的作为和行动，这是对具体问题以正确的方式采取行动的能力，往往也是正确行动的先决条件。第五是"伦理的存在"，指伦理意识和胜任力逐渐成为习惯，最终成为人道从业者第二天性。

本章考察了三种思虑：组织中的思虑、政治性思虑（商议）和私密的商议，它们在人道伦理中都非常重要。人道机构及其成员在任何时刻都可能参与到上述每一种思虑空间中：在彼此之间、在公共集会上、在与照护对象私密相处时，思考做什么才是最好的。下一章会更仔细地考察人道主义思虑发生时往往要做的道德选择的典型结构。

---

① Ann Gallagher, "The Teaching of Nursing Ethics: Content and Method. Promoting Ethical Competence", in Anne Davis, Verena Tschudin, Louise de Raeve, eds., *Essentials of Teaching and Learning in Nursing Ethics: Perspectives and Methods*, Churchill Livingstone Elsevier, London, 2006.【译者注】安·加勒格（Ann Gallagher），现在埃克塞特大学医学院任护理部主任，照护教育、伦理与研究的教授。

第九章
道德选择

人道行动摆出了各种伦理选择和困境。现在我们需要更详细地考察，这些选择是如何构成的。人道从业者与其他人面临着同样的道德选择基本类型。也许具体的人道主义难题的细节是独特、复杂、极端的，但在一种情境表现出来的特殊性之下，道德问题的基本结构往往只是几种主要类型之一。本章就考察这些道德选择的典型结构。

做选择往往是困难的，而在这个过程中有些人又会比其他人遭遇更大挑战。如前两章所述，如果我们不把做选择看作是纯粹理性的、计算性的、需要专门哲学技能的过程，而是承认选择中还有重要的情感元素，会更有助于解决问题。对任何选择的大考验都是：是否能在做出选择、论证选择正确以后，实际执行这个选择。我们常根据理性的讨论做出大的选择：一份新工作，离婚，或者结束一项人道行动。我们如释重负地爬上床，在睡梦中却无法忘记。早上醒来我们又对这个选择别别扭扭，想要另一个选项。有时这样的犹豫是出于恐惧和缺乏道德勇气，但也经常是因为我们的意志和渴望在轻柔地施力。我们就是没法将这个选择一做到底，因为我们觉得它不太对劲。

会发生这种道德上的摇摆，是因为我们不仅受理性推动，也受我们的意志和情感影响。一个志愿的、自由意志的选择，也会是我们的良知和直觉真正想要的选择。我们会想要去这样做。托马斯·阿奎那如此概括选择的情感方面："所以，选择本身不是理性之行动，而是意志之行动，因为选择是由灵魂趋向所选之善的行动来完成。"① 选择是理性和意

---

① 圣多玛斯·阿奎那：《神学大全：第四册》，刘俊余等译，中华道明会、碧岳学社，2008年，第138页。

志的结合,这一点意味良多。通常在开始做一件我们不想要去做的事情时,我们就真切地感到不和谐;而在我们顺应意志而非违反意志时,就感到与自己的行动在同一个调上了。我们的选择中有"灵魂的渴望",这是神学语言对情感和良知在道德论证中的角色的表述,而道德论证帮助我们知道自己的伦理决策是否仍在正轨上。

我们此前已谈到,并非所有的伦理决策都是两极的选择。许多是梯级的选择,主要是程度的问题;还有的选择是反复挪动,逐渐探索出具体的路径。因此,不宜将每个情景都构建成尖锐的选择。我们构建情景的方式在伦理学及各种方面上都非常重要。将每个问题都推进戏剧性的选择,会给人道项目运作蒙上一层宿命色彩:"我们得做 A,不然就得做 B。"而好的伦理实践往往都是调整你与一方的关系,或者探索不是 A 也不是 B 的新做法,看看是否能扭转局面,或者为项目运作营造更合乎伦理的氛围。在不习惯讨论伦理的机构中,将一个问题表现为"伦理问题",可能会彻底破坏局面,将问题不必要地推进极端选择的困境。对伦理的关切须在日常成惯例,而非仅仅用于标记机构思考中的极端和异常。不过,在人道主义形势里确实也常常遭遇要做出艰难抉择的难关。

不同类型的选择

机构和个人在工作中面对的多种情景,可以归纳为几种常见的选择类型,根据在具体情境中影响选择的四种主要因素来加以区别:
- 知识和确定性的不同水平
- 可行性的不同水平
- 彼此冲突的价值和原则
- 选择一种、放弃另一种带来损失的不同水平

换言之,有些选择之所以艰难是因为选择不完全明晰;有些是因为不可能做你真正想去做的事情;有些是因为选择一件好事,不可避免地就没法做其他好事;还有的是因为这个选择使其他人有了做坏事的条

件。我们来看看每一类型的具体例子，就能更好地理解这种普遍化归纳结果。

显而易见的选择：高确定性

这是最好做的选择。这种选择中，道德确定性和实践可行性都很高。换言之，应该做什么和明显能够做什么，都很清楚。例如，在一场人道行动中可能要做出一个小小的公平性选择：营养评估清晰显示，A地区儿童的营养不良水平比B地区儿童高得多。在政治上和后勤物流上，你的机构在两个地区都很容易开展工作。在这一项选择中，实证已明白指示出有最大需求的地方，指出了最后的选择，也有很好的确定性。你的人道项目应该对A地区执行。

在显而易见的选择中，道德确定性很高，所以可以很容易就在各种选项中排列出最好的、好的和坏的。机构采取最佳行动方案的能力水平也很高，意味着操作可行性也不成问题。有些道德哲学家喜欢使用等式，那这种选择会表达为：

$$A<B 所以 OA（O=应该做）$$

在这种情景中，因为有高水平的确定性和可行性，显然做A比做B好，所以你应该做A。

妥协：有明确道德损失的确定选择

有些选择清晰可见，也有能力实行，但会带来沉重的损失。A可能比B和C好，但该选择本身还是可能包含坏的事情。这个选择带来的损失可能涉及原则问题、物资利益或人道主义方面的影响。这样的选择常常是作为道德上的妥协被提出和处理的。在人道行动中，对政治和行动联盟进行判断和决策时常常会出现这样的选择。比方说在人道政治中，常常发生用独立性换取进入强势政府或武装团体当权的地区的渠道的情况。在许多武装冲突中，人道机构选择在完整的行动独立性上妥协，接受当局的行动限制，而当局显然在赈济分配方式中有既得利益。机构做出这样的妥协，是因为其选项是：受限的行动，或完全没有行动。这种选择是人道行动的常见特点。在20世纪80年代埃塞俄比亚内战中与埃政府和反叛团体共事的案例中，就有这种选择。在南苏丹和达尔富尔地区的内战中与苏丹政府建立关系的机构，在今日缅甸若开邦工作的人道机构，也都面临这种选择。与北约的伊拉克和阿富汗反叛乱行动合作的机构，也做出了这样的妥协。通常妥协就是与政府捐资方的关系核心。各机构经常得为了赢得资助，将项目向捐资方的优先项倾斜。

澳大利亚哲学家托尼·寇迪定义妥协如下：

> 妥协是一种议价，其间几方都看到开展一些合作的好处，遂同意如此推进，每一方都需要可能至少暂时性地放弃部分目的、利益或策略，来保证其他的目的、利益和策略。这样的妥协中没有什么不道德的。①

从无国界医生的医师基娅拉·勒波拉和哲学家罗伯特·古丁合著的《谈共犯与妥协》（*On Complicity and Compromise*）中，我们很可借鉴其中区分的三种妥协：替代、相交和结合。②

替代

一方想要a、b、c、d，另一方想要e、f、g、h。而他们选择的是第三种做法x、y、z。这种妥协是基于找到了两方都能接受的新办法。

相交

一方想要o、p、q、r，另一方想要q、r、s、t，他们就确

---

① C. A. J. Coady, "Politics and the Problem of Dirty Hands", in Perter Singer, ed., *A Companion to Ethics*, Blackwells, Oxford, 1991, p380.【译者注】托尼·寇迪（Tony Coady），墨尔本大学应用哲学与公共伦理学中心副主任，教授，澳大利亚最著名的哲学家之一，以认知论、政治暴力和政治伦理的作品知名。

② Chiara Lepora & Robert Goodin, *On Complicity and Compromise*, Oxford University Press, Oxford, 2013, ch2.【译者注】基娅拉·勒波拉（Chiara Lepora），先后在无国界医生和红十字国际委员会任职，现任无国界医生曼森部门（知识管理和政策支持部门）的主任。

定要 q、r。这种妥协可实现的条件是你能够调整自己的偏好，并从对方的偏好中找到交集，这样就创造出在现有办法中的一致意见。

结合

一方想要 o、p、q、r，另一方想要非 o、非 p、非 q、非 r。双方决定用 o、p 和非 q、非 r。在这种情景中，每一方都同意采纳一些自己想要的，也采纳一些自己明确不想要的。通常这是最糟糕的一种妥协，不仅稀释了各方偏好，还主动引入了双方不可接受的成分。

许多时候，做出妥协的选择，主要目的是形成不理想但可接受的共同基础，或者在二选一的决策中达成所谓的"小恶"。[①] 妥协总是为了保证"平衡过后的善"，特点是各方情愿，历经谈判，大体公平恰当，这样没有一方会做得明显差于另一方。每一次妥协都会让人感到一点道德上的不舒适，所以会有"不得不妥协"的难受感觉。但总体而言，好的妥协基本上都是可接受的，因为这样的妥协能够实现其他的善。然而，强迫性的、对一方明显不公的妥协，确实是受了胁迫而成的。这种妥协当然会让人感到是"卑劣的妥协"，一方付出了过高的道德代价，发生了太多的坏事情。因此，"卑劣的妥协"通常是错误的决策，也绝不是合适的选择，因为其间有压制和胁从。

不确定的选择：认知之幕

许多选择都牵涉到高度的不确定性。一般这就是这些选择成为道德问题而非简单的伦理选择的原因。这些不确定的选择常常被描述为笼罩在"认知之幕"或"认知的斗篷"之下，意思是说，人们知道得不够

---

① 关于对小恶的出色分析，参见 Georg Spielthenner, "Lesser Evil Reasoning and its Pitfalls", *Argumentation* vol. 24, Springer, 2010, pp139-152。

多，或者无法知道得足够多，不足以在不同的选项中做出知情的选择。[①]道德哲学中的这些术语等同于心理学所说的认知盲区。

人道行动中，不确定的选择有项目运作上的选择，即选择哪种赈济和保护可能效果最好，也有安全方面的决策，如团队何时可安全地继续在高风险地区开展工作。有时新的信息能提升确定性的程度，从而改善这些选择的结构。不过，做出这样的选择，通常都要有勇气和实践智慧的德性。不确定的选择有高度的道德风险，不过，即便一个决策带来了坏结果，也可能并不是一个不合伦理的决策。例如，在征求一个人道工作组的同意后将他们派回一个危险地区，继续为流离失所人群提供基础保健服务，即便两周后两名成员被绑架了，这还是一项符合伦理的决策。这项决策很可能还是一项好决策，因为其中合理地衡量了各种不同的善：流离失所人群的健康、员工的安全、继续提供健康服务的原则性立场等。仅凭结果和影响，不能决定什么是负责任、合伦理的行为。

滑坡效应：不确定的动态选择

许多道德不确定性的问题尤其艰难，因为它们是"动态选择难题"。这意味着这些问题会随着时间扩散、恶化。你现在做出的选择，会成为一系列选择中的头一个：其间你越来越无法加以控制，一个个选择叠加起来变得越来越糟糕，牵着你走上一条你不想要但现在没法完全看清楚的道德之路。这些在一个选择之中潜在的未来路径的变动状态，常被描述为"滑坡"问题。现在做起来是正确的事，可能将你送上无法逆转的路径，在错误中越走越远。

例如在一个儿童福利项目中，将无监护人的孩子集中在一个临时孤儿院中保护，拯救他们的生命，这大概是绝对正确的。但随着时间的推移，这种策略可能会改变父母和家族成员的情感动机。过了三个月，家族成员将这些孩子认领回去的可能性越来越小，他们觉得非政府组织建

---

① 认知论是研究知识与信念的理论，来自希腊语"episteme"，意为知识和理解。

起来的生活对孩子来说是一个非常积极的生活起点。你在几个月前做的好事造出了一面滑坡，酿成一场道德风暴。它在鼓励制度化的家庭分离，还牵涉昂贵的组织运营成本。如今这些成本吸收了照顾一千名儿童的资金，而这笔钱本可用在社区项目中提高一万名儿童的生活水平。

在滑坡问题中做决策和不确定选择一样都是痛苦的。这类选择的痛苦源于意识到未来的道德风险，同时也意识到无法对此风险加以预测或控制。现在做一件好事，却不确定过后会不会牵扯进一件坏事。或者现在做出一个残酷决定，为的是防止省事的方案可能引发道德上的恶化，保证未来实现更多的善。这样的不确定性，在道德上充满压力。

苹果与橙子：无法比较的价值之间的冲突

很多道德冲突不是发生在同等的善（在三个成熟苹果之间选）或同等的恶（在三个腐坏的苹果之间选）这样的相对确定性之间，而是在不同的善（一个成熟苹果和一个成熟橙子）之间做艰难选择。

无法比较或不可通约的价值之间发生的冲突困扰着道德哲学家，尤其困扰着使用分析或数学思维的道德哲学家。他们努力搞明白是否能均等地评估一位诗人和一位小说家，看哪位应得文学奖，或者是长大以后做一位伟大的小提琴家或一位伟大的律师，哪样更好。你能比较莫扎特和米开朗琪罗的天才，指出谁是更伟大的艺术家吗？这些事情是"大体可比较"的吗？还是这二者就是"不可通约"的价值，彼此之间存在不连续性呢？要说出我们应该在什么时候在生命和自由、隐私和国家安全之间做出选择，是不是可能的呢？① 我们如何衡量不同的善呢？

无法比较或"不可通约"的价值的问题，常在人道伦理中发生。例如，人们常质疑，在当局利用安置营地胁迫营地里的人、侵犯他们更广泛的公民权利和政治权利时，人道机构是否还应该继续待在营地里，供

---

① 对这个问题的出色总结和讨论，见 Parfitt, Chang, Griffin, Broome, Richardson and others in the *Stanford Encyclopedia of Philosophy* at http://plato.stanford.edy/entries/value-incommensurable.

养营地里的人。又如，投资一个修复学校并培训教师的项目好，还是投资一个对曾遭受强奸的妇女提供冲突后咨询和经济支持的项目好？这些道德问题让人道机构在不同价值之间做出艰难选择：是人类生命还是政治正义？是教育还是个人尊严？对许多多使命的机构来说，这样的选择使其使命的不同方面之间发生张力：救助与发展之间的张力，长期减贫与即时人道需求之间的张力，高声倡导与慎重缄默之间的张力。①

如果不可能找到办法在生命与自由这样的价值之间取舍，那么哲学上的一种解决办法就是找一个道德方程式，使一种价值"王牌压过"另一种。詹姆斯·格里芬建议，在价值发生冲突时"如果少量的 A 总比大量的 B 好"，就使用这个"王牌"的方法②。人道伦理以人道为最基本价值，应该就会在大多数时候接受这种王牌方法，将人类生命暂时地置于其他权利之上。不过，许多哲学家讨论价值差异时将其表述为价值的"碰撞""冲突"，可能是错误地表现了问题。这种表述脱离现实，将问题表现为二元的、非此即彼的选择，而有时候，是有可能通过创造性的人道项目运作同时实现一个机构的两项道德主张的。通常可能是在同一个项目中一起处理不同的价值，或者在两个项目中分别处理，从而缓解这些道德冲突。例如，一个机构并非不可避免地只能在受强奸妇女康复项目和学校修复项目之间选择，而可以灵活处理两种项目。强奸幸存者可以经培训成为学校修复项目中的员工、教师或学生，从而在获得赋权的社会角色中修复她们的尊严。承诺在遭受胁迫的流离失所人群安置营地里发放食物的人道机构，同样可以尽力保护人们免受胁迫造成的最大危险，并慎重地游说国内和国际行动来制止这种胁迫。如果无法顺利、彻底地化解这种价值不相容问题，这个问题也就变成了人道行动在艰难局势中为争取成功要素而不可避免地进行的持续斗争的一部分。

也许西蒙娜·薇依对无法比较的价值，或者按她说的"责任的不相

---

① Hugo Slim & Miriam Bradley, "Principled Humanitarian Action and Ethical Tensions in Multi-Mandate Organizations", World Vision, Geneva, April 2013.

② James Griffin, *Wellbeing: Its Meaning, Measurement and Importance*, Clarendon Press, Oxford, 1986.【译者注】詹姆斯·格里芬（James Griffin, 1933—2019），牛津大学哲学教授，尤精伦理学和政治哲学。

容性",提出了最现实的方法。她讨论这个问题时指出:"对(我们的)各种义务的意识,使我们无法放弃多种义务之间彼此不相容的局势。"① 我们不能放弃这种问题,但也得不停尝试在能做到的时候,用能做到的方式,实现这些不同的义务。我们也许不会获得彻底的胜利,但会获得胜利的瞬间。我们不断尝试,就确保了我们坚持的所有价值在具体情景中即便没能充分实现,也仍然存在。塔利班治下的阿富汗限制妇女权利,是新近的人道主义历史中职责不相容的最显见一例。塔利班的政策限制妇女参与教育、工作和由男性医师进行的体检,这就对人道机构构成了不相容义务的情景。人道主义者感到必须帮助所有人,却无法帮助所有人。他们也想反对塔利班对妇女权利的侵犯,改变这种政策。在这种情况下,人道机构确实受到了胁迫,也不能确定要是离开这个国家,"专注于做倡导"以改变塔利班政策的话,他们是不是就能站住更好的道德立场。要缓解这种道德愤怒,也许最终的办法还是从该国内部做起,尽他们所能为当地的男人和男童开展赈济工作,同时逐渐找到创新的,也许还是颠覆性的办法,通过非法的地下女校网络接触到妇女和女童。在这样的工作基础上,机构就可以为其他人进行的公共倡导提供信息。

脏手:选择错的,实现对的

支持被塔利班认定非法的地下学校的方案,提出了伦理学中的"脏手"问题。有些艰难选择在结构上似乎就是需要打破一条道德准则来实现另一条道德准则。换言之,有些情景中能做的最好的事,就是去做在通常情况下是错误的事情。这类选择,现在已被理解为不可避免的、弄脏手的伦理难题,在风险非常高的应急伦理学中尤为常见。② 这个问题和在艰难局势中选择"小恶"的观念相似,有时二者就是相通的;类似

---

① Simone Weil, "Human Personality", in Sian Mile, *Simone Weil: An Anthology*, Penguin, London, 2005, p113.
② "脏手"一词是由萨特在1948年的同题戏剧《脏手》正式引入伦理学的。

的还有在"定时炸弹"场景①中的道德性变化，有人认为，在这种场景中可以容许减损道德的绝对性。众所周知，定时炸弹的例子催生的后果往往是将禁止刑讯的禁令取消，以得到能拯救生命的情报。人道主义的选择从来不至于如此不道德，但确实有些局势体现了这样的逻辑：有必要悬置一些道德规范，以实现更大的人道主义目标。

"脏手"的挑战在近年才被提出来，但在伦理学里已是历史悠久。许多古代传说和宗教文本里，都有这样的故事，将欺骗、说谎、误导、谋害没有武器的人赞颂成实现更大的事业而采取的正当道德策略。奥德修斯和希腊人用肚子里装了武士的木马作为礼物，欺骗了特洛伊人，这个故事广为人知。还有利百加及其子雅各欺骗了丈夫以撒，窃取了以撒对其长子以扫的祝福和继承人名分。许多故事里，性和诱惑也是为了正义的事业获取情报或进行刺杀的手段。友弟德杀了醉酒的敖罗斐，因为这个亚述司令正盘算着毁灭她的城市。以斯帖王后运用她对国王的性魅力，挫败了波斯宰相哈曼屠杀境内犹太人的计划。② 饱受迫害的伊斯兰什叶派在漫长历史中一直遵循一条"taqiyyah"③ 教令：教众可以为了保全自己的性命进行伪装，使用假的身份和信仰。这些打破正常道德法则的做法，通常被理解为为了保全更大的善而必要的狡诈。

迈克尔·沃尔泽有一篇经典论文讨论"脏手"问题，他探究了文艺复兴时期意大利伟大的政治理论家、宫廷顾问尼可拉·马基雅维利如何承认有时需要"必要的不道德"④。沃尔泽指出，重要的是，这种选择

---

① 【译者注】2006 年，英国 BBC 广播公司在 25 个国家展开调查，提出如下问题："假设一名涉嫌恐怖主义犯罪的嫌疑人被捕，有证据表明他在人潮涌动的区域放置了一颗定时炸弹。不及时发现炸弹的位置并将其拆解，无辜公民的生命将会受到严重威胁。嫌疑人不主动交代，施以酷刑，他可能会说出真相。请问：可以对其进行刑讯吗？"其间 29% 的受调查者认为在这种情况下应该允许政府使用某种程度的酷刑。是为"定时炸弹困境"。引自李昌盛：《刑讯逼供和法治的代价》，《人民法院报》2010 年 6 月 18 日。

② 【译者注】以上故事里，除"木马计"为古希腊传说外，均出自《圣经》。利百加和雅各故事见《创世记》27 章。友弟德故事见天主教版《圣经》的《友弟德传》。以斯帖王后的故事见《以斯帖记》。

③ 【译者注】阿拉伯语，意为遮掩自己。

④ Michael Walzer, "Political Action: The Problem of Dirty Hands", *Philosophy and Public Affairs* 2(2), Winter 1973, Wiley-Blackwell, pp160-180.

并非在标榜道德相对主义；并非在伦理上"什么都行""有用就好"。讨论"脏手"的决策，并不是采取极端的功利主义立场，认为目标总能为手段正名。相反，马基雅维利本人深刻意识到这些选择真真切切地违反了道德准则。他讨论这种做法时，仍然主张遵守被违反的准则，但也明确，政治现实主义要求违反一些准则：

> 一个人如果在一切事情上都决意要以善良自持，那么，他厕身于许多不善良的人当中定会遭到毁灭。……如果好好地考虑一下每一件事情，就会察觉某些事情看来好像是美德，照着办却会自取灭亡，而另一些事情看来是恶行，照办了却会带来安全与福祉。①

沃尔泽指出，马克斯·韦伯和阿尔伯特·加缪对这种违反准则的做法也有相似感受，且更往前走了一步。韦伯观察到，政客如何弄脏了手而成为英雄，且总是丢掉灵魂的"悲剧英雄"。加缪则在戏剧《正义者》(*The Just Assassins*) 中讨论了这个主题，他明白表示自己笔下的刺客是将自己置于司法正义领域之上，从而选择了谋杀。虽然这样做可能带来善，但他们仍须接受这桩罪行的惩罚和死刑。②

在人道行动中，"脏手"的选择显然无关刺杀，但经常出现在腐败、武装保护、危险同盟、各种欺骗等问题之中。有时候机构在谈判人道准入问题时只谈赈济，不谈它同时计划担当的倡导和保护工作，是有道理的。有时只有容忍食物被挪用，才能将食物发到脆弱的社区。有时把人藏起来很重要，还要欺骗要谋害这些人的人。红十字国际委员会代表弗雷德里克·伯恩发现，夸大机构的外交豁免权，在大屠杀期间是藏匿的好办法。1944年，他就这样在布达佩斯城市中心保全了数百位犹太人的即时人身安全，虽然悲惨的是他的保护只能暂时起作用，最终也落空了。③ 这种欺骗在道德上很重要，并正名为"应急伦理"。应急伦理的

---

① 尼科洛·马基雅维里(利)：《君主论》，潘汉典译，商务印书馆，1986年，第十五章，第74—75页，根据意大利语原文修订。

② Michael Walzer, "Political Action: The Problem of Dirty Hands", *Philosophy and Public Affairs* 2(2), Winter 1973, Wiley-Blackwell, p178.

③ Caroline Moorehead, *Dunant's Dream*, Harper Collins, London, 1998, p446.

概念由迈克尔·沃尔泽谈使用武力时提出，但在人道伦理中一直没有充分发展。① 寇迪称这种应急伦理的应用情景之一为"道德孤立"：其间正如马基雅维利描述的，你周围的人都在打破所有道德规范，由此形成了一个反常的环境，结果，正常的、符合德性的行动反而会使你和其他人极易受到不道德行为的伤害。②

在人道伦理中，每个"脏手"策略的主要关切似乎都转向了有悖道德的做法的严重性，以及只披露部分真相、不诚实、贿赂或误导可能带来的危险的滑坡效应。阿历克斯·贝拉米准确地指出，大多数"脏手"或"小恶"难题其实都是无法比较和无法通约的价值（苹果还是橙子）带来的挑战，这一点前文已述。③ 要满足一个情景中同时出现的不同要求，实现人道准入、绝对诚实和无可挑剔的食物发放方案，也许就是不可能的。关键问题就变成，"脏手"的选择即便不能严格地合乎法律或道德，是否仍有人道主义的正当性。换言之，这样的做法在道德上是否有道理，可被广泛接受为人道伦理中的基本关切？人道工作者得在这个问题上做出决定和选择。

悲剧性的选择：道德两难

道德两难的结构尤其冷峻。真正的道德两难具有一种可怕的对称性。无论你选择哪条路，都会不可避免地引发某种严重的道德损失。这些损失也会使做出选择的人遭受巨大的痛苦。构成道德两难（如果有三种选择方案的话，就是三难）的，是互不相容的高度确定性。在义务的两难中，冲突在于彼此相反的好事情（如拯救生命），你对两件事都有

---

① Michael Walzer, "Emergency Ethics", in *Arguing About War*, Yale University Press, New Haven, 2006.

② C. A. J. Coady, "Politics and the Problem of Dirty Hands", in Perter Singer, ed., *A Companion to Ethics*, Blackwells, Oxford, 1991, p381.

③ Alex Bellamy, "Dirty Hands and Lesser Evils in the War on Terro", *British Journal of Pilitics and International Relations* 9(3), August 2007, Wiley, pp509-526.【译者注】阿历克斯·贝拉米（Alex Bellamy），澳大利亚昆士兰大学和平与冲突研究教授。

义务去做。在禁令的两难中，张力则在于彼此相反的坏事情（如杀人），规范禁止你两件事都不可做，而你必须选择一件去做。

纯粹的道德两难的典型特征在于，它是强制的选择，不可能回避，所以是一种必要。人在一种局势中被迫做出选择，而你宁可不选择，因为任何选择都会造成极端的损失，会永远萦绕着你。伦理学家称这种持续的痛苦为选择的"残存"或"剩余"，将变成重大的恶事、悲伤和道德困扰延续下去。①

在义务的两难中，各种选项可能都是好的，但没有办法将它们排序，或者是没有办法减轻只选一个选项的代价。这种困境之一例，就是极为困难的分诊情景。例如，营养调查显示，某省A、B、C三个县的儿童营养不良水平同样严重，而你是该省唯一一个机构，机构的资源只足以一次在一个县发生显著影响。在A县或B县或C县工作，都很好，但你就得选择一个县，且无法做什么有用的事情来把不选其他两个县的影响降至最低。

这种道德冲突也可以是反过来的，你在两件坏事之间做选择。项目削减就是一个在两个同样糟糕的选项之间做悲剧性选择的例子。某省孕产妇死亡率和新生儿死亡率都很高，在资金减少时，你不得不砍掉在该省内X县或Y县的助产士项目。所以，最极端的一种道德两难就出现于你在无法同时选择两件具有同等价值的事情的情景中，却必须做出选择。露丝·马库斯（Ruth Marcus）就残酷地描绘过这种状况：一位母亲看到她的同卵双胞胎孩子分别掉进了大水塘的两边，两个孩子都不会游泳，与她的距离都一样远。时间和距离决定了她无法把两个孩子都救出来，她无论救哪个孩子，都会是不公平、不完满的。② 这种悲惨选择及其毁灭性的"残存"的典型版本，就是威廉·斯泰伦在小说和电影《苏菲的选择》中的著名刻画。这里又有了一个表达这种极端道德两难的等式，其中-C=不能做：

---

① 关于道德两难的经典讨论，查看 Ruth Marcus, "Moral Dilemmas and Consistency", *Journal of Philosophy* 77(3), March 1980, pp121-136；以及 David O. Brink, "Moral Conflicts and its Structure", *Philosophical Review* 103(2), April 1994, pp215-247.

② Ruth Marcus, "Moral Dilemmas and Consistency", *Journal of Philosophy* 77(3), March 1980, pp121-136；以及 David O. Brink, "Moral Conflicts and its Structure", *Philosophical Review* 103(2), April 1994, pp215-247.

OA 和 OB 但-C（A+B）

换言之，你应该要救双胞胎 A，也应该要救双胞胎 B，但你没有能力一同救出 A 和 B。①

而在禁令的两难中，所有可行选项都因一项或更多的道德原则而被禁止，这里的等式结构就与上述的相似，但有一点不同，N＝不，C＝只能做：

ONA 和 ONB 但 C（A 或 B）

许多道德哲学家感到，道德两难的实际复杂性被夸大了。菲丽帕·富特（Philippa Foot）就坚持，一个两难困境的极端性在于其残存和痛苦的强度，而非选择本身在技术上的难度。在大多数案例中，都可以做出正确的选择并证明其合理性，同时也承认不可避免的损失，意识到这是一个糟糕的选择。一个人救出双胞胎中的一个，是正确的。一个医生在极端情况下进行分诊是正确的。一个机构集中在一个县里工作是正确的。为这些选择牵涉到的每一个人感到悲伤，但不一定为局势的恶感到负疚，这也是正确的。"所以在道德两难中尽力行动，虽然这样做可能引发悲哀，有些严重的案例里甚至引发恐惧；如果我们对这种行动的正确性没有疑问，那就不需要后悔，只需要解释。"② 富特指出，你做出的选择里并没有"无法逃离的错误"③，所以不需要感到负疚，除非你是故意促成这种局面的。在如双胞胎落水这样的义务两难的例子中，悲伤并不是来自做了错事，而是来自做了一件好事就无法做两件的悲剧。

本章注目于人道工作中出现的各种道德选择的基本结构。下一章将看看我们如何理解个人和机构在做选择的过程中的责任。

---

① 我在这里列出的等式是基于 Terence C. McConnell, "Moral Dilemmas and Consistency in Ethics", *Canadian Journal of Philosophy* 8(2), June 1978 里的等式提出的。

② Philippa Foot, "Moral Dilemmas Revisited", in *Moral Dilemmas and Other Topics in Moral Philosophy*, Clarendon Press, Oxford, ch11, pp175-188.【译者注】菲丽帕·富特（Philippa Foot，1920—2010），著名的伦理学家，先后在牛津大学、加州大学、普林斯顿大学等多地任教，在《堕胎问题和教条的双重影响》（1967）中提出了著名的"电车难题"。她自 1948 年以来便与人道机构乐施会保持密切工作关系。

③ 这一句来自伯纳德·威廉斯的文章《价值冲突》，见 Williams, *Moral Luck*, Cambridge University Press, Cambridge, 1981。

第十章
道德责任

菲丽帕·富特指出在做出艰难选择以后会发生负疚和悔恨，我们由此自然地进入对人道伦理学中道德责任的讨论。人道从业者和人道机构如何在他们面对的各种场景中衡量自己的道德责任？在艰难的环境中，他们要对什么负责？其他人的责任又是什么？这些问题需要放在各种人道主义思虑的中心，无论是公开的、私密的，还是组织中的思虑。

伦理学一直思考责任的问题，将之作为其原初问题之一。哲学家和神学家自然要思索确定谁应该因好事受赞赏、谁应该为坏事受责备的问题。如果伦理学就是关乎培养好的品性、做正确的事情，那么就不仅需要确定什么是好的，还需要知道有人做了好事或没做好事。在法律中，所有刑事诉讼都有赖于证实一个人或一个公司对某些事情是否负有责任。在人道伦理学中，各机构及其员工也需要考虑，在人道工作和工作所处的政治中，其道德责任在何处。在许许多多人的生命处于危险的情境中时，这一点尤为重要。分析和理解人道行动中的道德责任，它之所以重要，主要有以下三个原因：

- 理解责任和承担责任，是个体的专业责信和机构的使命责信的基本内容。
- 准确地划分在武装冲突和灾害中众多国家、非国家和国际行动主体的人道责任，是让这些行动主体正视它们的确切责任，且不会错误地将责任转嫁他人的基本办法。
- 对个人在极端局势中的责任的范围和限制具有清晰的认识，对人道工作者的精神健康，以及对道德压力的管理，都非常重要。对于发生在身边的坏事自己应负什么责任，人道从业者可能会产生不恰当的，要么过多要么过少的认识。

所以，反思人道行动具体场景中的道德责任是如此重要，其背后既有政治和法律的原因，也有人道主义的、组织的和个人的原因。

本章将阐述一个道德责任的基本框架，这个框架已证明对人道机构有用。① 然后，我还会在下一章用这个框架讨论人道工作中具体的道德难题。这个框架涉及八个关键因素，均被看作对人道工作中的道德责任进行仔细思虑时非常基础的因素：能动性、意向、驱动力、知识、无知、能力、缓解和思虑。

能动性的水平

作为道德能动者，我们能够以各自的方式行动：能直接做事情，能不做事情，也能促成事情。在任何道德责任评估中，第一项要检查的内容就是我们自己或他人在特定情景中的能动性。传统上，伦理学区分了两种行动的主要类型：作为（acts of commission）和不作为（acts of omission）。这样的总括分类指出，我们做事情和不做事情都是道德检查的主题。但道德哲学也认同这两类能动性有更细微的形式区别，体现在许可和促成（bring about）的概念里。

作为

作为，是我们直接投入或作为组织的一部分投入行动，是我们切实做出来的。一个人道机构向一个运营基础医疗诊所的地方伙伴提供卫生物资，或者用某种方式组织现金发放工作，或者是在半岛电视台上呼吁国际政策做出某种改变。在一个国家里，总统调动武装力量去帮助救出

---

① 这一节来自 Hugo Slim, "Doing the Right Thing: Relief Agencies, Moral Dilemmas and Moral Responsibility in Political Emergencies and War", *Studies on Emergencies and Disaster Relief*, no. 6, Nordic Africa Institute, Uppsala 1997。框架来自基督教的伦理学。

受到洪水威胁的人民。在另一个国家，内政部长故意激起针对一个少数群体的仇恨，鼓励其警察部队将这些人逐出家门。一场内战中，一个武装团体对其控制下的脆弱人口课以重税，另一个武装团体让人道机构在其控制的地区发放种子和工具。这些都是直接的作为，人们主动地做某些事情，做好事也做坏事。我们在主动做事情的时候，就对我们投入其中的举动负有责任，须给出道德的理由，解释我们为何做这些事。

不作为

不作为是我们不做事情。有时我们选择不采取动作，让事情顺其自然。一个人道机构决定不启动在中非共和国的工作，因为该机构已经被在叙利亚的工作占满；非政府组织工作人员在人道评估中对五岁以下儿童进行了营养调查，但没有询问人们面对的保护性风险；在一个政府运营的国内流离失所人员营地里，一位卫生部的护士没有将最近发生了一系列强奸事件的信息传递给人权机构；某地市民愈加受到粮食不安全威胁，其政府却拒绝回应他们发出的求助；一个武装团体让其部队接受了国际人道法培训，但在袭击政府管辖地区时并没有遵守国际人道法。这些都是没有去做的事情。这些是直接的"不做"的行动，相关的人对其不作为负有责任，需要申明他们为何在这些具体情况中没有采取行动。

有意识的和无意识的能动性

道德哲学家很早就察觉，我们对于自己做了什么、没有做什么的意识是会变化的。在古英语里，人们会说知情或不知情地做事。有时我们有意识地决定不去做某些事。我们会决定不去帮助某些社区，一个政府会决定不增加人道预算。在这样的选择里，我们有意识地对一个局势采取动作。也有些时候，我们对自己行动的影响没有意识。一位人道工作者驾着丰田汽车疾速驶过乡下时，可能没有察觉轮胎将尘土扬进了步行上学的孩子眼睛里。一位非政府组织的项目官员每天快步路过一位语言不通的乞丐，不会理解到这个绝望的人是在反复问她，是不是能帮他在她工作的国内流离失所者营地里找到家人。她不知情地忽略了这个人的求助。在更加战略性的层面，一个人道机构可能没有察觉其现金转移项目已被一个当地集团渗透垄断，其中的资金都被转走，并没有落入需要钱、应该获得钱的人手中。在这每一个案例中，人们无意识地、不知情地，没有向他人展示尊重和关爱。从积极一面看，我们也有可能没有意识到做过的好事。一位红新月会志愿者出现在国内流离失所者营地里，到处走动，为的是寻找那天早上她落下的笔记本，这时可能就有一位丈夫因为她的出现没有出于无根据地嫉妒殴打妻子。在应急时期学校里教师的几句话可能是一个青春期男孩第一次因才智受到表扬。这几句话对这男孩的自尊有特别积极的转型作用，教师却永远意识不到他的话具有这种长时期的积极效应。

这些道德能动性在形式和水平上的区别，对人道工作期间和围绕人道工作开展的任何道德责任评估都非常重要。理解到我们会因做了的和没有做的事情受到评判，是道德论证（moral reasoning）的基本。同样也要理解到，我们并不总是能意识到我们对他人做了和没做什么。

许可

许可是另一种程度略有不同的能动性。我们可以通过许可或不许可，支持其他人的行动或不行动。许可有多种形式。有些情景中，我们可以让事情自然发生。用这种相当不直接的方式，我们会创造出一个普遍容许的环境，其他人采取的多种行动都可在其中自由发生。例如，政府可以对公务员在人道行动中的腐败行为采取普遍容许的态度。人道机构可以容许国际雇员因不敏感而冒犯到国内雇员和地方社区的行为。也有些情景里，我们可以更积极地给出许可，鼓励或禁止特定的事情发生。一个武装团体可以对其控制地区中某种劫持人质的模式给予明确许可，即便其自身并不打算直接参与其中。各种类型的许可，感觉上都不及直接的责任重大，但许可往往会深刻地影响在你影响或控制之下的局势中道德文化的塑造，也影响个人和组织（或好或坏的）具体策略的形成。一种普遍存在的容许的气氛会远远超过无意识的作为或不作为，因为它常常从一点头、一眨眼或意味丰富的沉默中就传达出来了。

纠缠与促成

伦理学家也讨论个人和组织的行动如何间接地促成好事或坏事。这个问题比简单的作为、不作为或许走得更远，我们面对的是间接的行为，但这种行为仍然有相当的作用，应当成为道德检查的对象。举一个促成糟糕状况的例子。一位公路设计师正在设计一个地中海小岛上高悬于海面的海滨公路。他想要将公路的视野尽量拓宽，为岛上游客创造出美妙的全景观路线，因而他在某一处设计了极为贴近峭壁的弯曲路线。这样确实风景绝佳，公路本身也是重大的工程成果。但是，英国游客不习惯靠公路右边驾驶，也容易过量饮酒，他们没有驾车经过这种意外弯道的技能。其结果是在公路建成第一年，英国游客在这个弯道失去控制、撞上公路滚下岩石的发生率异乎寻常地高。虽然设计师不是这些失事车辆的驾驶人，也没有向这些司机售卖廉价的酒，他却的确在这个英国游客受害的局面中起到了一些作用。他本可以预期到英国司机特有的弱点，在设计中优先考虑安全甚于营造景致。人道机构做项目选择和设计的情形与此类似，可以认为它们会对其项目之中和项目牵涉到的人带来一些意料之外的、很可能是没有预见到的后果。

在完全没有经过设计的人际关系中，促成好事和坏事的过程会更加隐晦。保罗·利科谈过每一个人类生命中的自然"纠缠"（entanglement）。我们会以如此多样的方式遇见如此不一样的人，我们的生命在道德上不可避免地变得复杂，充斥着各种各样会影响到其他人的小小作为和不作为。这些相遇数量繁多，各个不同：有的深刻，有的浅薄；有的持久，有的短暂；有的充满愤怒和怨恨，有的全是温柔与爱意；有些是有意识的相遇，而在有些相遇之中我们是无意识地行动。通过分析一种肯尼亚绿豆所在的全球供应链和复杂生态足迹，我们会知道自己向外延展的纠缠网络远远超越了生活的周边地点。正如神话般的蝴蝶效应混沌理论说的，蝴蝶在南美洲拍打翅膀，就在亚洲造成一场飓风，我们也可能对远远超出视野范围的人们产生了好的或坏的道德影响，而对此我们可能永远一无所知。在纽约喝咖啡的人是剥削咖啡种植者的链条中的最后一环。在阿富汗培育罂粟的农民，残酷地影响了一个在坟墓边痛悼将十年生命失落在海洛因成瘾中、最终孤独死去的儿子的巴黎家庭。

英国剧作家普利斯特里在他的著名道德剧《探长来访》（*An Inspector Calls*）中，描述了我们缠绕交织的责任累加促成了可怕之事的悲剧。① 一个富裕的工厂主家庭里，各个家庭成员做了或没做的一连串小事，最终导致一位年轻孕妇的自杀。当"探长"将每个家庭成员的行动和无行动的序列拼成单一的叙事，就很清楚了：每个人都对造成那年轻女人绝望之举的环境发挥了某些作用。他们都各自负有责任，他们没能对那年轻女人履行的责任都悲剧性地纠缠在一起。

我们在生活中和不可避免的纠缠中不同形式、不同程度的能动性，使我们作为道德能动者的意向显得更为重要。如果说我们无法时刻意识到我们在做什么事、对其他人的生命有什么影响，那么，清楚地感知我们意向要做的事和我们渴望造成的影响，就至关重要了。

意向

因此，在任何（对我们自己的或其他人的）道德责任分析中都要检查到的第二个元素，就是所有情景中的行动主体的意向。托马斯·阿奎那强调，我们的意向是所有道德计划中最基本的内容，因为意向界定了行为的对象。② 在意向中，我们有意地"指向什么东西"，给自己设定

---

① J. B. Priestley, *An Spector Calls*, Penguin, London, 2011.【译者注】J. B. 普利斯特里（J. B. Priestley, 1894—1984），英国作家、剧作家。

② 圣多玛斯·阿奎那：《神学大全：第四册》，刘俊余等译，中华道明会、碧岳学社，2008年，第130页。【译者注】引文有改动，该译本译作"志向"。

了具体的目的或目标。① 意向是带有目的的，是"意志关于目的的行动"②。这意味着，任何道德责任分析中第一个问题就是：这个具体的行动主体及其行动意在获得什么？例如，这个人道机构为什么向赤贫人口发放现金？或者，这位国家项目主任为什么在英国广播公司（British Broadcasting Corporation，BBC）的世界频道上发声谈论违反国际人道法的行为？他们想获得的是什么？他们的意向是什么？要判断我们是否在伦理上负有责任，首先要看的就是意向和意志。

康德在阐述道德意志理念时，也同样强调了意向。康德最为重视我们在道德生活中所"意志"的善好。即便失败了，没能实现我们所意愿之事，"善的意志……像一颗宝石那样，作为在自身就具有其全部价值的东西，独自就闪耀光芒"③。所以我们的意向非常重要，而且意向就是道德判断发生的第一个场所。有好的意向，本身就是一件好事，无论在实践中实现意向有多难。因此，对人道工作中道德责任的任何思虑或评估，都必须明确其基本的意向：我们意向的是什么？我们渴望实现的是什么？我们的意向是好的吗？符合人道伦理吗？

序列性的和多重的意向

在评估人道主义的责任时，不仅需要察看单一的意向、单一的对象。显然，我们会在朝向终极目标的道路上对各种事物产生意向。正如阿奎那说的："从甲经乙到丙的运动中，丙是最后终点，乙也是终点，但不是最后的。意向能同时指向二者。"④ 所以，我们指向某个最终目标

---

① 圣多玛斯·阿奎那：《神学大全：第四册》，刘俊余等译，中华道明会、碧岳学社，2008年，第130页。
② 圣多玛斯·阿奎那：《神学大全：第四册》，刘俊余等译，中华道明会、碧岳学社，2008年，第130页。
③ 康德：《道德形而上学的奠基》，李秋零译，载李秋零主编《康德著作全集》第4卷，中国人民大学出版社，2005年，第401页。
④ 圣多玛斯·阿奎那：《神学大全：第四册》，刘俊余等译，中华道明会、碧岳学社，2008年，第131页。

时，还可能会有一系列的中间目标。这一点对人道伦理来说很重要，因为其目标人群居于绝望处境，其目标往往不可避免是渐进式的。一个机构可能有意向开展一个粮食安全项目，确保人们恢复到或者超出危机前的生活水平。但不途经各种中间的目标，这是无法实现的。首先，人们可能需要重新达到健康和营养充分的状态；随后，可能需要恢复他们的生产手段或收入；最终，他们要寻求的是建设新的韧性水平，令他们能不因任何新发的政治、经济或环境冲击而再次遭受如此苦痛。更好的、有韧性的粮食安全这一总体意向，必定要一路经过一系列较为接近的目标，才能最终实现。这意味着人道工作会经常在同一意向的轨道上设有成序列的多个目标。在任何人道主义责任评估中，都需要理解这种序列性意向的过程。一个项目的最终意向是很重要，但要是一个项目没有实现其最终目标，而最终目标的实现又依赖难度很大的中间目标，就因为最终目标的落空对这个项目下严厉的判断，那是错误的。

　　同样，人道工作可以在一个项目里同时为多个发散的意向努力。这些意向不属于朝向同一个总体目标的序列，而是包括了多种不同的目标。在人道伦理学里，这种多重意向的原则（序列性意向也一样）具有结构性的重要作用。各个机构会尝试同时实现好几个目标，这也合情合理。阿奎那用了一个简单的类比来描绘，我们可以有一个以上的意向，一件事情可以同时有不同的意向："自然用一个工具意向两种用途。舌头是为尝味的，也是为讲话的。根据同理，艺术或理性也能使一个东西有两个目的；如此则人能同时有多种意向。"[①]

　　从人道伦理的角度来看，在一个项目里推行多重意向最为恒常的方式，涉及到实现伦理原则的多个目标。一个医疗机构努力工作，意向保全人类生命和尊严，那它自然也会尝试将这个目标与更多的意向结合，如让人们参与运营自己的卫生项目、为捐赠者实现性价比高的赈济活动、尊重人们的文化风俗。因为多重意向是合理的，所以，对人道主义责任和表现进行评估时，须尊重机构在所有工作中的所有意向。人道主

[①] 圣多玛斯·阿奎那：《神学大全：第四册》，刘俊余等译，中华道明会、碧岳学社，2008年，第132页。

义意向的多重性意味着，如果一个机构还持有增加人群参与的意向，这个意向在伦理上同样站得住脚，那只凭一个意向（如性价比）来评判它，是不公平的。

许多人道机构不仅做人道工作，还是多使命的机构，有着根除贫困、政治变革、社会正义等更为长期的目标。这些机构在其使命的理路中就包含了多重的和序列性的意向。这件事本身并不是坏事，但可能会使机构的行动选择和项目运作更为复杂。对这样的机构来说，最重要的是承认自己的多重意向，并在具体的情景中开展相应的讨论。① 它们有责任明确其更广泛意向的种类或序列，并担负起相应的责任。

驱动力

驱动力（motivation）和意向略有不同，也并非总是积极的。一个动机（motive）不一定生出好的意向，但也会有助于将我们指向好的作为。这样的动机往往是正面的。如此，我们帮助人，是因为我们爱他们，我们对他们的感情促生了好的意向。但有时候我们的动机是负面的，是比较以自我为中心。我们关照一位年老的亲属，因为想在其遗嘱里谋得一席之地，或者是害怕被人看到抛弃他们而坏了名誉。我们也常常同时受到正面和负面的诱因驱动，这种情况就被描述为"表现得很好，但'动机混杂'"。

人道机构和人道工作者在工作中受到各种动机影响。他们在一场大型饥荒中拯救生命的意向，也可能是受到筹资和品牌建设目标的驱动。在受到媒体高度关注的大型紧急事件中，这些机构需要"让人看到在现场"；它们在现场，也可撬动大量资金。有时，这些机构采取行动，是同时出于对自家声誉的关切和对紧急状况本身的关切。这不一定是坏事，因为这个世界需要大型的人道组织。任何一个这样的组织的领导者

---

① Hugo Slim & Miriam Bradley, "Principled Humanitarian Action and Ethical Tensions in Multi-Mandate Organizations", World Vision, Geneva, April 2013.

都有责任确保组织的生存，这样才能在未来继续提供有价值的人道救助。这样的混杂动机，大概是不可避免的，也不会违背伦理。然而问题发展到某个临界点时，可能就会违背伦理。一个机构选择将其工作地点落在主要公路附近，局限在世界各国媒体更容易到达的范围里，就可能打破了更基本的公正原则：它开始将项目更多地向摄像机倾斜，而非向人们的实际需求倾斜。

胁迫

驱动力最极端的一种形式，是胁迫。我们受到胁迫时，是被强迫去做某些事情。我们已经看到，自由意志是创造出真正的意向的基本要素。我们的意向是我们想要去做的事。一件我在胁迫之下做的事，也就是违背我意志的事，不会是真实的意向。如果我被强迫去做某事，就不能认为我应为自己的行动负同等责任。我的负责任程度须打折扣。例如，如果我决定去抢劫银行，和一个小团体一起筹划袭击、预备行动、最终执行，那么显然，我的意向就是去抢劫银行。然而，我也可能受到了强迫，违背自己的意志，参与到袭击行为中。如果我是受抢劫团伙劫持的银行经理，他们威胁着杀掉我的家人，我只好给出情报，那么我的角色就是受到了胁迫。我的意向（即我的深层渴望）绝不是去抢劫银行，而是拯救我的家人。

胁迫在人道伦理中是个突出的因素。人道机构可能受到各种权力当局胁迫去做某些事情。它们可能会被迫去集中关注某些地方，或者受强迫不去帮助某些群体。针对人道组织员工的威胁可能是直接的，也可能是隐晦的。受危机影响的人群也可能受到胁迫，不去诚实敞开地与人道机构合作。他们会犹疑于给出重要的信息，或者因恐惧而给出错误信息。有时候他们可能直接受到强力阻止，不去使用人道服务。受危机影响，社区的领导者也可能会胁迫人道机构只能开展某些有限的干预。当发生了胁迫，一个人负责任的程度就大幅降低了。面对强力、威胁和恐惧时，与能够自由选择目标、形成自己的意向时相比，我们无法为自己的行动和不行动担负上同样的责任。

知识与无知

影响到道德责任的最显著因素之一，是我们在一个具体情景中知道什么，或能够知道什么。只有考虑到人道机构和人道工作者在做出决策时知道什么，或者当时他们能发现什么，才能真正判断他们是否对决策负有完全责任。在道德责任和追责的问题上，知识是一个核心问题。由此，无知也同样是核心问题。如果你本来可以发现一个有关当时情景的重要信息，那不知道这个信息，就是在道德上疏忽了。因此，道德哲学家在计较道德责任时，在传统上区分了"可以克服的无知"和"无法克服的无知"。可以克服的无知，是可以克服或跨越的无知状态。一个人道机构可以合情合理地获得足够的信息，由此更好地知情，将它对自己的决策可能带来什么风险和影响的知识欠缺弥补掉。而无法克服的无知则是在需要做出决策、设计策略、执行工作时不可能弥补的知识欠缺。

例如，如果一个人道工作组想设计一套食物发放策略，要使其在文化上可为人接受，在营养学上有效果，也不会对具体的社区带来新的安全风险，他们就有职责将各种方案呈现给社区，尽可能地收集相关的信息，分析对人员保护构成威胁的因素。工作组成员需要尽其能力知道得更多。如果这种信息收集很容易做，他们就有责任去做。他们当下的无知是可以克服、可以跨越的。不过，如果时间压力非常大，缺乏轻易接触到社区的途径，不可能马上知道目标地区里暴力行为的意向和模式，那么在这种情况下，就可能判断这个机构是受到了无法合情合理跨越的不可克服的无知所累。这个机构必须尝试去获取它能够获取的任何信息，然后基于低信息量推进工作。它对任何负面后果的责任，会因其无法避免的知识欠缺而减轻。

能力

影响道德责任的下一个重要的道德能动性的方面,是行为主体在具体情景中的能力。一个人道机构只能对它实际能够做的事情负责。这就反映了从康德衍生而来的著名格言"应然蕴含能够"(Ought implies can)。我们只被要求去做我们在现实中能做的事情。亚里士多德也指出了同样的基本点:一个人只对"出现或不出现要取决于他自身的力量"的事情负责。① 因此,如果我看到一个人被十个携带武器的人袭击而没有冲上去帮他打斗,我并不是发生了道德上的疏忽。在生理上我不可能这样保护他,我自己也可能被杀死或者挨打。我需要找到更好的办法来帮助他。这就描绘了康德形容为"不完全力量问题"② 的现实。一个机构只有在它本来可以把事情做得更好时,或者如果它什么都不做时情况反而更好,这时才应该对它做得不好负责。同样地,如果一个人道机构没有能力去制止对公民的虐待,就不应因为它没有去制止而去批评它。

缓解

不完全力量的问题,自然导向了评估道德责任的下一个关键因素:缓解。即便我们没有完全力量去制止坏事或者去做好事,我们仍有责任去减轻我们的弱点带来的最坏影响,在力量范围内做次好的事。简言之,我们始终负有缓解我们无法完全控制的局势的责任。在十个携带武器的暴徒的例子里,我束手旁观或者直接走开,显然都是错的。遭遇到另一个人的苦痛时,我必须做我能做的事。所以在这个例子里,我应该

---

① 亚里士多德:《优台谟伦理学》,徐开来译,载苗力田主编《亚里士多德全集(第八卷)》,中国人民大学出版社,1992年,第375页,通用编码1225a10-11。【译者注】此处引文根据古希腊文修订。

② 【译者注】康德在《道德形而上学》中提出的是"完全义务"和"不完全义务"(unvollkommene Pflicht/imperfect duty)。本书作者提出的是"不完全力量"(imperfect power)。

拿起手机报警，或者制造一个其他事件，将暴徒从暴行里分神引开。

在人道工作中，人道主义的力量极少是完全的，所以缓解的义务很重。人道机构面对它无法制止的侵害行为时，有义务去尽其所能保护人，运用它所有的知识和影响力让权力当局或政府间机构动用其力量来改变局面。任何一个机构在采纳狭窄的策略选项，在受危机影响的社区里只开展医疗工作时，就需要同时鼓励供水、住所、生计等相关领域的机构来开展工作，并与这些机构合作。若这些更广泛的领域状况没有改进，医疗工作的价值和可持续性也会大打折扣。如果一个机构被迫撤离，就需要尽一切能力将其宝贵资源留在最好的人手中，还要保护机构留下的国内员工。有时候缓解的工作是为了限制不可避免的伤害，但人道工作里大量的缓解工作也是为了保证集体行动有效，项目运作方式互为补充。

思虑

在任何道德责任评估里的最后一个基本元素，是在每一个情景中都进行思虑的义务。我们在第八章已经看到，思虑有很多种形式。一个机构如果没有能力展示它已经尽了一切努力在具体情景中很好地思虑，那就一定容易遭到伦理上的批判。人道机构或人道工作者不做这种努力，就不能被看作对道德决策进行了认真的思考。对一个道德难题感到不适、痛苦，并不等同于已对这个难题进行了应有的思虑。将伦理思虑作为正式的承诺，纳入负责任的项目设计和行动管理，对道德上负责任至关重要。

本章考察了道德责任的不同方面，而人道行动正是因道德责任而获得称赏或遭到责难。下一章将考察人道机构持续面临的伦理难题，使用本章及前面各章讨论过的原则和方法，探讨如何在这些更实在的情境里做出负责任的决策。

第十一章
始终存在的伦理难题

人道工作者、学者和各种反对援助的批评者，很久之前就观察到人道工作中出现的各种伦理难题。① 本章将更详细地检查在人道工作中经常出现的五种主要的道德难题：人道行动潜在的危害或恶意、结盟的困难、共犯与道德陷阱、对人道机构员工的照料义务，以及人道主义增长现象中潜在的问题和对人道权力的矛盾心态。在最后这种难题里，会考察许多后现代理论家提出的道德难题：人道行动如今对脆弱的人群行使不正义的生命权力，与掠夺性的自由主义强国合谋，成为国际关系中结构性的危害力量。②

所有这些伦理难题都始终存在人道工作里。这些难题在每一次人道行动中都可能再次出现，似乎是人道伦理中内在的而非偶发的问题。在某种意义上，这些挑战就是人道行动核心的伦理难题，无法一了百了地解决，而必须在每一次新的行动中都再经历一遍，尽管随着新的行动主

---

① 同主题的研究包括 Hugo Slim, "Doing the Right Thing: Relief Agencies, Moral Dilemmas and Moral Responsibility in Political Emergencies and War", Nordic Africa Institute, Uppsala, June 1997; Alex de Waal, *Famine Crimes: Politics and the Disaster Relief Industry in Africa*, James Currey, Oxford, 1997; Mary B. Anderson, *Do No Harm: How Aid Can Support Peace or War*, Lynne Reiner, Boulder, CO, 1999; Fiona Terry, *Condemned to Repeat: The Paradox of Humanitarian Action*, Cornell University Press, New York, 2002; Geert van Dok et al., *Humanitarian Challenges: The Political Dilemmas of Emergency Aid*, Caritas Switzerland and Caritas Luxembourg, 2005; 由幻想破灭的赈济工作者和记者发出的批评包括 Tony Vaux, *The Selfish Altruist*, Routledge, Oxford, 2001; Michael Maren, *The Road to Hell: The Ravaging Effects of Foreign Aid*, Simon and Schuster, 2002; Linda Polman, *War Games: The Story of Aid and War in Modern Times*, Viking, London, 2011。

② 对人道行动的这类基本伦理批判体现在几种重要著作中：Mark Duffield, *Global Governance and the New Wars*, Zed Books, London, 2001; Michel Agier, *Managing the Undesirables*, Polity, Cambridge, 2011; Didier Fassin and Mariella Pandolfi, eds, *Contemporary States of Emergency*, MIT Press, 2013。

体和环境出现，问题的形态变得不同，但其本质是一样的。这些主要的道德风险由玛丽·安德森在其1999年出版的重要著作《不伤害：赈济如何支持和平或战争》(*Do No Harm: How Aid Can Support Peace or War*)里有力地识别出来了。① 2002年，菲奥娜·特里在《注定重蹈覆辙：人道行动的悖论》(*Condemned to Repeat: The Paradox of Humanitarian Action*)一书中突出强调了人道行动可能导致恶行的潜在悖论，这是她感到许多人道行动"失去意义"的关键点。② 回应这些长期的道德风险时，人道主义原则可发挥指引方向、划出道德边界，从而指导人道战略的作用。思虑能帮助我们在具体的案例发生时进行识别和深思。但有可能这些挑战会一直发生。那么最重要的事情就是，人道工作者意识到了这些道德风险，有能力对他们做出的选择承担伦理的责任。

恶行（伤害）的难题

这种道德难题关乎人道行动里潜在的恶行：人道行动意图向善，却有可能反而造成伤害，或者在向善的同时造成伤害。有时候人道行动中人们遭到糟糕的待遇，直接地造成伤害；有时则会给其他人的错误行径带来机会或动机，这就间接地造成了伤害。无论是哪一种，人道赈济都有恶化其想去帮助的人的境况的风险。莎士比亚的《罗密欧与朱丽叶》里的劳伦斯神父就提醒我们："美德的误用会变成罪过。"③

---

① Mary B. Anderson, *Do No Harm: How Aid Can Support Peace or War*, Lynne Reiner, Boulder, CO, 1999.【译者注】玛丽·安德森（Mary B. Andersen），美国"发展行动协作"（CDA）组织主席。

② Fiona Terry, *Condemned to Repeat: The Paradox of Humanitarian Action*, Cornell University Press, New York, 2002, p21.【译者注】菲奥娜·特里（Fiona Terry），现任红十字国际委员会行动研究中心主任。

③ 莎士比亚，《罗密欧与朱丽叶》第二幕第三场。【译者注】此处用朱生豪译本。

间接伤害的道德风险因子

人道行动中的,以及与人道行动有关的许多伦理难题,都关系到人道赈济在武装冲突或灾害所属的更广泛环境中可能发生其意向之外的危害性后果。这些间接影响的潜在可能性,最适合被描述为"人道行动的道德风险因子"。前文提及,对人道行动的伦理批判已指出人道赈济可能造成间接伤害的许多具体方面。这些批判提出,人道赈济会拖延战争,造成人群依赖,摧毁地方经济,使残暴的政权合法化并助长其力量,促成集中营的建立。批判认为,在形势多变的地区发放赈济,会增加武装抢劫的动机(偷盗脆弱社区收到的赈济物),或者增加地方当局的腐败(对收到赈济的人群剥削或课税),从而引发暴力。有一些批判指出了更结构性的问题,即长时间的人道赈济会腐蚀政府与人民之间应有的政治契约,因为人道机构对人们的需求承担起了事实上的责任,结果是政府放弃了其社会责任,人们向国际机构而非对地方政客提要求。①

这种对人道行动的更广泛负面影响的合理的伦理关注,其关切点自然是结果主义的。它极为重视人道行动可能引发的间接伤害,合理地忧虑:人道行动也许确实改善了一些事情,又可能恶化了一些事情,或者在长期内、总体上恶化了想去帮助的人的处境。这些从结果出发的关切呈现了人道工作里真切的道德难题。不过,在我们从道德细节上处理这些难题之前,有必要先驱散一些人道行动的伦理讨论中的迷思。第一个迷思是人道赈济的能量已强大到形成了非同一般的结构性影响力。第二个迷思是人道工作者是在具体情景中唯一负有道德责任的人。经验表明这两种说法都不是真实的,但有时候这样的说法感觉上是真的,当然也可以依据这些说法形成一套好听的故事。

---

① 对此最好的阐述来自 Alex de Waal, *Famine Crimes: Politics and the Disaster Relief Industry in Africa*, James Currey, Oxford, 1997。

关于人道赈济的两种道德迷思

第一种迷思关乎人道权力。有人称，人道主义在更大范围里做的恶行说明了人道行动之中有超乎寻常的权力。对此的一个好例子，就是常常被反赈济派反复提及的"箴言"：人道行动延长了战争。但从来没有综合的可靠实证来证明这个观点。相反，近年所有战争经济学研究都表明，根深蒂固的冲突的驱动因素是自然资源掠夺、横向不平等和治理失灵。① 在这些实证研究中，人道赈济从来没有真正获得过哪怕一个小小的位置。这并不奇怪，因为矿产、木材、国家税收、武器贸易和部门预算的战略价值，都比赈济物资中的食物、医药、菜油和厕所的战略价值要大得多。在战争经济中，人道赈济的结构性位置最多就是边缘的。赈济可能会引发，也确实引发过一些地方级别的争斗，但它并不是武装冲突的主要原因，也不是延长和赢得战争的主要资源。战争的延长，是由于战争主导者的贪婪、怨恨和暴力。即便是在阿富汗和伊拉克的自由主义反叛乱活动中明确包含的赈济战略也没有延长战争。这两场战争长期延续，是因为交战方无法在军事上取得决定性胜利，也因为两场战争中真正高价值的资源是石油、矿产、教派间的仇恨和政治势力。至于人道机构，它们能展示的，始终是它们在这些现代战争中拯救了成千上万的生命。

第二种迷思关乎人道责任。反对赈济的批判者常常夸大人道机构的道德责任，同时也就削减了战争或灾害中更有权势的政治行动主体的道德责任。因为通常探访人道项目、采访人道工作者比较容易，很多讲故

---

① Francis Stewart, "The Causes of Civil War and Genocee", in Adam Lupel and Ernesto Verdeja, eds, *Responding to Genocide: The Politics of International Action*, Lynne Rienner, Boulder, CO, 2013, pp47-84. 【译者注】"根深蒂固的冲突"（entrenched conflict）已被看作是当前全球冲突的特点之一。联合国在 2019 年 10 月发布的《冲突和暴力的新时代》中有更具体的论述，有助于读者理解："根深蒂固的冲突……当今大多数冲突发生在派系民兵、犯罪分子和国际恐怖组织等非国家行为者之间。尚未解决的区域紧张局势、法治崩溃、缺乏或笼络建立的国家机构、非法经济收益以及因气候变化而加剧的资源稀缺，已成为造成冲突的主要因素。"参见 https://www.un.org/zh/un75/new-era-conflict-and-violence。

事的记者和质性研究者都被人道机构和人道主义的权力催眠,不再更广泛地关注武装团体和政府的军事或政治伦理;但恰恰是这些团体塑造了冲突,它们自然也不会那么主动地接受访谈。在人道工作者面对的许多伦理难题的结构中,他们只对周遭的破坏负有次一级的责任。尤其在武装冲突中,人道机构一直在回应其他团体频频做出的不道德选择——是这些团体决定,最好的做法是去杀人、强制人搬走、强奸、让人挨饿。但人道机构会真的在最终"抱起孩子"①,将自身置于并不是自己造成的局势里,在首要责任属于其他人的时候,反而被看作负有特别大的道德责任。我们会看到,指控人道机构"共犯"是最偷懒的道德标签,是过度强调了人道主义在由其他方面残忍操控的局势里应负的责任。

经典的"戈马情景"就是个切题的案例。② 在戈马,武装人员残暴地控制一个难民营,将原本供给难民的食物和现金转而用于重整自身实施种族屠杀的武装力量。是否在这样的难民营里进行食物发放、带薪雇佣员工,成了道德难题,但它不是机构本身产生的或机构带来的难题。机构并不对这种局势负有责任,是武装团体负有责任,是本应将战斗人员和难民分隔开的国家政府和联合国安全委员会负有责任。在这样的情景中,人道行动受到了其他方面的权力和决策的严重胁迫和限制。由于能力受限,人道机构只能承担"缓解"性质的责任:找到最佳办法,将挪用赈济和对赈济征税的糟糕影响最小化,同时仍然继续履行其拯救生命、保护人群的首要责任。将人道机构塑造为这种难题的道德中心,在伦理上是不合逻辑的。它们负的是次级责任,它们只有很低的能力,而难题的根源在于其他方面。

---

① 【译者注】字面意义上,人道机构确实会做照料婴儿的工作。比喻意义上,"留下来抱孩子"(be left holding the baby),在英语里是比喻"因为其他人决定不负责任,突然不得不处理一个艰难局面"(《剑桥英语词典》)。
② 指1994至1996年在刚果民主共和国(当时称扎伊尔)东部戈马的大型难民营里的情况。当时胡图族种族屠杀者统治了营地,利用人道保护服务和资源掩饰和支持其下一步袭击行动。

恶化局势：赈济的模糊性

在具体冲突或灾害的全过程中，人道主义权力和人道主义责任可能是在结构上被夸大了。然而在局部范围中，间接的人道主义影响还是真实的、重要的，需要作为人道责任的一个问题进行考虑。任何要帮助人的尝试，都带着风险。帮助可能"走偏"，或者产生出新的问题。在4世纪，有人询问埃及教会的沙漠隐修士之一巴弗努提乌斯教父如何解释基督教慈善对相互帮助的禁令，他智慧地答道："我见过一个人在河边，淤泥淹到他的膝盖。有些人过来拉他，要帮助他出来，却把他推得更深，直没到脖颈。"①

米歇尔·福柯在一篇伦理学文章里，对所有人类事业中都蕴含的危险提出了类似观点。对福柯来说，对有组织地解决人类问题的方案构成主要挑战的，就是没有完美的解决方案，任何解决方案都蕴含新的风险："我的观点是，并非一切都是坏的，但一切都是有危险的，这不完全等同于坏。如果一切都有危险，我们就总有事要做。"② 显然，人道行动中有给其尝试帮助的人群和地方带来新问题的危险。用《行为准则》的话来说，这些是人道工作中可能发生的"负面影响"。《环球计划标准》的第一条保护原则所忧虑的也是同样的事："避免受灾人群因救援行动而遭受进一步的伤害。"③

赈济"走偏"或产生不正当的激励有很多种方式——与任何其他容易发生歧义的人类活动并无不同。例如，汽车这种奇妙发明实现了许多好的目的，但汽车的速度可能刺激人开得太快，导致死亡事故，尾气也会污染环境。智能手机在许多方面都带来非比寻常的好处，但可能让人

---

① Sister Benedicta Ward, *The Sayings of the Desert Fathers*, Mowbrays, London, 1975.

② Michel Foucault, *Essential Work of Foucault* 1954—1981: *Ethics*, vol. 1, ed. Paul Rabinow, Penguin, London, 1997, p256.

③ 【译者注】这是2011年版《环球计划标准》"保护原则"的内容，见2011年中文版手册第33页。在2018年版手册里，这条原则修订为"保障人们的安全、尊严和权利，并避免使其遭受进一步的伤害"，并阐明"这一原则的核心是避免人道主义援助行动带来负面影响的重要性"。见2018年中文版手册第38页。

对其本身上瘾，或者提供了沉迷网上赌博的机会。这些间接的效应并不是汽车或智能手机原本的意图，它们却成为与间接伤害有关的源头。有时候，人道赈济的情况也是如此。例如，通常将散居、饥饿的农村人口集中在营地里，能最快、最容易地开展人道服务；但正如阿历克斯·德·瓦尔在博士论文中发现的，在1985年的达尔富尔饥荒中，这种营地里因传播疾病而死的人比饿死的人还多。① 在20世纪90年代初利比里亚内战时期，武装团体蓄意伏击领取食物援助后返回的人，好抢走赈济物资，杀死反对团体里的男人，强奸女人，恐吓人群。这种时候鼓励饥饿的人去领取人道物资，显然就是让他们暴露在可怕的新风险之下，也令急于展示力量、增加财富的武装团体产生了不正当动机。

人道赈济中的这种道德风险因子是在项目层面的。其中牵涉的是项目员工的即时道德责任，他们有义务去尽可能地了解局势，据此设计尽可能好的项目。我们在上一章已经看到，知识、能力、思虑和缓解策略在这样的局势里都变得极为重要。在上述两个场景中，人道机构在道德上应担负的是要尽可能多地获取关于局势的知识，将一切因素包含在内，仔细考虑最好的方案。如果说1985年在达尔富尔的机构是对人口密集营地的公共卫生危险没有足够知识，它们原本也应该能发现这一不足，据此重新设计项目。但在这个场景中，机构掌握的知识可能还不是关键问题。作为专业的机构，它们很可能知道集中营地的风险，但无法控制或无法影响一群绝望之人的行为。或者可能机构根本没有足够的接驳交通资源来建成中心辐射服务的网络，无法向外延伸，去当地人的住地提供服务。如果是这样，就是能力和不完全力量的问题，还要叠加上他们明知自己被迫采取最次选策略的痛苦。机构采取这样不完全的策略后，应当去缓解其最坏影响，尽可能妥善地规划营地，控制疾病，制订方案让人们返回家里。

类似的知识和能力问题也存在于利比里亚的案例里。在这个场景中，如果人道工作者真真切切地尽了一切努力去理解地方武装团体的存

---

① Alex de Waal, *Famine that Kills*, revised edn, Oxford University Press, Oxford and New York, 2005.【译者注】阿历克斯·德·瓦尔（Alex de Waal, 1963—），现为世界和平基金会执行主任，塔夫茨大学弗莱彻法律与外交学院教授。

在，考察既有的暴力形态，注意到新近成功的物资发放办法，他们在继续执行物资发放时就可能持有更合理的安全预期。也许他们永远不会知道，有个武装团体正取道该地去往别处，并决定对赈济物资来一场无计划、全然投机的袭击。在这种情况下，机构的无知就是真正无法克服的，其责任也就大幅减少了。他们无法合理地知道这个团体的到来及其突发的袭击意图。不过，如果机构做的信息采集工作使其很容易就了解到附近有一个武装团体，该团体还有袭击赈济物资的记录，那机构的无知就是可克服的了，其做法就应被评判为道德上的不负责任。始终注意识别和减缓潜在的间接恶果，在人道工作中是最基本的。

结盟的风险

人道主义者需要和所有人打交道。为了接触到受战争或灾害影响的人，人道机构需要与各种各样的人、各种各样的势力交谈、共事。他们需要交谈及合作的对象有政府、武装团体，以及代表各种政治和宗教观点的公民。许多交流是与明明白白地施行不人道政策的政治和军队代表进行的。中立原则的主要目的，就是确保人道主义者可以在冲突或灾害中与各种派系交谈。然而不可避免的是，与武装冲突中所有参与方联络合作，会给人道机构带来潜在的结盟问题。与一个武装团体或一个政府密切协调，或者通过其卫生、供水、教育等业务部门开展工作，会带来两种主要风险：可能对机构公正、中立和独立造成腐蚀；可能给冲突的参与方增加过多政治合法性。

如果政治结盟方想要影响人道项目运作，人道主义原则在政治结盟中就会面临重大的实质性风险。而如果交战一方明确让一个机构自由地开展需求评估和项目设计，公正、中立、独立的难题就很小了。在武装冲突和灾害中，这种情况当然很少见，因为政治当局通常会维持强力控制，有自己的一套议程。在这种情况下，更大的风险是共犯的问题，在下一节将讨论。而结盟本身存在的风险中较小的一种，是人道机构与交战方的关系有可能提升该武装团体的合法性水平。在本书写作时，叙利亚的武装冲突双方正处于这种情形。在政府一边，各人道机构担忧的是它们受到与叙利亚阿拉伯红新月会的合作关系限制，可能会错误地将叙利亚政府的人道主义意向和决策合法化。在反对派一边，有些抵抗团体的大众合法性很小，但它们愿意在人道主义方面合作；在它们占领的地域里工作的非政府组织所担忧的，就是自己与这些团体的合作会给抵抗团体带来过多的政治合法性。

并非所有与交战方的结盟对人道主义合法性造成的影响都是负面的。有些结盟能更好地提升冲突中的人道主义价值。在人道主义发展历程的早期，教会机构经慎重考虑，于1981年在喀土穆建立了紧急救助办公室（ERD），明确决定在埃塞俄比亚内战中跨境工作，与两个反对埃政府的主要反叛团体的人道部门开展合作：厄立特里亚人民解放阵线（EPLF）和提格雷人民解放阵线（TPLF）。各机构在这个跨境项目里向这些武装团体的人道部门提供食物、现金、医疗和农业物资，并进行监督。① 这样做，它们自然会给双方都带来项目意向之外的名誉诱惑和国际认可。当然，人道主义合作给武装团体增加政治合法性的可能性会引起国家的忧虑。故此《日内瓦公约》共同第三条规定，在非国际的武装冲突中须公正地提供人道服务，同时也规定了"上述规定之适用不影响冲突各方之法律地位"②。换言之，一个武装团体也开展人道行为，并不足以增加其政治上的合法性。

法律上明确了，但现实中，人道主义的联盟确实会改变政治性感知，增加武装团体和政治的道德合法性。可能也应该如此。如果交战一方或双方都尽其力量尊重国际人道法，对平民组织有效的人道救助，这即便不能提高它们的政治地位，也会真真切切地增加它们在伦理上的合法性。如果交战各方都有好的意向和好的行动，人道机构就无须忧虑自己可能增加交战方的人道主义合法性。《日内瓦公约》共同第一条表达了国际人道法的一条核心原则，即要求各个国家"在一切情况下尊重本

---

① 关于 ERD 的历史可见 Mark Duffield and John Prendergast, *Without Troops and Tanks: Humanitarian Intervention in Ethiopia and Eritrea*, Red Sea Press, 1995。

② 共同第三条的文本可见 https://ihl-databases.icrc.org/applic/ihl/ihl.nsf/ART/380-600006?OpenDocument。

公约并保证本公约之被尊重"①。瑞士的非政府组织"日内瓦呼唤"（Geneva Call）曾做出极大努力，鼓励并支持非国家武装团体也同样遵循共同第一条的精神，尊重国际人道法和人权法案。② 可以肯定的是，如果交战各方真的遵守了国际人道法，与救助机构合作愉快，它们的人道主义合法性也就相应提升了。这就不是道德上的问题，而是道德上的成功。这也是国际法的基本要求，无须在任何意义上被看作是政治丑闻。

结盟的真正风险，发生在交战一方更功利地利用人道主义联盟来获取过度的合法性之时。在武装冲突和灾害中，交战方和政客通常都会力求操纵人道主义联盟来美化自己的公众形象，实际上并没有对人道主义原则和法律的深层次尊重。在人道主义联盟中，它们会表现得极为机会主义，热衷于操纵。在这样的情况下，机构就面临了如何与当局协调合作的问题，这个问题更类似于后文会讨论的复杂两难处境。例如，在2009年，斯里兰卡政府在残酷击垮了泰米尔猛虎组织（Tamil Tiger）以后，要求人道机构在扣留了流离失所的泰米尔人的大型营地里帮忙；这就是一个真切的结盟难题。无疑，政府的意图是要营造出一种印象，仿佛这些围上栅栏、军事化管理的营地就是一般的国内流离失所者营地，有了人道机构来完善这种印象，政府就可重新获得一些国际合法性。③ 在这个情景中，当局与人道机构的结盟可能被功利地利用，或者被外部批评家认为是不道德的。机构必须权衡每一种结盟的更大好处，以努力将所有因素考虑在内，制订最佳的行动方案。如果机构决定与有风险的政治中介及合作伙伴来往，就应该努力减缓这种结盟的最坏效应，包括通过一线社区关系和在国际层面做公开或私下说明。机构也应该在组织内部对红线达成共识，如果可能的话，与结盟方就红线进行谈判。红线

---

① 共同第一条的文本可见 https://ihl-databases.icrc.org/applic/ihl/ihl.nsf/ART/380-600004?OpenDocument。

② 关于"日内瓦呼唤"组织对武装团体的工作，见 http://www.genevacall.org。

③ Roger Nash, "An Independent and Courageous Spokesman? Norwegian Refugee Council and the Dilemma in Sri Lanka 2009", Fieldview Solutions, 2009；联合国秘书长在联合国斯里兰卡行动的内部回顾会议上的报告，2012年11月，见 http://www.un.org/News/dh/infocus/Sri_Lanka/The_Internal_Review_Panel_report_on_Sri_Lanka.pdf。

必须围绕可行的目标来设定,却可能要经年累月地对其进行谈判和遵守。在巴基斯坦的斯瓦特地区冲突期间,无国界医生曾为了不使用政府军队护卫,在区级医院开展中立、独立的人道援助而开展谈判,谈判进进退退,持续了数月之久。①

对有风险的结盟进行道德限制,有一个好例子,是红十字国际委员会对被拘留者的工作。这是国际委员会最重要的工作领域之一,需要私下探访因安全原因被拘留的人和监禁部门,以了解监禁条款、被拘留待遇的性质和拘留场所的物理条件。随后国际委员会与相关政府部门合作,改进拘留的做法和条件,同时还为被拘留者及其家人提供传递消息的服务。红十字国际委员会针对拘留开展的工作和建议,在委员会和拘留当局之间是保密的。委员会在监狱里的工作,有时会受到批评,认为是为严酷政权赋予了合法性,政权利用委员会的工作来误导人们,使人们以为它们既然与红十字国际委员会合作,那么其拘留系统肯定很好。当然,情况往往是相反的。通常红十字国际委员会开展工作,就是因为拘留的实际做法引发了严重担忧。

红十字国际委员会对被拘留者的工作有明确的范围和红线。如果国际委员会要容忍其工作可能带来合法性模糊的后果,就必须把拘留条件改善的显著程度或者改善的可能性信号列入工作判断标准。在近年的两个案例中,国际委员会画出界线,终止了拘留相关的工作。在 2007 年对缅甸形势做的声明中,国际委员会公开停止了其推动政府改善拘留条件的努力。缅政府一直剥削被拘留者,将其用作军队里的"搬运工"。国际委员会的声明指出:"红十字国际委员会已反复提请政府注意这些虐待事件,但政府并没有将其终止……并一直拒绝对这些虐待事件进行严肃讨论。"② 在 2013 年的乌兹别克斯坦,国际委员会公开退出了拘留相关的工作,声明:"在乌兹别克斯坦,我们在探访被拘留者、评估他们所处的环境和所受的待遇时,无法按照标准工作流程推进。其结果

---

① Jonathan Whittall, "Pakistan: The Other Side of the COIN", in Claire Magone et al., eds, *Humanitarian Negotiations Revealed*, Hurst and MSF, London, 2011, pp69–76.

② ICRC statement on 29 June 2007 at http://www.icrc.org/eng/resources/documents/news-release/2009-and-earlier/myanmar-news-290607.htm.

是，我们无法处理人道主义问题，因此任何探访都没有意义。"①

红十字国际委员会对暧昧的结盟之对与错的伦理判断，主要依据的是开展工作的自由度和实际有效性。这两个标准平衡了以下风险：这些政府会营造出有可能引发误解的印象，委员会的工作及其与政府的联盟可能产生虚假的合法性。可行性、自主性和有效性的标准在此非常适用，在根本上，它们均与能力和意向有关。用康德的语言来说，红十字国际委员会做出终止工作的决策，是因为不能实现人道主义目标，因此就不应给当局带去其不应得的过多合法性。应然蕴含能够；在这种情景中，委员会不能够，所以不应该。

近些年关于结盟的伦理问题，特别尖锐地体现在人道机构和军事力量的合作关系之中。人道主义者在工作中与军事力量联合，本身并没有什么不合伦理之处。这样的关系其实对人道行动极为重要，如机构为开展工作进行谈判、倡导敌对各方行为应遵守国际人道法、治疗受伤或"hors de combat"②的军人的时候，就需要这样的关系。军事力量在武装冲突中，以及在自然灾害中对政府的后勤支持角色里，有其特定的人道义务。所以对人道机构来说，与军事力量的联络和结盟在工作上是正常的，在伦理上是应当的。

与军队结盟的道德风险常常发生于军队对人道车队和办公室、仓库、员工住宅、物资发放点、难民营、卫生场所的基础设施施行保护的时候。在这些场景中，有一支特定的武装力量如此显眼地与一个人道机构站在一起，在其他交战方和平民眼中，与军队的这种结盟就可能损害机构的中立性和独立性。问题并不在于在法律上军事保护本身是错的，这是一个伦理上的问题，因为在冲突中由其中一方施行的保护可能会损害其他方对机构的中立性、独立性，继而对其公正性的信任。而且这种感知确实可能是正确的，也许这个机构是真的偏向一方甚于另一方。

对平民和民用物体的军事保护在国际人道法里肯定不会遭到反感。

---

① ICRC statement on Uzbekistan on 12 April 2013 at http://www.icrc.org/eng/resources/documents/news-release/2013/04-12-uzbekistan-detainees.htm.

② 【译者注】法语，意为失去战斗力。

每个国家都有责任保护其平民免受攻击。在保护的时候，更好的做法是将武装力量部署在远离平民和民用设施的地方，这样就不会将敌军火力吸引到受保护的区域去。然而在平民已经明显成为敌人的主要目标的时候，部队就需要部署在距离遭受危险的人群很近的地方。难民营地和国内流离失所者营地不可"军事化"，不能让控制了当地人口、利用人道赈济的武装力量成员渗透，但可以也应当受到负有责任的国家的军事保护。那么，对平民生存来说是必需的物体，例如食物运输队，是否应当受军队保护呢？国际人道法在原则上对此不反对，但在实践中，这种做法的风险是会将火力合法地吸引到运输队或建筑上，从而使民用物体进一步陷入危险；这样做也会引起对人道主义的感知和信任方面的严重问题。

这时机构仍然得判断，如何最好地处理这样的军事联盟及其对更广泛的人道主义信任的影响后果。像红十字国际委员会和无国界医生这样的机构，倾向于一种绝对的立场，认为武装保护最终总是导致与目的相反的结果。而在某些场景中，其他机构可能会做另一种道德计算。例如，采用武装保护能将机构的能力从零提升到很多，那可能就是赈济无法覆盖任何人和覆盖十万人的区别。军事保护也许并没有在机构行动的独立和自主上附加任何限制，机构还是能选择去哪里、如何工作。机构在此付出的代价是整体上的公正性，因为要承认它们只能将自己限定在一个交战方目前控制的冲突区域里。如果有其他机构进入了冲突的另一方区域，那么这就不会是不合伦理的决策了。即便目前不可能进入冲突的另一方区域，在道德上这仍然是一种有合法性的策略，毕竟至少对一些人做了赈济。

长期来说，还存在更广泛的风险，包括可能发生滑坡效应。战争会变化。当前保护着这个机构的交战方可能被击退或击败，机构就暴露在危险中，不再受到信任。同样，一场战争的主导者总会观察研究其他战争。如果机构在一场有全球维度的（西方的、伊斯兰的、资本主义的、社会主义的）冲突中接受了一方的军事保护，该机构在中立上的声誉就在全球受损了。在组织内部，寻求军事保护一次就可能会形成习惯，日后成为第一选择而非最后选择。机构及其员工会失去在谈判争取中立、独立的人道行动时需要的价值观、意志和技巧。不过，选择另一条道路也有风险。拒绝军队护卫的机构可能遭受伤亡，连续数日被卡在检查站，无法抵达目标地区。要取得交战各方的信任和信心，让机构人员安全地通过各方领地，通常都要经历缓慢的过程。而在危机中，如果有快速的武装通行方案，行动缓慢就可能是不道德的。

在人道资金管理方面，结盟也有类似的难题，包括从国家和企业募得的资金。与某些捐赠方建立资金关系，会给机构带来显著的利益冲突，危及机构展示出的中立性和行动自主性。从冲突中的一个或多个交战方获取资金，会影响敌对的交战方对非政府组织或联合国机构的政治取向的看法。但资金关系和政治取向之间的联系实际如何，不可凭空假设，总是需要考察。无国界医生在这个问题上持彻底的决心，拒绝由欧美政府参与冲突时提供的资金，这一原则在某时某地会有利于他们的工作。然而这条原则并没有使其在阿富汗和索马里的员工免于被谋害，随后在这些国家的项目也关闭了。这就证明，极端主义者总是有不止一个理由杀害人道工作者。这也再次显示，伦理思虑和决策须依赖实证。如果交战方资金并非影响人道机构是否遭受暴力的关键变量，那么在制定人道策略时，它在伦理上自然也不会是显著因素。

资金结盟中带来更大问题的是捐赠方扭转机构意向的能力。许多非政府人道组织都大幅倚赖政府资金，其中有些捐赠方也不那么坚持人道主义信念和原则。所有的政府都有各自的地缘政治优先对象，其人道主义支出的地理分布也依此而形成。机构自然想要跟着钱走，这样也就跟着这些捐赠方的优先对象走了，而非去做它们按照伦理理应去做的事情。捐赠方一定会制定它们优先倾斜的具体资金政策，这样做也不含恶意。大笔资金就这样被决定支付在优先地域了。通常这些政策是基于需求的，持改良观念，具长远眼光；但这也使得各个机构为了符合捐赠方偏好和要求而调整项目运作。各机构可能会不得不采纳韧性、公私合作关系等政策，或者围绕性暴力受害者、童兵等特定的利益群体开展垂直项目运作。

因此，大笔资金会带来显著影响，有可能引起利益和身份认同的冲突。尤其是非政府组织，会感到压力，丢失自己的使命认同，变成自己不认同的组织。我们都不可避免地互相依存，有必要适应各种不同的合作伙伴；但人道机构需要经常深入反思其使命的整体性和机构的自主性，从而忠实于自己的价值观。对于企业捐赠的资金，同样应该做资金联盟方面的伦理考量。2013年，BBC指控救助儿童会不愿为英国的燃料贫困现象发声倡导，是因为英国天然气公司（British Gas）是其主要企业捐资方之一。① 资金结盟会涉及利益冲突和"污染"的问题。结下资金联盟时，需要对机构的使命自主权达成清晰的伦理共识。

人道结盟中的感知风险不只是给交战方或捐赠者增加合法性。美国哲学家拉里·梅考察过一个更具普遍性的问题：人们与手上沾血的人或组织打交道时，会发生心理上和社会上的"污染"。他从希腊悲剧中借用了几个与传统和现代社会中盛行观念十分相近的有力观念，指出"一个人会因为与坏事错事有联系，即便他并非同谋，而受到污染或玷污，不再无辜"②。"污染"的光晕会悬在与涉足杀戮和暴力的政党、武装力量、捐资方和个人有联系的人道机构及个人头上。这不奇怪：对于其本人或家人被一个团体伤害、强奸或剥夺了财产的人来说，要与一个机构打交道，而这个机构却和犯下这些罪行的肇事者有实质关联从而被沾染，这个人会感到和这个机构打交道非常艰难，或者难以忍受。在许多情景中，影响人们对人道机构与各种政治力量结盟的态度的，更似是一种受"污染"的感觉，而非严格的伦理逻辑关系。

共犯的风险

结盟的危险给感知、信任、声誉和中立带来道德上的难题，因为结盟中有造成过度影响、政治偏向和利益冲突的风险。共犯的风险则将人道机构带得更远，不再仅仅是结盟问题中导致意图外后果的道德风险和

---

① http://www.trust.org/item/20131210193416-7qsoa.
② Larry May, "Innocence and Complicity", paper presented to the ICRC Conference on *Complicity and Humanitarian Action*, 4-5 November 2013, Geneva. 【译者注】拉里·梅（Larry May），美国范德比尔特大学的荣休教授，先后教学哲学、法律和政治学。

可能受沾染的难题。共犯比这些都更为严重，是严重错误行径中的实质合作。历史上，人道主义反复被反赈济的批评家、媒体、战争受害者和交战方控诉参与了共犯。人道机构被批评共犯参与了埃塞俄比亚的强制迁移、波斯尼亚和达尔富尔的种族清洗、戈马的胡图族极端主义种族屠杀、伊拉克和阿富汗自由主义反叛乱行动，以及最近索马里青年党的暴动和叙利亚的反政府叛乱。以上只是列举出人道行动遭受到的许许多多共犯指控中的一部分。指控名目很长，通常在每一场武装冲突和自然灾害中的某个节点，都会有一方或多方发出共犯的谴责。按惯例，人道机构在受指控共犯时还会被指控在一线工作中发生了腐败，因为它们与政治当局和社区领袖做了准入渠道的交易，或者与地方商人做了采购交易。

基娅拉·勒波拉和罗伯特·古丁对人道行动中的共犯做过出色的研究，他们准确地指出，"共犯"一词常常被偷懒地用成一个笼统松散的术语，用来简单化地形容各种微妙的角色和立场。① 他们的研究对共犯的概念做出了精确校准，非常重要。其研究指出，共犯是一种浮动的比例等级，并非简单的非黑即白。与错误行径共犯，有意向上、参与程度上、行为上的不同层次。极为重要的是，勒波拉和古丁提出，在某些情景中，与错误行径在某种意义上共犯，以此获得更大的人道主义的善，是正确的，也是不可避免的。在人道主义传统中，奥斯卡·辛德勒就是这种共犯的标志性人物。辛德勒在一定程度上参与纳粹活动，与之联盟，这样他才能够在大屠杀期间救出一千二百名犹太人。

勒波拉和古丁提出的共犯的等级中，一头明晰地开始于共犯的极端形式"完全联合的错误行径"，即两方或多方在错事中都是故意的"联合主导者"。② 它们有相同的意向，积极地一同合谋、合作、合伙，做成意向之中的错误行为。它们的行为一同"构建"了这件错事。它们都希望这件事发生，也一起促成其发生。在等级的中间位置，各个参与方可

---

① Chiara Lepora and Robert E. Goodin, *On Complicity and Compromise*, Oxford University Press, Oxford, 2013.

② Chiara Lepora and Robert E. Goodin, *On Complicity and Compromise*, Oxford University Press, Oxford, 2013. 本节下文内容来自该书的第三和第四章。

能没有这么密切地站在一起做事。有些参与方在错事中更像是次级角色，会和参与其中的其他方协同、纵容、相互勾结，可能实质上距离做出错误行为的过程也很近。这样它们就充当了一个"贡献"的角色，是次一级的能动者，而非"联合主导者"。共犯等级的最远端是扮演"无贡献"角色的参与方，但其位置和行为正与错事毗邻。这样的参与方可能是在纵容或容忍错事。

这个共犯的等级划分法对人道伦理学非常有用。从简单化地理解"共犯"一词，走向更细致地分析勒波拉和古丁所称的共犯的"概念表亲"（如勾结、纵容、毗邻），这对任何人道伦理的评估来说都很重要。显然，在种族屠杀、危害人类罪、种族清洗、战争罪和灾害事件的蓄意组织中，人道机构绝对不应该成为联合主导方。如果做了这样的角色，它们就不再是人道机构了。然而，机构经常发现自己处于举步维艰的"贡献"或"无贡献"角色里，这可能是有意的，可能是无意的，程度不一。在这个问题上，就可以使用勒波拉和古丁的方法中接下来的一步来进行更深入的梳理，从上文所述的识别不同种类的贡献，进一步对这些贡献的严重程度进行分级。①

一个机构对一件错误行为，或者对错误行为的更广泛环境的贡献，最适合根据贡献的两个主要方面来判断。勒波拉和古丁区分了"精神站位"（mental stance）和非常实质的"作为"（doing）。一个机构的精神站位即指该机构对错误行为的计划及帮助的投入程度。在这里，重要的是看机构对计划的"回应性"程度，相应地也就要看机构与该计划的目标一致或不情不愿的程度。简言之，机构对计划中的错事是给出了有利的还是不利的回应？机构在"制订计划"时是否扮演过错事的设计者角色？还是它更多的是"承接计划"，是以某种方式积极"采纳"或勉强地"接受"整个或部分的计划？或者是机构受到了更大的胁迫，只能

---

① 【译者注】注意这里是借用法律术语，在中性意义上使用"贡献"一词，参见法学中对"共犯"理论的讨论，如郑泽善：《正犯与共犯之区别》，2015年3月23日，中华人民共和国最高人民检察院网站（https://www.spp.gov.cn/llyj/201503/t20150323_93693.shtml）中谈及"援助正犯……是指其他作贡献的人""整个犯罪过程以及犯罪实现过程中参与人贡献的大小"，等等。

"顺从"计划？我们在第十章已看到，意向在道德责任里非常重要。精神站位中的回应性问题关联的是"犯罪意图"（mens rea）和"犯罪故意"的法律概念，对判断意向、确定罪责至关重要。

除了机构在精神上对错误行为的意向和回应性水平之外，勒波拉和古丁还指出了"实质作为"的不同维度。他们通过五个具体的实际贡献"维度"来衡量对错事之贡献的具体严重程度和重要程度，即必要性、核心性、时间性、不可逆转性和邻近性。

- 必要性。其贡献对错误行为的施行有多必要？是关键任务，即没有这种贡献计划就不可行的"必要条件"吗？还是更边缘的任务呢？

- 核心性。其贡献有多核心？核心性的维度更关乎范围，而非必要性。这样的贡献对错事可能是必要的，但需要多少，又有多少是由贡献者提供的？其具体贡献在整个行动的大范围里有多核心？人道机构对于该错误行为所需的贡献了很多，还是很少？

- 时间性。这一贡献发生在什么时间？是在错误行为之前、期间还是之后？时间性之所以重要，是因为机构所知道的信息和贡献的影响都会随时间而变化。所以，如果在错误行为之前做出了显著贡献，可以认为二者之间有因果关系；当然，如果做贡献一方并不知道错事的计划，那就可能是不知情、无意向地形成的因果关系。在错误行为期间，在错误已被公开知晓时，任何贡献都更可能属于纵容、接受或顺从错误。在错事之后，机构可能也在整体局势中做同样的贡献，但不再产生错误的作用；而更严重的是，它们可能是在为一种会助长同样的错事再次发生的局势做贡献。

- 不可逆转性。这一贡献有多不可逆转？贡献的不可逆转性是另一个重要的标准。机构做出的贡献是在错事里"锁定"了，还是仍然有可能撤回其贡献，从而逆转错事的后果？或者说，这一贡献是只有单向阀门，还是有双向阀门？如果有参与方是受胁从参与错事，但有能力将其贡献构建成自己能控制、在有自由度时能逆转其作用，那么对他们来说，这个维度显然会造成判断上的重大不同。它们有先见之明，预备缓解其贡献带来的最坏效应，减轻了自己的责任。而如果它们能够这样做却没有做，就要因未能缓解后果而面对疏忽的指控。

- 邻近性。这一贡献与错误行为有多接近？勒波拉和古丁的最后一个维度是与错事的邻近性。这不仅指做贡献一方与错误行为在物理上的接近程度，更是指它们在因果链条上的距离。物理距离本身显然并不是可以稳定地衡量共犯和犯罪责任的因素。不然，犯罪受害者就要被看成是重大责任人了，这当然是很荒谬的。我们看到，只有在贡献一方距离很近，同时又有能力发挥作用时，物理距离才显著。在共犯中，贡献者在因果链条上的邻近比物理邻近更显著。如果我的贡献正是链条上头几道环节，借此后续环节才能实现，那我的贡献就很显著。也就是说，在这个位置上，我本来可能在某个节点上做一个早期的"总控钥匙"或者作为"最后避损机会"的角色来中止坏事。另一种情况是我的贡献在因果链条上处于非常靠后的位置，是长链条中的一个远端环节，我在其中的作用受制于变幻的机遇和在我之前许多其他人的选择。换言之，我的贡献很有可能不算什么，因为局势可能变化，或者其他人会在我的环节作为有意义的因素发挥作用之前就介入了。因此，我可能有共犯的风险，但这种风险很低，甚至会是一种为了负责任而冒的风险，这取决于我是为了实现什么其他的目标而冒的险。

综合对目标一致性、知情水平、精神站位的判断和上述五项共犯的具体要素，可以发现错误行为的共犯在较高程度的一端"必然涉及某种共同行为和某种精神状态"[1]。不过，也有一种较弱形式的共犯：即便你态度勉强或位于共犯链条的后端，仍然"在知情的情况下为他人的错误行为做贡献"[2]。这种较弱的形式，是人道机构更可能面对的挑战，仍然需要对其进行伦理上的辩护。大概会有两种主要的辩护理由：一种理由是，人道机构主张的是一种不同的或更大的善；另一种理由是，人道机构频频遭遇道德陷阱的困境。在以下的例子里，可以很好地对此进行探索。

---

[1] Chiara Lepora and Robert E. Goodin, *On Complicity and Compromise*, Oxford University Press, Oxford, 2013, pp78-79.

[2] Chiara Lepora and Robert E. Goodin, *On Complicity and Compromise*, Oxford University Press, Oxford, 2013, p79.

达尔富尔，2004—2013 年

人道机构一直遭受批评，称它们过去数年间在达尔富尔的行动促成了种族清洗和人口的急剧变化。而超现实的转折是，苏丹政府有时还责怪是人道机构实质上造成了国内流离失所人群的问题。更常见的批评针对的是机构共犯和自身利益问题。批评认为，各人道机构为营地提供服务，造成人们产生永久移居、日趋城镇化的动机。这意味着政府中的强硬派想要在达尔富尔地区进一步推行土地掠夺和人口再组织的，都可以按其设想进行。进一步巩固这种人道主义共犯批评的，是一种针对机构自身利益的批评，称各人道机构的业务利益就在于生产和维系一群受害者，所以它们要让营地一直存在。如果这些指控成立，人道战略中会有怎样的精神站位和怎样的贡献维度？

2013 年 10 月，达尔富尔的人道营地里仍然居住着 120 万名登记在册的长期国内流离失所者。非正式、无登记的各类型国内流离失所者数量是 320 万人，还有约 35 万人跨境到乍得成为难民。① 这几类人群合在一起，构成了 2003 年战争刚刚爆发时达尔富尔 600 万人口估算总数的很大一部分。大部分的流离失所者是受暴烈的反叛乱行动所迫而逃离的。人道机构在这所有或者部分现象中参与了多少共犯？

如果最严格意义上的共犯指控成立，那么人道机构、苏丹政府和金戈威德（Janjaweed）武装民兵就是围绕着一个"迁移并再组织达尔富尔社会"的共同目标来谋划、协同、合作的；或者人道机构是和反叛军筹谋合作了一项联合计划，将人们引入安全的国内流离失所营地，其长远目标则是让人们永久迁居到这些城镇边缘地区。但事情显然不是这样发生的，人道机构不曾在达尔富尔人民遭受暴力、被迫流离失所、逃离和入营中发挥任何蓄意构建的作用。而如果是一种较弱形式的共犯，人道机构就是不得不采纳或接受政府或反叛方实现大规模人口变化的计划，

---

① 见联合国人道主义事务协调厅（UNOCHA）的数据 http://reliefweb.int/report/sudan/sudan-humanitarian-snapshot-30-september-2013。

由此以某种方式对这件错事做出贡献。如果为满足自身利益的投机主义指控属实，那就是说人道机构制订了一套自己的计划，将长期的达尔富尔人道工作作为优先事项，与更广泛的人口迁移政治战略推行者串通，期待未来在达尔富尔实现回报丰厚的长期工作。而更可能的情况是，人道机构别无选择，只能勉强顺从暴力迁移政策，它们在根本上并不赞同这种政策，只能为国内流离失所者尽力营造好的条件，否则其中许多人就会死去。在这种情况下，也如许多人道行动的情形，机构没有什么选择，只能让自身的行动适应周遭强力得多的暴力。人道机构很少能中止暴力，只能减缓暴力的部分影响。至于认为人道机构在精神站位上积极回应达尔富尔的暴力迁移战略，是错误行径中有相同意图的联合主导人之一，那就是凭空幻想了。

会不会是知情条件下做贡献这种较弱的共犯形式呢？这里就出现了真正的道德难题。人道主义者很了解政治暴力和反叛乱行动，他们知道，通常暴力施行方更倾向将敌对方人口集中在营地或受保护的村庄里，这样就可以更好地控制这些人口，更容易从中筛选出激进分子，将他们与其民粹基本盘隔离开来。对于没有能力或者并不倾向于将敌人集中杀死的政府和武装团体来说，这就是它们通常的战略选择。人道主义者具备这种反叛乱活动的知识，便置身于一种道德枷锁中：他们要么束手而旁观流离失所的人大批死去，要么就给营地和城镇安置场所提供资源，这样能拯救人们的生命，但也建起了新的集中区域，有了成为某些交战方暴力政治目标的风险。在这样的局势中，人道伦理总是会将人类生命置于首位，这是因为其基本的道德目标就是保全和保护人。

但如上所述，建立国内流离失所营地的行动就会有正反两种作用，我们如何合乎伦理地化解这个难题，而不使营地即刻被看成是共犯形式中的贡献呢？伦理学中有一条非常重要的原则，常被人道赈济的批评者忽视，而人道主义者在面对从结果出发认为机构参与共犯的简单化批评时，正需要坚持这一条原则。这条原则是：相同的行为在伦理意义上可能是不同的。① 在更世俗的层面思考，这条原则就很明显了。设想你是一个超市里的停车场管理员，环顾四周，看到一个年轻男人正把手伸进一个忙着安置购物袋的老太太的手提包里，你看到他掏出了老太太的车钥匙。五分钟以后你看到同样的事又发生在停车场的另一个角落。在一个角落发生的是扒手意图偷走老太太的车，另一个角落发生的则是儿子在母亲提着购物袋、无法掏包时帮她找到车钥匙。这两个年轻男人手上的动作和行为完全一样。这就是两个有着截然不同的伦理实质的相同行为。我们在第十章已经看到，行为的道德实质是由行为的意向和目标决定的。"同一行为因目标不同而相互有别"这一原则，在达尔富尔国内流离失所营地的案例里同样是真实有效的。当人道机构为营地的建设和服务贡献力量，它们的活动与专制政权做这种事时是一样的。它们都架起庇护所，建起厕所，运营诊所，建立食物发放中心。当地政权做这些事情时，可能是为了残酷的政治性目的。人道机构做这些事情时，是为了拯救生命，缓解政治暴力和压迫的部分残酷。

对同种行为有道德差异的洞察，清晰指出了在达尔富尔案例中道德责任的分别。简单地指控各人道机构只因对国内流离失所营地建设贡献了装备和服务就是共犯，不足以证明这是纵容、鼓励或促成永久性人口迁移的贡献。人道机构所做的，在伦理上有别于蓄意或为图私利的种族清洗或人口变化。不过，由两种不同的意向驱动同一种行动造就的模糊性，也不可就此置于脑后。如果人道机构知道苏丹政府在国内流离失所营地背后有改变人口构成的意向，它们就必须去缓解这种模糊性的最糟糕效果。理想情况下，这就意味着要启动早期恢复项目，支持人们返回家园，或者展开反对永久性迁移的倡导活动。但如果机构没有能力充分地减轻这种模糊性，它们也并不对此负有责任，继续保全和保护人的生命仍是正确的。这仍然是最应当做的事情，除非营地变成了杀戮场或者规模更大的强制安置点。

---

① John Finnis, *Moral Absolutes*: *Tradition*, *Revision and Truth*, Catholic University of America Press, Washington, 1991, pp38–40.

科勒姆，1985 年

1985 年，埃塞俄比亚政府发布的强制安置政策在埃塞北部科勒姆（Korem）的国内流离失所营地生效。这个地区饱受战争和饥荒影响，赤贫的人们为了求得人道服务而住进营地，却开始在夜间被强制围捕，被违反其意愿地驱逐到南方——这就是政府的全国性重新安置方案的内容。这个方案表面上旨在将人们从饱受旱灾侵袭的北方高地转移到更湿润的南方低地，也似乎是为了去除部分反叛者的天然民众支持基础。正是在科勒姆，无国界医生做出了在这类极端形势下做人道主义"放弃"（abstention）的道德承诺，这是这个组织第一次做出这样的选择。当时无国界医生的主席是罗尼·布饶曼，他也经常到访科勒姆。多年后的 2008 年，他在接受采访时明确谈到，在某些形势下，各个机构须撤出赈济，放弃行动："如果我们承认赈济可能会被用于对付我们本来想要去援助的人群，那也得承认，在某些情况下，放弃或撤离可能会比行动更可取。"① 赈济被如此利用，成为诱饵或磁石，吸引人走向驱逐甚至死亡，是真正棘手的难题。在波斯尼亚战争中这个问题更加紧张，当时人们抱怨自己会变成"被喂得很好的死人"：他们因发放的赈济物资而长胖，却在围城战中被杀死，或者被种族清洗掉。但是，因为这些原因，人道机构撤离波斯尼亚就是正确的吗？人们是宁愿饿死，也不要被种族清洗吗？更可能的是，他们的抱怨其实是在急切地呼吁军事干预，而非在谴责食物赈济，真的愿意饿着死去。

在原则上，布饶曼对人道主义放弃行动的观点肯定是正确的，但这是一条很难真正获得受影响的人群同意而施行的原则。即便是在科勒姆，饥饿的人们仍然觉得冒风险也一定要去营地。在好几轮的重新安置活动中，国内流离失所者会逃到周围的山里去，随后又陆续回来。许多严重营养不良的儿童停留在救助儿童会（Save the Children）的喂养中

---

① Eyal Weizman, *The Least of All Possible Evils: Humanitarian Violence from Arendt to Gaza*, Verso, London, 2011, p33.

心，成人留在无国界医生的住院部。救助儿童会还运营了一个大型的干粮发放项目，专门支持住在营地之外的人。这个项目每天服务两到三个村庄，均位于周边频频发生争斗的军事争夺地区。当时机构无法深入塞科塔（Sekota）地区发放食物，那里的人最远的要步行两天才能到达科勒姆，领取家庭食物配给。即便面临着被重新安置的威胁，人们还是愿意从科勒姆搬进搬出，因为他们的生存办法仍然极为有限。渐渐地，反对重新安置方案的国际压力形成了，这部分要归功于无国界医生的撤离；其撤离带来了国际压力，于是政府的围捕活动不再连续发生，而是不定期进行。① 所有这些情况综合起来，如果救助儿童会要放弃行动、撤走工作人员，就变得不合伦理了，尤其是此时完全无法确保能中止政府的重新安置政策，哪怕所有机构都激烈地加入倡导活动并暂停项目。相反，这样做可能只会让既存的机构的工作条件遭受来自当局官僚体制的惩罚性报复，包括限制旅行、威胁本地员工、削减赈济。

救助儿童会的精神站位完全不是积极回应性的，它们并没有采纳和接受持续进行的强制迁移和驱逐。它们也不曾纵容虐待，反而常常发声反对。但它们也接受，与埃塞俄比亚当局一同工作、并行运作，是拯救生命的必要条件。在这两个案例中，无国界医生和救助儿童会所做的都不仅是与潜在的犯错方串通，它们还不得不与政治当局和业务部门官员合作。其中有些部门的技术人员，如医师、工程师、管理人员，是政治上的温和派，对人们的苦难很敏感。在私底下他们也不认同政治大形势。但其他人是强硬派，直接组织了重新安置的工作。在这种情况下更能准确形容机构回应性的概念，应当是顺从和胁迫。

在科勒姆和达尔富尔这样的形势里，人道机构常常面对隐性的环境威胁，牛津的哲学家大卫·罗丁将之形容为给意向良好的人设下陷阱。② 正如一个强盗举枪大吼："要钱还是要命！"不人道的政府或武装团体也

---

① 这些是我领导救助儿童会在科勒姆的行动时的观察，同时期无国界医生在 1985 年撤离。

② David Rodin, "The War Trap: Dilemmas of Jus Terminatio", *Ethics* 125(3), 2015, pp674-695.【译者注】大卫·罗丁（David Rodin），纽约卡内基国际关系伦理中心高级研究员，牛津大学伦理、法律与武装冲突研究中心高级研究员，尤以战争冲突伦理学的研究著称。

仿佛经常说："要你的赈济还是要他们的命！"这就是胁迫性的勒索，也解释了为何人道工作者常常感到受到敲诈。在达尔富尔和科勒姆，人道机构的精神站位应当被概括为：它们勉强容忍自己被迫冠上模糊性，其不良后果是部分地（并没有整体地）扭曲了它们的行动结果。从这些结果来看，这些机构的贡献在各个维度上有多严重呢？它们的赈济对更大的错误行为有多必要？

很容易认为人道赈济成为达尔富尔的强制迁移和科勒姆的驱逐围捕的必要条件，但这其实很可疑。如果这两个地方都没有赈济，当局极可能会继续推行其战略。没有达尔富尔营地里的救援，人们最终会死去，非正式地重新聚集（然后再次受到攻击），或者一直步行到乍得。当前的苏丹政府对其国民的极高死亡率一直表现出很高的容忍度，有可能会接受再有数万人死于赤贫。在科勒姆，埃塞俄比亚政府具备效果更显著的其他手段来集合平民并胁迫他们去重新安置，大部分平民都并非流离失所人群。① 在科勒姆，赈济诱饵对整个强制重新安置方案来说并非必不可少，也不是显著居于方案核心。科勒姆的救助营地当然在数百人受驱逐的事情上扮演了有贡献的角色，但政府也在科勒姆开展自己的食物发放活动。如果两个人道机构都离开了，政府可能还会动用从非政府组织那里征收的更多食物继续发放几个星期。所以，在科勒姆，国际机构的角色没有重要到起决定性作用。在达尔富尔，机构的资源要核心得多。而机构在制造流离失所的因果链条上的邻近性很弱。它们做出回应的时间是在早期制造流离失所的政治与军事决策很久以后。机构回应的不可逆转性也不高。人道系统曾反复表示，它们更偏好返乡政策，不赞同长期驻营的政策，也有能力在人们获许返乡时帮助募资和执行。人道主义者能够也愿意扭转他们在这个难题中发挥的作用。他们没有在外部做"总控钥匙"的角色，也没有被自己的行动和意向"锁定"。

人道机构在评估自己在许许多多由其他人制造的错误行为——也是其工作环境的一部分——中的角色和影响时，共犯是需要严肃对待的问

---

① John Mitchell, "A Report on Resettlement", UN Office for Emergency Operations in Africa, Ethiopia, 1985.

题。在错事之中工作时，很好地知道自己的位置和与错事的关系，并对自己的贡献设定合适的预防、缓解和补偿策略，这是对机构的伦理要求。不过，要夸大自己的贡献也是愚蠢的，因为这就使得真正应当负责的参与方得以隐身，任由人道主义者成为替罪羊而陷入罪责的烟幕。

道德陷阱

那么，确实不能说在达尔富尔和科勒姆这样的情况中机构与错误行为发生了严格意义上的共犯。当然，机构是在知情的情况下为错误行为的结构做了贡献，所以正如勒波拉和古丁会坚持的，它们"需要对这个情况做出解释"。那么对人道伦理中这个长年存在的问题，该做怎样的回答呢？大部分机构都会主张这是为了更大的善。他们决定继续集中于自己的主要使命，拯救人们的生命，同时通过可减轻人们的风险的创造性赈济策略（在科勒姆，即发放干粮），也通过开展倡导，来缓解其工作带来的风险。这种辩护看来是正确的，在大多数案例中，机构并不是在主张"小恶"的逻辑，而是承诺在错误行为中维持一种善。

不过，也需要更细致地分析共犯程度较弱的变体和陷阱变体的区别。大部分决定在这种局势中留下来的机构都是在道德上被困住，而非简单地参与共犯且道德上不负责任的。在这样的情形里，更公平的说法大概是，这些机构是在为陷阱里的人开展应有的行动。道德哲学家大卫·罗丁在讨论正义战争理论时阐发了道德陷阱的概念。① 罗丁认为，"陷阱就是一种容易进去、难以出来的东西"。罗丁的思考也很适用于人道主义的陷阱。大部分人类的努力——无论是政治、商业、婚姻，还是医疗——都有一个一贯存在的变量：你一旦启程，事物就会改变。有些变化会促成行动，有些不会。普鲁士将军冯·毛奇②提出了一句著名的

---

① David Rodin, "The War Trap: Dilemmas of Jus Terminatio", *Ethics* 125(3), 2015, pp674-695.
② 【译者注】赫尔穆斯·冯·毛奇（Helmuth von Moltke，1800—1891），普鲁士和德意志著名将领，对现代军事思想和理论有重大影响。

军事格言:"战斗计划从来都挺不过与敌方第一次交手。"在人道工作中也同样如此。工作一旦开始,各种可能构成道德陷阱的事情都会发生。冲突或灾害中的其他参与方都有各自的计划,也经常想要阻断人道行动,或者将其利用为自己计划的一部分。

一个简单的卫生幼儿或喂养项目在启动以后,可能很快就被其他意图挪用食物或限制食物供给的人的行动扭曲。一开始是减贫发展项目的,在周边发生冲突或洪水时就可能不得不转型成一场紧急行动。一个供给柴火的项目得变成一个保护性项目。最初让流离失所的儿童融入本地学校的决策,突然因为目标人数攀升、本地怨气加重而无法继续。但你该如何改变方向,同时又不让你已经做出承诺的人失望,或者不会增加社会的不和谐呢?

这些不断变化的情境、缓慢推进的承诺和艰难做出的撤离选择,都是人道工作的日常,在许多其他的人类活动中也是一样。这些现象表现为寇迪等道德哲学家所说的"解脱难题"(extrication problems),其间"能动者无论停下来还是坚持,总会引发伤害"①。因此,这些难题总是这样或那样的陷阱。陷阱往往是罗丁所称的"悬垂"(dangling)或"恶化的两难"。他将"恶化的两难"定义为你只能在道德上悬垂的吊诡情景:"在恶化的两难中,唯一避免恶化罪行的办法是继续推进罪行。"罗丁指出,大部分的恶化困境都与某种退出的决策相关。"为了从不道德中解脱出来,错事的施行者往往需要继续(可能甚至需要升级)这种不道德行动,直至行动结束。"上文已谈到,我并非在说各机构在这些形势里的行动是不道德的,但罗丁对这种艰难状况的解析非常有参考意义。在一个可能是不道德的形势下"悬垂"着的参与方力求退出这样的形势,但实现退出的最佳方式就是继续做他们正在做的事情,直到某种救援力量到来,或者出现了更好的出路——这真是吊诡。这似乎可以解释许多人道主义困境。为何人道机构一直驻留直至发生国际行动,直至有了新的赈济战略,或直至交战方不合伦理的政策发生变化而改变了形

---

① C. A. J. Coady, "Politics and the Problem of Dirty Hands", in Perter Singer, ed., *A Companion to Ethics*, Blackwells, Oxford, 1991, p380.

势：为何这通常是正确的做法？这就是另一个原因。

沉默与发声

在人道主义者及其批评者看来，人道工作中的沉默经常与共犯相关。何时最适合发声，何时最适合保持沉默，是人道伦理中一个被激烈争辩的难题。

人道机构及其员工经常会了解到或者直接见证侵犯人权的行为、战争罪行、种族清洗，甚至种族灭绝。对暴行的沉默，通常是在由恐怖战略或残暴极权统治主导的局势中被蛮横强压下来的。暴力被隐藏、闭口不谈，或者人们害怕开口谈论。在这样的环境中，由人道主义的声音描绘真相而打破这种沉默，会变得很重要。人道主义倡导如今已是一种充分发展的实践，机构对自己看到的暴行和环境发出声音，单独或一起发声以寻求更多的保护，是很正常的。但有时候机构保持沉默。这种时候，它们的沉默往往被诠释为一种共犯的形式，或至少是一种严重的不作为。有时可能确实是这两种情况之一，但也经常不是这样的。人道主义的沉默，可能是为了伦理或其他原因而选择的。沉默会是人道行动在艰难形势中的一种手段。它会是一种安静的谴责。但也有些时候，沉默可能就是一个错误决策。

红十字国际委员会在第二次世界大战期间决定不去说出它知道的大屠杀，一直是人道行业一个标志性的教训，回顾考察此事的人也将此看作是道德上的失败。[①] 后来人道机构曾对卢旺达的种族屠杀发出有力声音。说出真相的原则，对于让苦难和侵犯行为恰当地为人所知，引起当局和广大公众关注，是很必要的。有时候，无论其影响如何，在道德上都有必要让公众注意到极端的错行。即便这样的公众注意力不会带来即时的效果，仍然会为人类奠定一个道德标杆，可以此为基础，在道德发

[①] Jean-Claude Favez, *The Red Cross and the Holocaust*, Cambridge University Press, Cambridge 1999; Hugo Slim, "Humanitarianism and the Holocaust Lessons from ICRC's Policy Towards the Jews", *International Journal of Human Rights* 5(1), Spring 2001, Frank Cass, London, pp130-144.

展和行动能力大幅提高时继续前行。在废除奴隶制的道德愿望和能力几乎还不存在时，就曾有许多人坚决地发声反对奴隶制。指明错误，是最终承认和避免错误的一个早期步骤。

然而，说出真相的最恰当方式不一定就是由人道工作者喊出，尤其在有其他人位于更适合传播真相的位置上的时候。人道伦理不把人道主义的沉默和谨慎看成病理问题，这一点很重要。发声可能是正确的，但也可能因各种原因是不明智的，这是大多数机构都很了解的事实。显然，位于人道机构倡导核心的社区成员如果被认为是将战争罪或其他侵犯行为告诉了该机构，他们就可能面临严重的报复。报复可能是残酷、致命的。该人道机构和同一地区的其他机构的员工也可能面临报复。我们在前述案例中看到，一个机构进行倡导和游说，也会意味着其项目关闭，随后就会直接影响人们的安全、生存或恢复。

人道主义的沉默为何可能是明智做法，以上就是其事关生死的急迫原因。但也有另一个原因，关系到发声成功的可能性，这在伦理上也十分重要。发声会让人感到人道工作者在恰当地履行一种道德义务，这一点是正确的，也很重要。即便发声不会明显促成错事的终止或受限，在所有其他条件一样时，显然发声本身也是正确的事情。但在其他重要的善会因发声而面临风险，且没有足够的确定性表明发声可产生正面影响的情况下，发声就可能是鲁莽，沉默会更为明智。尤其是，如果一个人道机构加入一场声势浩大的"说真相大合唱"，并不会带来特别的价值，那发声更是鲁莽的了。在人道主义的"说真相"中，手段与目的同样重要。"发声"的观念已成为人权实践中的核心信条，但也有其他说出和传播暴行及苦难的方式。大声、公开地发声——如果这样做可能伤害其他人，没有正面影响，或其他人能做得更好，就不会是人道主义倡导的最佳手段。在这样的情况下，更谨慎的方式是分享信息，这是对高声量方法的合法替代办法。可以直接与施害者和权力当局中的人私下交谈，这是红十字国际委员会倾向的"démarches"①；可以在基于匿名及注意保护信息源免遭危险的条件下，将信息传递给第三方；也可以找到各种方式来支持受害者本人，或是支持其代表人及家人直接发出倡导，但这就必然需要让他们认识到这种行动可能带来的危险。最终还是需要从成功的可能性来判断应选择哪种方式。发声者不应只为了个人的道德满足，还须冷静地、更广泛地考虑风险与成功。

最后，在某些形势下，尊重沉默的含义及其力量非常重要。当今医疗人道伦理学的先锋丽莎·史华茨在其早期论沉默之哲学的著作中，分析了我们对沉默的理解。② 她指出，沉默并不总是没有含义的。相反，一个人的沉默或一个组织的沉默往往发出了有力的挑战：来诠释他们的沉默吧。史华茨提到有两个希腊罗马神祇是沉默的守护神。其中一位叫哈波克拉底，是神秘与沉思的沉默之神，维护着一个只有人们共同沉默才能创造出意义的空间。拉荣达则是一个过分饶舌的女神，因吐露了宙斯的秘密而被宙斯拔去了舌头。拉荣达仍有许多要说的，却只能在沉默中说了。众神的信使赫尔墨斯爱上了她，学会了诠释她的沉默。

在我看来，这种"拉荣达式的沉默"是对部分人道主义的沉默的有力描述。社区、交战方、媒体和公共舆论可能会认为红十字国际委员会或其他人道机构一直在沉默。有时候这种沉默让其周围的人感到无法容忍，他们无法理解这种沉默。但有时候这种沉默会是强有力的，酝酿着意义，正当合理。这种拉荣达式的人道主义沉默可以一直被诠释，并非所有诠释都必然是负面的。人道主义的沉默往往会被准确地诠释为一种勉强的态度，反映了安静的谴责、行动上的耐心、对言辞效果的不抱希望。可以认识到它是一种在别人发声时安静行动的决定。史华茨提醒

---

① 【译者注】法语，意为措施、行动。国际委员会用这个词专指针对违反国际人道法行为采取的做法。该词有时特指其首选的"主要行动模式"，即"与冲突当事方进行双边保密交涉"，此时"démarches"专作"交涉、对话"；有时该词用于一般性地概括所有针对违反国际人道法行为的"行动、措施"，包括了双边保密交涉的"主要行动模式"和有条件地诉诸第三方等多种"辅助行动模式"。参见《在发生违反国际人道法或暴力局势中保护人们的其他基本规则的行为时红十字国际委员会所采取的行动》，《红十字国际评论》2005年6月，第858期。

② Lisa Schwartz, "Understanding Silence: Meaning and Interpretation", *Performance Research* 4(3), Taylow and Francis, 1999, pp8-11. 【译者注】丽莎·史华茨（Lisa Schwartz），加拿大麦克马斯特大学卫生科学教授，研究领域为卫生研究方法、循证及影响。

道:"沉默有时包含并传递着意义。"这些意义不一定总是标志着共犯和道德软弱。沉默也可以如安静的审判一般言说。迪尔梅德·麦卡洛克在对基督教会的沉默历史的研究中,形容耶稣在彼得第三次背主以后沉默地看他是"人类历史上最为雄辩的安静凝视"[1]。声音的中止并不一定意味着道德参与的停顿。言辞只是我们表现伦理的一种方式。在20世纪50年代阿尔及利亚内战后期,阿尔伯特·加缪有意地采取了沉默的姿态。他不再公开地谈论或写作战争中的可怕暴力和对正义和平的追求。他感到再说什么也没有用了。1957年在斯德哥尔摩为他举办的诺贝尔文学奖颁奖礼中,一位年轻的阿尔及利亚人反复质问加缪何以对阿尔及利亚保持沉默,最终加缪如此回应:"我是沉默了一年八个月,并不意味着我停止了行动。"[2] 在许多情况下,人道机构也是如此。

直接的恶行:人道主义的残酷和漠视

各种形式的间接伤害不是人道工作中唯一的道德风险。人道行动中,也有应直接归咎于人道机构的恶行:在人道行动过程中由人道机构员工施加的各种模式化伤害。一些针对赈济的伦理批判者指出,人道行动对待其想要帮助的人的方式,本身就可能是有害的。在组织排长队、用缺乏个人照护意识的侮辱性做法发放赈济时,就是在结构性地施加伤害。而人道工作者的行为和态度也可能冒犯和伤害人。这些直接伤害的风险,要求我们持续关注人道工作者的个人伦理和人道行动中潜在的结构性暴力。

巴巴拉·哈雷尔-邦德是人类学家、难民研究的先锋,终其职业生涯都在批判人道工作的结构和行为。她特别反对人道实践中将"营地"

---

[1] Diarmaid MacCulloch, *Silence: A Christian History*, Penguin, London, 2013, p34, 此处指《路加福音》第二十二章六十一节的情节。【译者注】迪尔梅德·麦卡洛克(Diarmaid MacCulloch),牛津大学教会史教授。

[2] Robert Zaretsky, *A Life Worth Living: Albert Camus and the Quest for Meaning*, Belknap Press of Harvard University Press, Cambridge, MA, 2013, p84.

置于核心位置。哈雷尔-邦德在很多方面都是正确的,她将人道营地看作是极权式人道主义管控的场所,削弱了难民和流离失所人群的自主自治,诱使"人道主义政权"在与受苦受难的社区的关系中占据主宰的位置。① 她引用珍妮弗·汉德曼等人的研究,详细描述了难民营和国内流离失所营地里"不人道的人道主义"②。她描述人们如何被"围捕"或"驱赶到一起",按人头计数,被喂养,人们如何被赈济工作者怀疑是"冒名顶替"、是"乞丐"。1994年在肯尼亚为索马里人建起的卡库玛难民营里,她观察到人们甚至要遭受集体惩罚,因为有身份不明的难民蓄意破坏了食物发放点的围墙,食物发放被暂停了十四天。③

不难看出,这样激昂批评人道营地更像监狱、疯人院或集中营的理论家,是受到了米歇尔·福柯论欧洲惩罚制度与疯癫制度的重要著作的新一波影响。④ 涌入欧洲的移民增长,许多人作为非法移民受拘留,也同样鼓舞了意大利的阿甘本教授及其追随者创造出一种几乎是统一的说法:在世界的贫困边缘地区的"例外地带"施行的人道主义压迫。⑤ 米歇尔·阿吉尔表达了类似的关切,他夸张地批评人道营地里存在无情的照护和管控关系,而营地的建立是为了"管理不受欢迎的人"⑥。我们在下文会对这些关于人道主义压迫的更广泛理论进行讨论。同时,关注赈济工作者有可能施行的更私密的伤害行为,并考察其漠视态度的由

---

① Barbara Harrell-Bond, *Imposing Aid*, Oxford University Press, Oxford, 1986. 【译者注】巴巴拉·哈雷尔-邦德(Barbara Harrell-Bond, 1932—2018),法律人类学家,1982 年创建牛津大学难民研究中心,2000 年起在开罗美国大学任教,并支持多种难民法律援助项目。
② Barbara Harrell-Bond, "Can Humanitarian Work with Refugees Be Human", *Human Rights Quarterly* 24, John Hopkins University Press, 2002, p62.
③ Barbara Harrell-Bond, "Can Humanitarian Work with Refugees Be Human", *Human Rights Quarterly* 24, John Hopkins University Press, 2002, p59.
④ 【译者注】指福柯的《规训与惩罚》《疯癫与文明》两部著作。
⑤ 吉奥乔·阿甘本:《神圣人:至高权力与赤裸生命》,吴冠军译,中央编译出版社,2016 年。【译者注】吉奥乔·阿甘本(Georgio Agamben, 1942—),当代富有影响力的哲学家、思想家,任教于欧洲研究院(EGS)、意大利维罗纳大学和巴黎国际哲学学院。本书导言在讨论"小恶"时也引述了阿甘本。
⑥ Michel Agier, *Managing the Undesirables: Refugee Camps and Humanitarian Government*, Polity, Cambridge, 2011. 【译者注】米歇尔·阿吉尔(Michel Agier, 1951—),民族学家和人类学家,法国社会科学高等研究院教授,领域是人类全球化、流放和城镇边缘性。

来，这也很重要。

哈雷尔-邦德并不是唯一在人道工作的实际组织和话语中发现某种残酷性的人。我们已经指出，"受益人"标签本身就相当去人性化了。需要回应大规模脆弱人群的必然性，会引出一种集体思维：赈济工作者会更多地从群体、数字、清单的角度思考，而较少思考在艰难时世中生存的具体的人所有的人格化面孔。没有持续警醒的话，人道主义对个人照护的伦理会滑向一种更加集体主义的管理、后勤和管控的文化。秩序的精神和优越感就会取代出于人道的同情和平等的品质（ethos）。

美国地理学家伊丽莎白·邓恩对人道主义的无情所做的分析比哈雷尔-邦德的态度含有更多谅解，也可能更为准确。① 邓恩基于对2008年俄罗斯—格鲁吉亚战争后格鲁吉亚的人道行动的观察，列出了人道主义治理过程的三阶段。最早是带着人道主义的首要伦理关切的"情感模式"，走向将人的苦难转化（并缩减）为对组织和后勤的挑战的"官僚模式"；在最后阶段，人道行动成为"物质模式"，一切都关乎给人物资。邓恩准确地观察到，人们在进入人道系统，成为她所称的"homo humanitarius"② 时，就失去了其人格中的部分丰富性与尊严。但是，哈雷尔-邦德认为是人道系统的恶行的现象，在邓恩看来则是混乱和"临时统治"（adhocracy）产生的疏忽和困惑，而非产生了邪恶："人道主义官僚秩序里的生活，与其说是压迫和剥夺力量，不如说是迷失和困惑。正如一位住在特瑟罗万尼营地的老太太所说：'简言之，我们就是很困惑。'"③

人道行动会产生困惑、无情和对自我感知的削弱，这种道德风险是非常严重的。人道工作者必须尽各种努力，开设项目时须体现人道主义的包容、参与、能力建设和责信的尊严原则。这样有助于确保人们在意

---

① Elizabeth Dunn, "The Chaos of Humanitarian Aid: Adhocracy in the Republic of Georgia", *Humanity*, Spring 2012.【译者注】伊丽莎白·邓恩（Elizabeth Dunn），印尼安纳大学国际研究系地理学教授。

② 【译者注】拉丁语，意为人道主义的人。

③ Elizabeth Dunn, "The Chaos of Humanitarian Aid: Adhocracy in the Republic of Georgia", *Humanity*, Spring 2012, p19.【译者注】特瑟罗万尼（Tserovani），格鲁吉亚战后最大的流离失所者营地。

图支持他们的赈济策略中享有真正的选择、参与、能动性、透明度和理解。

怜悯与父权主义的风险

人道行动可能退化变成不合伦理的极权结构、侮辱性话语体系和无情的管理主义，这是一种持续存在的挑战。我们都曾见过（或做过）逐渐对自己努力帮助的人群失去尊重的人道工作者。对有些人道主义者来说，这种感觉是暂时的困扰。对有些人则是持久的转变，他们变得愤怒又尖酸，这标志着他们该退出这个职业了。哈雷尔-邦德和她之前的许多人已了解到，这种道德风险的源头就在我们尝试帮助他人时对他人的态度之中。在许多帮助性的关系里，有可能在有力的帮助者和无力的受害者之间出现危险的不对称。不加以检查的话，这种不对称会腐蚀本应有的平等与尊重的人道纽带，而恰恰是这种纽带形成了人道伦理的基础。将这种逐渐蔓延的不尊重传播开的，往往是不健康的怜悯。这样的怜悯随后会发展成父权主义，最终变成对受苦的人不同程度的蔑视。

我们在第二章讨论过的人道德性，根植于共情。共情与怜悯不同。怜悯之情构成了共情的一部分，但这只是最初的情感动力，我们受怜悯激发，开始反思一个人所受的苦难，发生了共情。而变形的怜悯之中并无共情，其深层是施恩心态、自私自利，甚至是虐待成性。保罗·利科就提醒我们，在怜悯中有自我中心的元素，在怜悯中"自身隐约地为知道自己幸免了而感到高兴"，开始感到自己比被怜悯的人更高一等。① 这种优越感是父权主义的开始，父权主义将遭受苦难的人当作幼儿对待，要求有控制他们的权利。我们都见过人们在"帮助"时变得气势汹汹、干预过多，奇特地变得毫无同情心。我们也见过人们在援助时变得极度以恩人自居。这两种态度都走偏了，是危害人的尊严的侮辱。

---

① 保罗·利科：《作为一个他者的自身》，佘碧平译，商务印书馆，2013年，第七研究第二节，第284页，引用译文有改动。

神经科学中有越来越多证据表明，我们的同理心会有两种形式：一种是运作良好的，一种是运作不良的。同理心与真切的共情走的是同样的路径，关注受苦的人，鼓励积极的、联结性的亲社会动机；同理心也可能转向内心，变成波兰神经科学家奥尔嘉·克林梅基所称的"同理心的痛苦"①。这是一种自我沉迷的情感，将他人的苦难内在化了，将他们的痛苦移到自己身上，这时照护者或观察者心中就产生了负面的感觉。所以同理心的痛苦常伴随着心力耗尽、退出行动、感到在人格上被其他人的苦难压倒，也就不奇怪了。马克·沃卡普在一篇讨论人道组织的应对策略的会议文章中指出，这种被压倒的感受，或是因人道工作没有带来自己预期（且我们自己需要）的良好感觉的失望感受，是赈济工作者情感衰退周期的开始。带着殉道式的心理暗示超量工作，很快就会使工作者发生心理脱离、移情乃至现实扭曲。尤其是在情感衰退周期的后两个阶段，有些赈济工作者会为其个人预期与职业失败的不谐推卸负疚感，有时还会怪罪到受苦难影响的人头上，他们就被看成人道工作的对立面，而非其目标。②

人道主义关系中的道德挑战在于始终关注人，而非关注怜悯或自我怜悯，并保持对一切优越感的抵抗。即便在极端的情形中，同情所指向的也是与人们一同工作，而非在人们头上工作。这正是利科所说的关怀，也是各种宗教呼吁与召唤其追随者趋向的爱。这样的爱与关怀并不让人臣服于我们的力量，而是将他人作为自有权利的主体连带其权利一并予以尊重。这是一种从平等出发的陪伴态度，尊重人的自主，这正是《行为准则》要求人道主义者做到的。作为犹太学者中最伟大的一位，

---

① Olga Klimechki, "Overcoming Empathic Distress", paper presented to the ELAC Conference on *Humanitarian Workers: Personal Ethics, Psychology and Lifestyle*, University of Oxford, 17 December 2013. 【译者注】奥尔嘉·克林梅基（Olga Klimecki），神经科学家、心理学家，先后在日内瓦大学、德累斯顿大学任教。

② Mark Walkup, "Policy Dysfunction in Humanitarian Organizations: The Role of Coping Strategies, Institutions, and Organizational Culture", *Journal of Refugee Studies* 10(1), Oxford University Press, Oxford, 1997, pp37-60.

摩西·迈蒙尼德①态度坚定地质疑了父权主义，提出自主是我们帮助他人最重要的方式。在12世纪写作的他本身就受害于暴力、财产剥夺和强制迁移。迈蒙尼德分辨了慈善的八种层次，最高层次是尊重和真正"增强"另一个人：

迈蒙尼德的慈善八层级

慈善（Tzedaka）有八个层次，每一层次都比下一层次更伟大。

1. 至高无他的层次是增强另一人，通过给予他赠礼或借贷，或与他合作，或给他工作，使他双手得到力量，直至无须再向人乞求。经文就此说："你要增强你们之中的陌生人和寄居的人，并与他一起生活。"② 这就是说，要增强他，直至他不再需要仰仗众人的仁慈，也不再匮乏。

2. 在这之下是将慈善给予穷人，但不知他给了谁，收到的人也不知恩主。因如此是为了天而实行"mitzva"③。就如庙里的密室，其中义人秘密地给予，善良的穷人隐去名字获得支撑。差不多同样好的做法是通过慈善基金给出慈善。

3. 在这之下是给予的人知道要给谁，但收到的人不知恩主。如最伟大的智者曾秘密地行走，将钱币放在穷人的门里。如果负责收集慈善基金的人不值得信赖，如此是既有意义也非常好的给予方式。

4. 在这之下是给予的人不知道给了谁，但穷人却知道恩主。如最伟大的智者曾将钱币裹在披巾里掮在背上，穷人过来从披巾里拣出钱币，这样他们就不会羞愧。

---

① 【译者注】摩西·迈蒙尼德（Moses Maimonedes，1135—1205），生于西班牙，久居埃及，用阿拉伯语和希伯来语写作，是历史上最重要的犹太哲学家、法学家和医学家之一。下文所引的"慈善八层次"出自迈蒙尼德的《托拉经注释·种子之书》第二卷第十章七至十四节，对照 Eliyahu Touger 英译本翻译。

② 【译者注】《利未记》第二十五章三十五节。此处英文引文与中文各版经文差异较大，且强调"增强（能力）"，故译者按本书语境重译了这句经文。

③ 【译者注】希伯来语，意为诫命。

5. 在这之下是在穷人开口之前就给予。
6. 在这之下是在穷人开口以后给予。
7. 在这之下是给得较少,但面容愉快。
8. 在这之下是不情愿地给予穷人。

迈蒙尼德逐级而下的光谱里包含一种重要洞见,即帮助者应尽可能地摆脱干系,不为人所见,或者在帮助中采用平等的合作关系。帮助者并非英雄或高一等之人。帮助者只是正义地、恰当地重新分配好处的必要中介,并不控制和羞辱需要好处的人。有趣的是,最近对美国飓风后和索马里饥荒中人道工作的现金转移项目影响的研究,确认了迈蒙尼德的分级办法,显示出男男女女在参与现金救助项目后都感受到高水平的尊重、自主性和能动性。① 感到自己无法信任人们会明智地用钱,害怕自己即将失去控制力的人道工作者,对现金救助的方式就会感到不那么舒适。② 这当然就是父权式的焦虑。

人道主义势力的系统性道德风险

迄今讨论的大部分道德风险因子都在项目层面影响人道行动,但随着人道工作在过去六十年间发展壮大成一个国际领域,在其全球文化和政治经济之中就有了更广泛的系统性风险因子。这些行业上和政治上的系统性风险因子,可被看作是新的福柯式危险,发生于人道行动的官僚化、制度化、等级制和既得利益之中。这些是国际人道主义的成功中蕴含的危险。

许多国际人道赈济的批评者将人道系统的扩张视为西方自由主义势力一大必然结果,以及自由主义在后殖民时期发挥影响而采用的有意

---

① Kamila Wasilkowska, "Gener Impact Analysis: Unconditional Cash Transfers in South Central Somalia", Somalia Cash Consortium, Mogadishu, 21 December 2012.
② Sarah Bailey, "What Cash Transfers Tell Us About the International Humanitarian Community", *Humanitarian Exchange Magazine*, issue 51, July 2011, at http://www.odihpn.org/humanitarian-exchange-magazine/issue-51/what-cash-transfers-tell-us-about-the-international-humanitarian-community.

的、基本的形式。米歇尔·阿吉尔从社会学家布尔迪厄处借用了一个说法，形容人道主义是"帝国的左手"，他和众多学者都提出了世界各地许多脆弱人群经验中的"人道主义政府"的观念。① 阿吉尔的观点是，当前的人道行动系统的功能是成为寡头式西方势力的"治愈之手"，"跟在西方的脚踵之后，抚平军事干预造成的破坏，军事干预则被想象为同时在全球各处执法的警察行为"②。因此这种政治势力和人道主义势力的合流是"一种双方自愿的全球性组合"，帮助西方势力治理世界上不受约束、脆弱不堪、持反对立场的区域。③ 与此类似的是狄迪尔·法松也提出了"人道主义论证"（humanitarian reasoning）的概念：用人道主义做的论证已成为西方政治势力剥夺权力的话术，成为一种新力量。④ 人道主义的论证创造了"人道主义政府"，使之成为"治理不稳定性的一种模式"。它是"将道德情感用在当代政治之中……其前设总是一种不平等关系……（并且）乃是基于一种全球道德共同体的幻想，以及对圣餐和救赎的世俗假想"⑤。于是人道主义论证要负责"想象"和"发明"紧急状况,这样邪恶的西方就能对世界上大面积的高风险地区实施人道主义管控。⑥ 因此，在这些及其他批判理论家看来，人道主义政府和人道赈济对这些"想象的"灾难中被看作是受害者的人们来说是极度危险的。劳伦斯·麦克福尔将人道主义政府看作是"仁慈的独裁"，认定许

---

① Michel Agier, "Humanity as an Identity and its Political Effects (A Note on Camps and Humanitarian Government)", *Humanity*, Fall 2010.【译者注】布尔迪厄原话是"国家的左手"，指由国家公共财政支持、并承受社会矛盾表现的基层工作者、教师等。参布（尔）迪厄:《国家的左手和右手》, 载《遏止野火》, 河清译, 广西师范大学出版社, 2007年。

② Michel Agier, "Humanity as an Identity and its Political Effects (A Note on Camps and Humanitarian Government)", *Humanity*, Fall 2010, p29.

③ Michel Agier, "Humanity as an Identity and its Political Effects (A Note on Camps and Humanitarian Government)", *Humanity*, Fall 2010, p30.

④ Didier Fassin, *Humanitarian Reason: A Moral History of the Present*, University of California Press, Berkley, 2011.【译者注】狄迪尔·法松（Didier Fassin, 1955—），人类学家、社会学家，现任教于普林斯顿大学社会科学高等研究院。

⑤ Didier Fassin, *Humanitarian Reason: A Moral History of the Present*, University of Califormia Press, Berkley, 2011, ppx-xii.

⑥ Craig Calhoun, "The Idea of Emergency: Humanitarian Action and Global (Dis) Order", in Didier Fassin and Mariella Pandolfi, eds, *Contemporary States of Emergency: The Politics of Military and Humanitarian Interventions*, Zone Books, Brooklyn, NY, 2010, pp29-58.

多人道行动实际上是"医源性暴力"。在医学理论中,医源性暴力是指由医师尝试治愈患者而引发的伤害和暴力,其发生或是由于能力不足,或是本来意图之外的副作用。在麦克福尔看来,非政府组织的许多人道行动不过是"治疗性质的统治"①。

批判理论家的这种学术解构极为二元化,且过分夸大。这种批判代表了一些后现代思想家的反西方二元幻想,倾向于无视非西方社会中的政治势力和残酷现象。而大部分紧急状况都是被这些势力造出来的,而不是由西方势力想象出来的。此外,在这些批判中,人道机构被预设为有权势的核心行为主体,而在实地却并非如此,权力首先是掌握在政府、武装团体和地方社区手中。② 要批评人道主义的势力,还有许多更扎根实际的方式。

阿历克斯·德·瓦尔看待全球人道系统时更细致,意识形态没有那么强。正如邓恩感到的是人道主义的临时统治和混乱,德·瓦尔在近年人道主义力量兴起的现象中看到的是恶意较少,无组织性却更强的意向。他谈到"人道主义帝国",但这个帝国是"在心不在焉之间"建起来的。人道机构周围是非洲和亚洲许多国家软弱而冲突多发的政治势力,结果总是由人道机构肩负起过大的责任,照管人民的生命。这样,"人道主义帝国的任务是通过默许获得的,并不是由帝国首府的伟大设想驱动,更多的是被一步步试图解决复杂紧急状况的逻辑驱动的,而并没有认识到其终点是什么"③。塔夫茨大学的教授安东尼奥·多尼尼领导了多项关于人们对人道救助的感知的经验研究,他花的时间比大多数人道研究者都更长。他对国际人道系统的风险提出了清晰的观点:人道行动按普世的精神运作,但仍然带有"一种西方的机制"。这种机制及其文化在同构的基础上蓬勃发展,这就要求任何新的举措或合作关系都得

---

① Laurence McFalls, "Benevolent Dictatorship: The Formal Logic of Humanitarian Government", in Fassin and Pandolfi, op. cit., pp317-334. 【译者注】劳伦斯·麦克福尔(Laurence McFalls),加拿大蒙特利尔大学日耳曼与欧洲研究中心主任,教授。

② Hugo Slim, "A Bare Line: Where Social Theory is Wrong About Humanitarian Aid", Nottingham CSSGJ seminars, January 2014.

③ Alex de Waal, "The Humanitarian's Tragedy: Escapable and Inescapable Cruelties", *Disasters* 34(2), pp130-137, Blackwell Publishing, Oxford, 2010, p136.

按照其形象和条款运作。人道行动也就成为"西方观念和行为模式的有力传媒"。多尼尼从多个国家赈济接受者感知的研究中得出的整体结论，对人道行动的伦理提出了挑战，但这并不是许多后现代理论家描绘的二元论末日情节式的挑战，而是：

> 人道行动是一个由上而下、外部驱动、相对刚性的流程，除了走形式的咨询，本地参与的空间很少……有时不当的个人行为、炫耀消费和"白色汽车综合征"会加剧这种状况。①

多尼尼的批评与另一位开展经验研究的学者呼应了。荷兰的提娅·希尔赫斯特教授的著作也指明，国际人道赈济有架空或绕过地方政府和地方机构的倾向。②

人道行动无疑已经是世界上许多地方人民生活的主要内容，在对部分受到战争和灾害影响的社区的日常治理中，人道机构会获得显著的权力。人道赈济到达地方，也被形容为是一个小镇里进来了不羁的马戏团或吉卜赛大篷车③，确实有可能在灾害和战争施加了最早的破坏之后，以各种方式再来一次深入的破坏。

足迹

危机发生地区的地方政治经济，常常会受到重大人道行动的重大影响。当前的人道危机赈济几乎是在用工业化的交付系统运转，这意味着大量来到危机现场的机构和员工需要办公室、仓库、交通和住宿。这就像一个还在建设阶段的采矿场，会导致一个相对偏远孤立、技术程度较

---

① Antonio Donini, "Humanitarianism, Perceptions, Power", in Caroline Abu-Sada, ed., *In the Eyes of the Other: How People in Crises Perceive Humanitarian Aid*, MSF-USA, New York, 2012, pp183-192.

② Thea Hilhorst, *Disaster, Conflict and Society in Crisis: Everyday Politics of Crisis Response*, Routledge, London and New York, 2013.

③ Linda Polman, *The Crisis Caravan: What's Wrong with Humanitarian Aid*, Picador, USA, 2011.

低的社区很快被新现象淹没、改造。食物和租房价格飙升，新的地方精英和创业者出现，更多人迁入本地来开发新的工作机会，性工作者的数量上升。在现代人道主义历史上，肯尼亚北部的市镇洛基察吉奥（Lokichogio）就成为这种人道枢纽地点的标志性代表。洛基察吉奥原本是图尔卡纳教区（Turkana）的一个小型集市镇，后来在长达四十余年的时间里成为在地处内陆的南苏丹开展人道行动的后方基地，其形态大为改变。人道赈济机制对社会某些部分的扭曲效应，是一个道德上的问题。这种事情无法完全避免，但可以尽可能通过努力去缓解，在市镇急剧变化的过程中落实本地化和公平。机构可以努力将人道主义扩张的所得所失都广泛、公平地分享到本地社区里去。在一个新地方成规模地开启工作时，人道系统也可以有意识地以二十年跨度的视野和周期，好好规划投资，预先仔细做好撤出的计划。在这个方面，人道机构应该能从矿产业的责任实践中参考良多。①

等级制

在人道赈济大批到来时，新的等级也形成了。人道赈济跨国扩张成一个全球行业的部分表现是，人道机构形成了一些与殖民势力或企业势力中的等级制相类似的模式。这时应当讨论到人道主义精英了：政府、联合国或非政府组织的官僚，他们能以人道赈济为一生的职业，赚得高薪，在大门高耸的社区里过好日子，拿丰厚的津贴，开泳池边的派对。②许多人道主义等级制中仍然存在国际员工和本国员工之间的强烈分化，这令人痛心地映射了非洲和亚洲许多地区早年殖民势力的模式，而当前这些地区人道需求也是最大的。这样的等级制令位于低端的人感到失去尊严、痛苦、沮丧，尤其在等级中还存在着种族的维度。人道主义的执

---

① 关于负责任地采矿和矿场关闭策略的良好实践指引，见国际采矿及金属协会（ICMM）的各种工具包 http://www.icmm.org/publications。

② Anne-Meike Fechter, "Living Well While Doing Good: Missing Debates on Altruism and Professionalism in Aid Work", *Third World Quarterly* 33(8), 2012, pp1471-1491.

行官出现了,其第一忠诚对象超越了危机发生的国界,朝向了他们所服务的多国组织的使命和战略,类似于壳牌、巴克莱银行、普华永道等跨国企业中的执行官。这样的执行官多将公司放在首位考虑,国家居其后。逐渐地,精英式的人道主义者会因符合了向上看齐的官僚流程,而非因向下在一线推进卓有成效、富于同情的项目而得到回报。

当下出现的这种人道从业者的高等级生活与他们要帮助的人的高难度生活之间的不协调,并不是新事,但它正变成更加系统化的存在,从而愈发成为问题。① 从伦理上来说,这种断裂意味着人道系统中居于最有势力地位的人最不可能实时地接触到受苦的社区,也最不可能秉着人道、根本平等、独立和参与的精神与社区建立联系,而这却是人道伦理所要求的。精英工作者不再直接与战争和灾害的受害者一同工作,那他们就只能去想象受危机影响的人群和地方,自己则在装了空调的办公室、使馆和配了司机的汽车里度过完全不同的工作日,有时还与现场距离数千里远。遥远的同理心是有可能的,也是每个人道组织的中层和上层需要具备的。而如果据我们前文所说,在现场工作的道德风险是蔑视受苦的人,那在总部工作的道德风险则是忘记受苦的人。

前线与理事会议室之间距离日增,是所有成功组织扩张过程中的特点。一个行业或一门业务中,一直存在精英与草根分离的道德风险。处理这种风险的唯一办法是在机构组织文化中迎难而上,特别珍视并嘉奖专注于现场或朝向现场的工作。这样的文化还须避免在组织内部发展出生活方式的过大差别。按照其定义,人道工作就是关乎更公平、更广泛地分享财富。因此,要是机构执行官和从业者因从事人道工作而发财,人道工作就违反了其伦理的目标。富人可以是出色的人道工作者,但故意靠这份工作致富的人道工作者通常都不出色。人道机构内部与日俱增的不平等也不利于鼓舞士气、扁平管理和组织声誉。

---

① 关于早期使用这种思路对赈济的批判,见 Graham Hancock, *Lords of Poverty*: *The Freewheeling Lifestyles*, *Power*, *Prestige and Corruption of the Multibillion Dollow Aid Business*, Mandarin, London, 1989。

官僚化

看似矛盾的是，人道行动的专业主义增长，也会产生道德风险因子。全世界众多赈济机构提升人道专业水平的集体努力，已然推动一个全球性的技术标准体系形成。这些标准最普遍地体现在《环球计划标准》中，但每个机构也有自己的内部标准和目标。管理效率的专业性提升，尤其在财务、供应链和人力资源管理方面的提升，是人道主义进步的另一个特点。这看起来可能让人惊讶：将更好的照护和高效的响应（它们本身显然都是很好的事情，也会增进责信）设定为目标，反而带来反效果。来自英国公共服务部门的显著证据表明，在警务、医院和社会工作中设定目标，都产生了一些不正当激励，在事实上破坏了专业精神和更广泛的正面成果。在这些行业中，政府大力强调某些目标，使得管理的优先事项转向了这些目标的实现。机构需要在这些目标与其他政治上没那么时髦的目标之间做折中。受强调的是"产出"——如警务中发生的逮捕和起诉，医疗护理中的等候时间、入院和手术——而不强调更精微的过程，如患者护理和社区关系。例如，将大笔新预算和顶层目标设定为回应家庭暴力和涂鸦问题，就意味着警察和社会工作者如果优先处理这些个案，就能得到嘉奖。为了实现其目标，他们可能会谎报事件，可能会以过度的热心去逮捕、警诫、起诉青少年涂鸦者，而不考虑这些孩子的最佳利益。类似的，要缩短手术等候时间，可能就会助长缩短护理过程、提早出院的风气。目标和标准起到的作用也可能是阻挠大于激励。英国医院在卫生、安全和儿童保护方面采用的新标准大幅提升了疾病控制水平，但有时也使护士不再触碰安慰孩子，不再搀扶站立不住的父母。护理过程中填写表格比床边照护更受嘉奖。一般总会发生的是，流程标准总会有过于注重流程而忽视结果的风险，而产出标准则会将结果置于应尽流程之上。

这些急于实现目标的负面表现，是一种渐进式的行政腐败：管理者根据外部目标来主导项目和项目报告，而非根据个体需求和广泛的公共利益。根据受危机影响的人群和人道主义者的反馈，目前在部分人道工作中，标准化和目标设定也会发生类似的效应。一个斯里兰卡非政府组织工作者观察到，"我们都知道好的发展工作原则，比如要有参与、要有冲突敏感性，但在灾后救助的冲锋中没什么人能坚守这样的原则，因为有要求要快速把钱花完"①。而这种极端紧急的感受，往往似乎是来自政府捐资方，而非来自本地人民。机构可能会过分专注于完成工作，失去对情境和过程的敏感，尽管《环球计划手册》中的指引已详尽包括了如何注意情境和过程的内容。取悦捐资方、填充其报告框架的需求，会主导机构的管理文化。有些机构也会不再去在挑战很大的情境中提供援助，害怕自己在其中无法满足环球计划等标准。如果这样做是给其他能迎接挑战的机构留出空间，就是一件好事；要是留出的是空白，就是一件坏事了。

赈济管理的实际流程——邓恩所说的官僚模式——对很多人来说也是极为疏离的。"项目思维"本身对受影响的人们来说就会是个奇怪的说法，因为人道机构要用这个观念在社区生活和生计中选定一些部分，将其分割开来，优先对待，以便获得更多关注。人们经常反映，人道工作者更焦虑于怎样报告，而非人们的实际麻烦：

> 马里人感到很遗憾，因为探访时间非常短，捐资人看起来总是匆匆忙忙。在他们看来，捐资人更像是在回应自家组织的需求，更焦心于填满自己的系统（填进报告、信息采集、会议等），胜于在现场的问题中观察、应对、学习。②

过度热心

在法律和商业伦理中，"过度热心"的伦理问题十分常见。例如，如果离婚律师建议客户"从丈夫那里敲一大笔"——法律上是允许的，

---

① Mary B. Anderson, Dayna Brown and Isabella Jean, "Time to Listen: Hearing People on the Receiving End of International Aid", CDA Collaborative Learning Projects, Cambridge, MA, 2012, p41.

② Mary B. Anderson, Dayna Brown and Isabella Jean, "Time to Listen: Hearing People on the Receiving End of International Aid", CDA Collaborative Learning Projects, Cambridge, MA, 2012, p72.

律师也会由此收到更大一笔费用——就会受到批评，因为这是不合伦理（但并不违法）的过度热心。这种建议可能对他们自己和客户的底线有好处，但如果这对夫妻正在为了孩子、为了珍重从前共有的好时光而尝试维系良好的关系，这种建议就非常糟糕了。近年金融行业过度销售债务和保险，赚取了巨额暂时利润，现在则被认为这对全球都是灾难性的，这正是商业上过度热心的惊人一例，在许多案例中这种做法既不合法律也不合伦理。银行雇员受到销售目标和奖金激励的大力驱使，而这些目标都是围绕市场份额和银行利润，而非围绕如何恰当地满足消费者需求而形成的。①

这对于正在扩张、内部竞争日增的人道行业是一条有益的教训。人道机构应当警惕在管理工作中将关注的优先事项转向捐资方的目标和机构声誉，甚于关注原则、项目运作和人们的实际需求及权利。对人道行动的许多批判大体都是反对过度的人道主义热情。人们在人道赈济中感觉到了利益冲突，质疑其商业化和竞争化的倾向。一群印度尼西亚村民就感觉到了这种过度热心，他们看到："非政府组织是在出卖印度尼西亚，他们来到村里，收集数据，把这个数据提供给捐资方，换取资金。"②

受危机影响的社区也常常反馈一种被人道机构在身体上和智识上压制的感觉。一位缅甸难民评论说：

> 我们不想被非政府组织控制。我们是想在必要的时候一起工作，但不要总是在一起。我们想要独立。……我们觉得他们在指点我们……这是因为他们觉得我们能力不够。……要让难民有力量，他们就得给予支持。他们不支持的时候，就是在剥夺我们的力量。③

赈济机构能够往现场送入大型工作组，驾驶大汽车，运入大批赈济

---

① 例如，罗伊德银行对不当销售的罚款细则，见 http://www.bbc.co.uk/news/busibess-25330366。

② Mary B. Anderson, Dayna Brown and Isabella Jean, "Time to Listen: Hearing People on the Receiving End of International Aid", CDA Collaborative Learning Projects, Cambridge, MA, 2012, p36.

③ Mary B. Anderson, Dayna Brown and Isabella Jean, "Time to Listen: Hearing People on the Receiving End of International Aid", CDA Collaborative Learning Projects, Cambridge, MA, 2012, p23.

物资，并不意味着他们就应该这样做。康德的格言"应然蕴含能够"被非常不明智地扭转为了"能够蕴含应然"。机构不应将已方所有的一切都掷入一个问题，除非这样做是绝对正确的。而往往这样做是错的，与社区交涉形成更精细的解决方案才是最好的。

官僚化还带来了其他损失。许多人道工作者反映，他们目前已经被流程绑定。系统统领了大多数的人道工作，没有给自发性和与受影响社区密切联系留下多少空间。捐资方的评估、提案、报告的流程极为耗费精力，大多数这些流程都将人道工作者更多地拉向电脑屏幕，而不是去与社区交流。电子邮件和其他社交媒体的出现，也同样意味着跨国人道管理者能够超出其直属范围轻易地持续联系并控制一线的人道工作者。如今在人道行动中，如果有移动信号或者无线网络——通常都是有的——那就像我们大多数人现在的情况一样，人道工作者就不是真正在他们所在的地方了。赈济工作者身在营地、村庄或者一个社区会议里，脑袋却可能在一个数千里之外的虚拟空间里。

如果越来越密集的官僚流程和网络虚拟系统意味着对人道主义者创新能力的扼杀，使他们永远无法真正地在场，无法贴近受影响的人，它们对人道伦理就确实产生了影响。挪威难民联合会（Norway Refugee Council）的丽斯柏·彼勒嘉很好地概括了这种风险：

> 我们不可让技术成为与需要保护和援助的人们交流沟通的障碍。技术进一步将我们从他们身边拉开的风险确实存在，而我们是希望和他们一起工作，也为他们工作的。最大的技术进步——例如远程监督——让我们可以不用物理在场，但这反而可能破坏我们的目的。人道行动也是关乎邻近、同情和团结的。①

标准流程、官僚系统和密集的技术都是必要的，它们确实有可能使人道行动更为有效。不过，随着人道实践的发展，还需要找到一种亚里

---

① Lisbeth Pilegaard, "New Technologies—Always an Improvement?" *Forced Migration Review*, issue 38, October 2011, on "The Technology Issue", Refugee Studies Centre, Oxford, p60.【译者注】丽斯柏·彼勒嘉（Lisbeth Pilegaard），2002年至2011年在挪威难民联合会工作。

士多德式的黄金比例，实现自发性和标准化、规则与关系、邻近与远程、面对面和面朝屏幕之间的平衡。

人道工作者的生命

需要实现这种平衡的一个关键领域是安全流程和安全意识，这部分工作已大幅增加了。如何衡量人道工作者的生命价值，是人道行动中另一个持续存在的道德难题。"每一个人类生命都宝贵"的信念，是人道伦理中最基本的价值。那么人道工作者在多大程度上做好了准备，要与在战争和灾害中受苦的人同享身体上和情感上的风险，而这可能意味着失去自己的生命？在一个以这么多人死去为突出特征的情境中，一名人道工作者的死亡在人道伦理中是处在什么位置？

2004年至2013年，有867名人道工作者被暴力杀害，696名被绑架。2013年对人道工作者来说是最危险的一年，有155人被杀，174人受重伤，134人被绑架。① 这些受害者中绝大多数都是本国员工，多数是为国际非政府组织工作。② 这段时期里，员工安全成为所有人道机构的战略性关切点。2003年8月，联合国驻巴格达的办事处遭基地组织轰炸，导致巨大损失，这之后，联合国机构就开始有了所有人道机构中最厌恶风险的名声。然而，不只是联合国愈发从前线退却，国际非政府组织也因为类似的政策和"掩体化""隔离""远程管理"的行动姿态遭受批评。③ 无国界医生最近严厉批评整个行业的小心谨慎：

> 联合国机构和国际非政府组织在现场愈发缺席了，尤其是在发生了任何显著的安全或后勤问题的时候……国际员工经常

---

① "Deaths of Humanitarian Workers Reach Record High", *Guardian* at http://www.theguardian.com/global-development/2014/aug/19/deaths-aid-workers-world-humanitarian-day.

② The Aid Worker Security Database at http://aidworkersecurity.org/incidents/report/summary.

③ Mark Duffield, "Challenging Environments: Danger, Resilience and the Aid Industry", *Security Dialogue* 43(5), 2012, pp475-492; Abby Stoddard et al., "Once Removed: Lessons and Challenges of Remote Management in Humanitarian Operations for Insecure Areas", *Humanitarian Outcomes*, New York, February 2010.

迅速撤离或蛰伏起来。许多机构只集中面对最容易接触到的人群，避开最困难的地方。它们通过地方组织或政府，就在一臂所及的范围内操作。①

安东尼奥·多尼尼和丹尼尔·麦克斯维尔同样指出，人道主义的关系和实践正愈发变得"从面对面，到面对屏幕"②。这种趋势和其中的部分动向仿佛在暗示，机构里国际的生命会比本国的生命受到更多保护。特别是远程管理，被指是将国际员工的风险转移到本国员工的生命之上的操作。因此，要讨论赈济工作者的生命价值，需要处理两个棘手问题：个人风险的伦理，以及人类生命的相对价值。

自我牺牲

许多行业的人在有潜在危险的环境下为他人的利益工作，如消防员、医师、警察、社会工作者、人权工作者和军人，他们都要面对失去自己生命的伦理。这些行业里的许多人都准备着搭上自己的生命去救别人，虽然他们也总会尽可能保护自己不去"做出终极牺牲"而死去。士兵、消防员、人权工作者和医师并不崇拜殉道，但他们确实有一种以自我牺牲为最后手段的伦理。

人道工作中的个人牺牲，很少在人道机构里被公开讨论。人道工作者是中立的，他们出于人道与各方一同开展工作，因此，行业里有坚定的决心，维护禁止杀害人道工作者的国际法原则。其结果是，人道工作者失去生命总是不能被公开接纳为一种合法而高贵的牺牲，而军队或消防队则会接受或者预期在极端情形下做出终极的牺牲。相反，杀害一名

---

① MSF, "Where is Everyone? Responding to Emergencies in the Most Difficult Places", p4, July 2014, at http://www.msf.org/sites/msf.org/files/msf-whereiseveryone_-def-lr_-_july.pdf.

② Antonio Donini and Daniel Maxwell, "From Face-to-Face to Face-to-Screen: Remote Management, Effectiveness and Accountability of Humanitarian Action in Insecure Environments", *International Review of the Red Cross* 95(890), 2013, pp383-413.【译者注】丹尼尔·麦克斯维尔（Daniel Maxwell），塔夫茨大学费恩斯坦国际中心教授，专业领域为人道主义危机、人道行动系统、效果测量、政策等。

人道工作者总是要被谴责为反道德的行为，以此来维持禁令，延缓更多的杀戮。而且，大多数人道工作者也不寻求英雄的位置，明智地面对自我牺牲中潜藏的自恋。在实际开展的人道行动中，有一种对牺牲崇拜的拒斥态度。人道工作者可能会带着自恋的英雄式救援者的幻想开始工作，但除非他们的心理状态不稳定，在面对战争或灾害中受苦的人几天以后，大部分赈济工作者就很明白，谁才是这种环境中真正的英雄。绝大多数人道工作者都有一种因见过其他人惨重得多的苦难而生出的职业式谦逊。确实，在这样的情境中扮演人道主义英雄，在道德上也是不恰当的。因此，又有第二种禁忌，即不可强调个人的牺牲，这正是源于这种对人道主义职业英雄模式的健康的拒斥态度。人道机构安静地纪念死者，但并不像军队或准军事团体那样尊崇死者。被暴力杀害的人被准确地记忆为谋杀的受害者，而非志愿献出生命的人。

这种不愿公开谈论个人风险或英雄主义的明智态度，意味着关于人道主义牺牲的伦理发展不足，赈济工作者死亡在人道伦理学中应有如何的位置，仍是一个未有解答的问题。宗教伦理一直都认可"为了好的理由给出自己生命"的原则，尤其是为了彼此之爱的理由。① 无神论一直赞赏慷慨赴死的道德价值。最著名的是阿尔伯特·加缪在20世纪概括的这种立场："要知道是否值得为一件事而生，唯一办法是看是否值得为之而死。"不过，在自我牺牲的原则上加入有力的限定因素，是很重要的。伦理学家基尼·奥特卡曾谈道："自我牺牲只有在给他人带来实际的好处时，而不是仅仅展示了一种自我的内在性情，这时才是正当的。"当然，更实际的情况是"如果每个人都这样做，自我牺牲就变成了自我困扰"②。这就是人道主义者应有的精神：既警惕任何志愿自我奉献中的自恋，也认可自我牺牲是一种超出常例的举动、一项非常难以实践的普遍原则。

---

① 在《约翰福音》第十五章十三节，耶稣说"人为朋友舍命，人的爱心没有比这个大的"。

② Gene Outka, the entry on "Love", in Macquarrie and Childress, eds., *A New Dictionary of Christian Ethics*, SCM, London, 1986, p358.【译者注】基尼·奥特卡（Gene Outka），耶鲁大学哲学与基督教伦理学教授。

一直有人道工作者在工作过程中死去。在抗生素发明之前，大多数人不是死于暴力，而是死于疾病。例如在第一次世界大战可怕的斑疹伤寒流行期间，有20万名流离失所的塞尔维亚人在中欧死去，而425名在塞尔维亚地区工作的医生中，约125人也死于这种疾病。① 许多医师担忧，如果在当今这个普遍抵制抗生素的时代发生了埃博拉和其他传染病泛滥而成为全球死亡的主要原因，恐怕这种高死亡率又会成为常态。在当前的大多数人道工作中，人们有选择承担风险水平的自由，在危险的人道工作任务中会（由上级领导）特别征求赈济工作者本人意愿：是否同意承担风险。在人道主义的文化里，并不会在面对极端危险时维持一套秩序与服从的体系，而在军队中这是纪律的基本。显然，因鲁莽、大意而把人道工作者的生命"浪费"在无用的行动和可预见的悲剧中，是毫无意义的。人道工作中承担的风险，应该始终是一种计算过的风险。根据彼得·辛格提出的扩大的道德义务圈子的学说，我们对情感上和身体上距离我们最近的人负有更大的责任和更深的照护义务。组织的管理工作就必须向其雇员显示这种照护义务。不过，在这些同意、计算和照护的义务之上，对于在负责任地追寻人道主义目标过程中发生的死亡予以认可，在道德上也是有意义的。

用结果主义来论证这一点相对容易。许多人道行动都有死亡的风险。引领车队驶上危险的公路；或者驻留在一个毗邻受武装威胁的人群的诊所里，看人道主义者的在场是否能延缓攻击行为；或者偷偷带一箱现金穿过敌对区域去发给国内流离失所者——这些都是危险的。如果这些各种各样的活动成功了，维护了数百人的生命和安全，但两名赈济工作者在过程中遭受杀害，这就可以为这些赈济工作者的个人损失提出功利主义的理由。然而，这样的功利主义逻辑从来不能满足人类生活中真实的道德意涵。功利主义数学计算的理由令人信服，但大多数人通常不会因此给出自己的生命。相反，从来只有更为根本的关系承诺才能让一个人认为自己的死亡有价值。第二章已讨论过，人道伦理中人道的德性

---

① Tammy M. Proctor, *Civilians in a World at War 1914—1918*, New York University Press, New York, 2010, p160.

就是延展并形成平等的人类联结，与受苦的人们在真正的关心中彼此接近，关切他们是谁，需要什么。在这种关系中，在尝试拯救和保护他人时死去，将是关心的终极行为。这样的死亡并非为了确定的成果，而是为了与你关切的人在一起。被绑架和杀害的人道工作者在受害时往往是为了与人们在一起，这并不是因为他们精确计算着救出了多少条命，在道德上与自己的死亡是否构成合理的比例。通过对人类联结和个人承诺更深入的理解，就可在人道伦理学中为好的人道主义死亡的观念找到位置。人道工作中，永远不应像军队有时会做的那样鼓励或要求人道工作者死亡。然而，为了他人献出自己的生命在道德上确是成立的，在牵涉其中的社区感到这种死亡是人道和共情的举动的时候，其意义尤其深远。

国际的生命和本国的生命

　　机构可能对组织内不同的人类生命赋予相对价值的做法，似乎是极大破坏了人类生命的根本平等，而这又是人道伦理中人道和公正这些基础价值的核心。人道机构对本国和国际的生命进行例行区分，确实是离谱的种族主义虚伪做法。如果这种区分成了通用原则，那便是极度的不道德。只有在具体情境中有合乎伦理的原因让部分员工可以且应该接受比其他员工更高风险的情形下，容忍国际员工和本国员工面对不同的风险水平才是道德上可成立的。只有在国际和本国员工在受到的威胁、与当地人的联结和当事人的同意三个方面确有区别时，决定要依据国籍、宗教、种族或肤色来分析风险，才是合乎伦理的。然后我们就可以对这三种例外提出道德上的理由。

　　● 威胁的例外：如果已知暴力威胁特别针对国际员工，或者针对有特定国籍或信仰的人，例外就是合理的。在这种情况下，如果其他类别群体确实风险较小，专门保护属于更高风险人群的人道工作者，就是成立的。有些情况下，这就意味着保护了国际员工而暴露了本国员工。有时候则是相反的情况。本国员工也常常会面临更大风险，这时保护他们、派出国际员工去工作，道德上就是成立的。

- 联结感的例外：许多本国员工会在危急时刻感到对社区有特别强的联结，感到在家人、朋友和邻里遭受苦难的时候，自己另有一重公共义务不抛弃他们。这种联结感意味着他们心甘情愿地承受起对国际员工来说过高的风险水平。有时本国员工会用这种义务来安慰或力阻国际员工说"这不是你的战斗，你不需要留在这儿"，或者"这是我的同胞，我不能一走了之，我要与他们共担危险"。从不同的义务与关系圈子来看，这也是成立的。

- 同意的例外：任何区别对待人道工作者生命的例外，还是要基于当事人的同意。机构命令其员工承担起不均等的危险是错误的。员工需要理解其中缘由，完全同意其中的风险和差别。要衡量同意，在这种情况下有一些微妙之处，尤其是额外津贴、危险补偿金等财务激励有可能破坏自主的同意。但如果人们真切地对不均等的危险表达了同意，例外情况就可以成立。

根据具体的情境尊重这些本国或国际员工的例外情况，大体是公平的。承担不均等的风险在伦理上有可能成立。但在员工做出选择以后，尽全力支持和保护暴露在危险之中的员工，仍然至关重要。在这些情况下，照护的义务提升了，并没有随距离或"远程"的增加而减少。

本章考察了一些长期存在的伦理挑战，它们在人道行动中经常成为战略性的道德风险。下一章将集中讨论人道工作者的个人伦理，以及如何最好地培养人道主义者个体的工作德性。

第十二章
合乎伦理的人道工作者

讨论人道行动时，常常谈的是机构和国际体系，但人道工作中真正位于中心的是人道主义者个体。每个机构里每一个人在早上醒来时决定做怎样的人道主义者，奠定了整个世界上人道伦理的基调。如果我们大部分人都选择遵守原则、实干、大胆、勇敢、深思，一直极力贴近受影响的社区，与社区一起创造解决方案，那么人道行动就很有可能切合需求、富有实效，也受到尊重。如果我们当中有太多人变得愤世嫉俗、小心拘谨，秉持官僚习气、利己主义，效率低下，宁愿在手提电脑前坐下，也不在受苦的人身边坐下，那么我们的机构和人道系统就会反映出这些态度，得不到赞赏，反而引来怨恨。

在本书开头我们提到，伦理一词来自希腊语"ethos"，意为品质。人道行动的质量是由做这件事的人的品质和他们具体的德性决定的，"德性"一词又来自拉丁语的"力量"。因此，这最后一章探讨的是人道伦理的个人维度。本章考察的是，若人们要形成强大的人道主义品质，培养有效的人道主义德性，就需要感受、成为、知道什么，需要做些什么。有些人已经具备了很多这样的特征和力量，有些人还需实践和培养。伦理的品质和实践的德性，犹如玫瑰与稻米，需要仔细地培育。

本章将首先关注人道工作的某些个人维度，如驱动力、工作关系、生活方式、自我照护和精神面貌。[①] 随后尝试确定是什么构成了人道工作者个体基本的人道主义德性和日常的德性。

---

① 关于现代人道工作者的综合研究，见 Silke Roth, *Paradoxes of Aid Work: Passionate Professionals*, Routledge, London & New York, 2015。

个人伦理

安妮-梅可·费希特有一篇重要文章讨论国际赈济工作者的生活方式。她准确地留意到,对人道工作者个人伦理的构成要素还缺乏足够的思考。她指出,"有关个人的事情往往得不到认可,虽然个人问题对赈济工作者的重要性已有很好的体现,例如赈济人员越来越流行写作博客和回忆录"①。人道行业如此侧重于卫生护理、食物发放、保护、避难所和生计的技术实践,却很容易忽视人道主义者个体,以及在冲突激烈、人际不平等的环境中从事技术工作时发生的伦理要求、道德压力和内心动荡。这个行业的工作伦理已形成很好的记录,也有例行的标准表述,但人道主义者个体在危机之中生活、工作、做出选择时的道德感受如何呢?作为人道主义者个体,具有坚韧的个人伦理意味着什么呢?

有许多人道工作是动荡不安的。事情可能发生得很快,工作关系紧绷,工作量饱和,事关生与死。也有许多人道工作是沉闷无趣的,工作渐成惯例,项目进入可预见的节奏,主要事务转向小问题乃至鸡毛蒜皮。而无论处于哪一种步调,通常都会感觉项目卡在了更大的不公义政治僵局之中。在这种环境中,人道主义者个体主要忧虑的并不总是公正、独立之类排在第一位的伦理大问题,而是围绕驱动力、工作关系、生活方式、自我照护、精神面貌而产生的烦人问题在日常生活中更细微的表现。这些个人日常伦理问题很可能决定了人道主义者个体是否能投入工作,有效推进,并与他人良好相处。因此,对此进行考察是很重要的。

---

① Anne-Meike Fechter, "The Personal and the Professional: Aid Workers' Relationships and Values in the Development Process", *Third World Quarterly* 33(8), pp1387-1404, Routledge, 2012.【译者注】安妮-梅可·费希特(Anne-Meike Fechter),苏塞克斯大学亚洲中心副研究员。

个人驱动力

驱动力是人道主义者个人伦理的第一个维度。许多人道主义者个体都会在某个时刻问自己："我为什么在干着这个？"障碍和压力常常显得太大，有些角色离前线太远，人们就感觉与一项伦理事业脱节，感觉这项工作与其他工作没有任何不同。有时候赈济工作者从他们努力帮助的社会中获得的是日积月累的怨恨。有时候项目进展顺利，人道工作者与苦苦挣扎的社区共同工作而获得乐趣的同时，也住在好地方，获得好收入，却感到这种愉悦并不正当，总有不谐之感萦绕。

每个人道工作者特意选择了这种工作，总有一些道德上的原因。有些人的驱动力很接近于道德召唤或天职："这是我毕生的工作。"有些人的动力更机会主义，满足的是自身的利益，也更实际："这是一份好工作，我还能顺便做些好事。"这两种情况中的驱动感都可能随时间和实际的工作参与而发生变化。在明确的道德召唤中，个人动机可能既有心理健康的道德驱动力，也有些相当不良的驱动力。在我二十多岁时，作为一个年轻的英国人道工作者，我沉浸在欧洲帝国大使命的父权式情感遗韵的幻想之中，又迷恋于保护弱者的浪漫思想——在16世纪的塞万提斯那部讽刺骑士精神和英雄主义的伟大喜剧小说中，堂吉诃德也受同一种思想蛊惑。我的丰田车就是坐骑，坐于其中的我就是白衣骑士，命中注定要去找寻并拯救遥远土地上的孤儿寡母。经过一些时间，经过我本国同事的友好督导，经过自我嘲讽和对自由主义神学的大量阅读，我才重塑了更恰当、更现实的目的感。这种现实主义主要不是对我自己的，而是对艰难的政治、其他人的苦难和成功之有限的现实态度。我在三十岁出头有了孩子，这又使我对其家人陷入危难中的人产生了强烈的个人共情，对他们会需要怎样的安慰、帮助和赋权也有了更敏锐的感知。

大多数人道工作者并不会有我这样狭隘的欧洲式全球英雄主义妄想，但会有各自的变体。在我们帮助人的道德幻想中，有一个好的、健康的伦理核心，这就是我们在第一章已见过的普遍的同情与渴盼行动的倾向。然而，这种初始的召唤会被包裹进我们对自身之强力与他人之软弱的空想中。我们都需要解决这样的幻想，找到正确的方式去站到处于危机之中的人身边，去与他们一同工作，实现彼此商定的最佳解决方案。在这个过程中，我们要学习帮助人的正确句子构成。人道主义赈济有好的语法和坏的语法。坏的语法就像一句"我来帮你"，人道工作者是积极的主语，处于危险中的人是宾语，动词掌握在这个句子的主语——赈济工作者的手中。更好的语法是"我和正在求生或恢复的人一同工作"。在这个句子里，幸存者和人道工作者都是积极的主语，人道工作者只是有前提地工作——总是与人、为了人、在人身边行动，从不陷入以人为纯粹的行动对象的权力关系中对人行动，或在人之上行动。

这是一种有天赋的工作方式，而我们会看到，其中还要求培养出某些人道主义的德性。而与人一同工作的渴盼，最终总是一种比拯救生命的幻想更健康、更有韧性的个人伦理。以基于权力的幻想为人道主义的驱动力，表明此人的情感尚未充分发展。这也是比较脆弱的驱动力，很容易在紧急状况下崩塌。想象自己是领导救援的英雄和拯救者的人，往往是第一个在真正的人道行动经历中失望的。相反，往往是对自己的个人角色背负情感包袱最小的人，表现得最为实干，最能够采用长期的、现实的眼光。谈及人道工作中的精神原型，我们应当警惕自己心中的拯救者和英雄形象，更多地寻求成为倾听者、合作者、极力争取的人、解决问题的人、服务式领袖和胜利者。这些也是大胆的、需要勇气的角色，但没有那么自恋。

好的人道主义驱动力另一项健康指标是满足感胜于痛苦。人道工作者喜欢自己所做的事，即便工作充满悲剧、艰辛和持续的妥协，也能从工作中获得满足感，那就是好的迹象。一项人道任务中有很多好的事：艰辛的挣扎、强大的友谊、共同的事业、成功的实例、分担痛苦、瞥见美好，还有充满希望的时刻。这些人类的善能正确地驱动、启发、支撑、满足我们。也许奇怪的是，即便人对当下发生的局势深感懊恼，却也会在这样糟糕的局势中茁壮成长。他们从人道行动中获得的个人满足感，就说明了为何许多人道主义者会说有些紧急状况是他们生命中最好的时光，虽然那也是其他人生命中最糟糕的时光甚至死亡的时刻。这样的满足感对不在场的人来说很古怪，但只要同时承认并尊重事件之中的

下编·第十二章　合乎伦理的人道工作者

恐怖和悲剧，这种感受在道德上和心理上就是健康的。除非这种成长走入所谓战争瘾君子那样肾上腺素上瘾的疯狂歧路，一般是无须对此担忧的。对于说自己很喜欢帮助他人的人，我们不应报以道德义愤。相反，应当为此而高兴，只是可能需要在谈到喜欢帮助他人的时候更谨慎。与此相对的是，对人道工作一直持有道德困惑和困扰的人，可能是出于某种不良的驱动力或者出于一种"局面应该比实际情况好办"的幻想而工作。他们可能会觉得从他人的苦难中获得任何正面情感都是道德上的错误。但是，在人道主义的角色上太不快乐，本身就是错的。这种状态揭示出此人缺乏现实主义态度，这样令人疲惫，对其个人和对其所属的团队都不好。

而声称自己成为人道主义者并没有什么道德驱动力的人呢？他们为的是钱、职业路径或在贫困国家中过高薪生活的安慰感。有些人道主义者就从这种观点启程，也有人早先抱着一力救人或一路凯歌的神奇想法或怀着纯粹的伦理驱动力，最终经历祛魅，以这样的观念终结。如果初始的或唯一的驱动力是某种贪婪，这样比较自私的驱动力就是不对的。需要小心留意自己有可能被人道行动中的自我利益和职业发展所吞噬。然而，比较趋向于满足自我利益的驱动力不一定就是不合伦理的，例如这个人是将自己家庭的即时好处放在前面，对大家族更好，同时也尊重人道行动要实现价值的道德目标，帮助他人。如果他或她的工作仍然合乎伦理且有效，无论其核心动力如何，他们都做出了宝贵的人道主义贡献。混杂的动力也可能有出色的人道主义表现，不过，伦理目标与道德态度始终居于人道行动的中心。

自我利益可以是道德上的善，但如果自我利益过分超过了一个人专业所要求的人道职责，令人将自己的个人好处优先于人道主义角色，就不是好的了。我记得自己在联合国机构工作时对一些联合国官员的个人关切非常恼火。当时我刚返回联合国在亚的斯亚贝巴的总部，在过去艰难的数周里，我发出了受冲突影响的北部地区将发生新一轮食物短缺的紧急预警。午饭时在餐厅里，我坐到一群联合国高级官员旁边，需要推动他们着手大力推进解决北部的问题。事情走向恰恰相反，我在向一位同事简单介绍情况时，听到他们整顿饭都在聊联合国的养老金方案有多复杂。如今,我比当时更接近退休年龄,也意识到养老金方案有多急迫。然而,在一个人道主义角色上,就需要对人道主义目的保持强烈的初始感知。

另一个例子是,我在一个主要基于基层现场工作的岗位上时,在首都居住的每一天都可收到大额现金津贴。这样做自然会产生不正当激励,我的一些同事在首都停留的时间特别长,就是为了赚到大笔外快。即便在最艰难的局势下,我们也需要抵抗所谓"一切都这么难,至少为自己尽量赚点"的行动宿命论。这样想就是在抛弃人道伦理及其角色道德。这种态度足以造成个人伦理的滑坡。

工作关系

本国员工和国际员工之间公平而彼此尊重的工作关系,是人道工作者的个人伦理经历中另一个深切的关注点。针对人道行业的学术批判特别关注这种工作关系。个体的不适感觉和学术的批评之所以发生,就是因为在大多数人道机构的职业关系里,在一小批国际员工和一大批本国员工之间仍有结构性的不平等,这种权力分化是许多批判"赈济之境"的人类学家和社会学家的一大关注点。① 希尔克·罗斯专门做过这种工作关系的研究,并研究人道主义行业的专业化水平增长是在增加还是减少国际与本国员工关系的不对称。她的著作从伦理上指出,问题在于不平等的权力和文化冲突。她将部分发现归结如下:

> 本国员工批评国际专家忽视自己的能力和技能,不把自己当回事……也不咨询本地人群有何需求和利益,漠视本地文化,穿着不合适,发放不受欢迎的食物和其他物资……本国员工感到国际员工不仅是傲慢无知,其资质也不够,在本地是多余的。不奇怪——如果被派到岗位上来的是毫无经验、在他们

---

① Anne-Meike Fechter and Heather Hundman (eds), *Inside the Everday Lives of Development Workers: The Challenges and Futures of Aidland*, Kumarian Press, Sterling, VA, 2010.

看来一无所知的年轻国际赈济工作者，而本国员工又感觉自己完全能胜任这些岗位，那他们就会对此持批评态度。①

罗斯的著作也描述了一种强烈的感觉：即便国际员工位于现场，"在一线"，也是过着外派员的生活，住在团队集体宿舍或保安严密的院落里，与本地情境相隔绝。

但这种负面的图景不是故事的全部。本国员工承认，本地知识与国际技能可以高度互补。罗斯的著作指出，许多本国员工赞赏机构的督导、培训、研究生阶段教育的资助和升职策略，这都是为了消除赈济机构关系中的不平等。这些消除不平等的正式措施，构成了人道主义行业专业化议程的正面内容。在非正式的方面，国际员工经常对本国同事的家庭给予资金支持，也在日常工作中给他们更多权力和机会，鼓励和推动他们发起自己的组织。国际员工对自己的职位则强调，他们有政治中立的优势，有抗拒腐败和本地压力的能力，而且紧急人道行动特别需要通过等级制运转，还需娴熟应对西方捐资者。在某些情况下，这些都是很有意义的。

这些正式和非正式的策略旨在促使国际和本国员工公平竞争，基于能力而非基于种族、阶级分享权力。而这些策略可能产生怎样的效果，罗斯对此持开放态度。其他学者没有如此耐心。他们质疑专业化议程，认为这个进程会使有认证的机构和个人成为新的精英，占据统领地位。心理学家马尔科姆·麦克拉兰和同事认为，基于中立性或工作技能来支持国际员工的领导地位，是小心翼翼维系的虚伪的"合法性神话"，为的是维护主导着人道赈济和人道关系的"外派统治制"的利益。他们不认为赈济工作者弥补现状的努力有何道德价值。相反，他们认为赠与资金或物资的个人慷慨是一种家长式的虚假友谊行为，或者是伪装的"结亲"，对广泛的社会正义无益，只安抚了精英赈济工作者的良心。② 而在麦克拉兰团队之前二十多年，格雷厄姆·汉考克就用了更尖刻的态度批

---

① Silke Roth, "Professionalisation Trends and Inequality: experiences and practices in aid relationships", *Third World Quarterly* 33(8), pp1459–1474, Routledge, 2012.

② Malcolm MacLachlan, Stuart C. Carr and Eilish McAuliffe, *The Aid Triangle: Recognizing the Human Dynamics of Dominance, Justice and Identity*, Zed Books, London, 2010, ch3.

评赈济工作中的精英是"仁慈的贵族制"和"灾害大师"。①

那么对于仍然不平等的,还可能是不义的、带侮辱性的结构性关系,人道工作者能怎样合乎伦理地处理呢?首先,他们要公开地在战略上回应,这已体现在全行业推动高级职位多元化、建立由能者领导的本地化组织的努力之中。其次,需要检查国际岗位的设置依据,给出中立性或工作技能作为"合法化"理由的实证依据。再次,需要更多地派出国际员工接受本国员工领导。最后,当然是每一位赈济工作者都必须能自由地做出自己认为合适的个人善意举动,无论是对其员工还是对他们遇见的人,只要这样做不是在组织里不公平地给予谁特权就可以。以上办法都不会马上在全行业中实现社会正义,而人道主义者个人自行裁量的接济行为仍然是对组织不平等和社会不平等的有效回应,也是真诚友谊的重要体现。

人道主义的生活方式与自我照护

国际人道工作者与众不同的生活方式,与本地社会观察到、国际赈济工作者也感受到的道德不安紧密相关。在同一个团队里,为同一项伦理事业工作,你乘坐专配了司机和空调的汽车回到富人区里靠补贴维持的豪华房屋,而你所倚靠和共事的本国同事排队挤进满载的公交车,返回城郊租金高昂、电力断供的住所——这样是不是对的呢?这个问题和其他有关平等和公平的问题一样,并非人道组织独有,它在所有人类制度中都存在,其中绝大部分制度都是分等级的。

此处挑战仍然在于要检省一些有可能将这些生活方式的区别合法化的神话,理解这样的不平等在什么程度上合情合理,可以被各个相关方容忍。如此就需要围绕我们在第二章探讨过的罗尔斯的"区别原则"进行坦诚的思虑,并思考如何更广泛地分享资源。在现场工作中,机构员

---

① Graham Hancock, *Lords of Poverty: The Freewheeling Lifestyles, Power, Prestige and Corruption of the Multibillion Dollow Aid Business*, Mandarin, London, 1989.

工共享基本一致的条件确实应当是正确的。在前线，人们在直接向他人的苦难宣战时，需要有公平和团队平等的感受。理解到他们在帮助的人的痛苦和不适，有助于让赈济工作者的思想和意向聚焦。而首都是与前线截然不同的世界，在首都的机构总部持续提醒大家记住远处的苦难现实，也很重要。二战中一位英国将领有一著名做法，在他的前线部队只能吃半份口粮的时候，就让他的指挥部团队——其他的将军和高级参谋——也只吃半份口粮。① 许多人道机构的一线员工及其照护的人群供给稀少时，如果在豪华的机构办公室里施行同类做法，大概也很有用。

自然也有居中的做法。处境糟糕的人道工作者显然没法很好地服务处境糟糕的平民。人道工作者个体的个人伦理不仅关系到与他人的关系，也应该合理地担忧与自己的关系，这就是亚力珊德拉·匹尼在她的反工作倦怠网站上一直提醒的。在伦理上，我们有照护自己的义务，不亚于要照护他人。我们自己的生命和成长的价值，也必须是关照的对象。② 康德会说，我们自己就是目的，而不仅是他人的工具。机构应该关切人道主义者个体的工作倦怠，合理关注员工的自我照护、休息和娱乐。近来日内瓦大学对共情的神经科学研究也让我们有充分理由相信，把自己照护好的人比倦怠的人更有共情力。③

这意味着人道主义者为自己、为他人，都有责任保持良好的身体、精神和情感健康。其个人伦理的关键内容，一定是关心自己的人格。但这就意味着他们应该在本地喜来登酒店的温泉里一待几小时，花机构的钱购买昂贵的进口食物吗？这也需要调整适应。个体须通过不丑化他人、不引起身边人嫉恨、不激发对人道行业不敬的方式来对自己好。必须警惕在寻找正当理由时发生道德滑坡，由此引向的并不是合理恰当的自我照护，而是放纵与过度。

---

① William Slim, *Defeat Into Victory*, Pan Macmillan, London, 2009.

② 关于人道工作者自我照护的重要思考，见 Alessandra Pigni 的网站 www.mindfulnext.org。

③ Olga Klimechki, "Overcoming Empathic Distress", paper presented to the ELAC Conference on *Humanitarian Workers: Personal Ethics, Psychology and Lifestyle*, University of Oxford, 17 December 2013.

精神面貌（morale）

在追求自我照护的过程中，个人和团队的精神面貌是核心。精神面貌是人道工作者个体的个人伦理中最重要的因素，也是对人道主义成功至为关键的团队伦理中最重要的因素。精神面貌是自我照护的一部分，也是个体对同事或领导者彼此之间的责任。很简单：没有好的精神面貌，多个个体无法在人道工作中一起成长，顺利地共同工作。我们经常将"精神面貌"一词直接等同于精神好，而这个词有伦理学的词源并非偶然。在二战期间的印度和缅甸，比尔·斯利姆（Bill Slim）将军打造了最为文化多元的现代军队，在最为困难的一个战场上战斗并取得胜利。他将军队的精神面貌放在战略中心，持续贯彻在漫长的征战途中。斯利姆讲究精神面貌的方法今天仍然指导着英国军队，也启发了商业研究中的领导力理论。①

斯利姆明确提出，精神面貌至为关键，决定了胜利："精神面貌是一种心智状态，是一种推动着一整群人付出所有、不计代价去实现某个目标的无形力量；精神面貌让他们感到自己归属于更大的事物。"② 这样的心智状态建于三种基础之上：精神的、智识的、物质的。表1将斯利姆简单的精神面貌模型略做调整，可有助于人道领导者尝试构建合乎伦理而有效的人道行动。

表1 精神面貌的基础

精神基础	a. 必须有伟大崇高的目标。 b. 必须有重要的成就。 c. 成就的方法必须是积极的。 d. 每个人必须感觉到自己的为人处事都直接与实现目标有关。

---

① British Army, Operations, November 2010, at https://www.gov.uk/government/uploads/system/uploads/attachment_data/file/33695/ADPOperationsDec10.pdf.

② William Slim, *Defeat Into Victory*, Pan Macmillan, London, 2009, p208.

	续表
智识基础	a. 人们必须确信目标可以实现，并非遥不可及。 b. 人们也必须看到他们所属的、努力去实现目标的组织是有效率的。 c. 人们必须相信其领导者，知道无论自己受召唤去承受什么危险和困难，自己的生命都不会被轻易抛弃。
物质基础	a. 每个人都必须感到会从领导者和组织获得公平的份额。 b. 每个人都必须尽可能符合人道地得到最好的方法和装备以完成任务。 c. 每个人的生活条件都必须尽可能地好。

注：斯利姆，《转败为胜》（*Defeat Into Victory*），第 208-209 页

人道领导者要做合乎伦理的领导者，就需要非常关注团队的精神面貌。人道机构里的人需要感受到启迪、动力和支持。他们凝视的目光应当超越内部争斗和个性冲突，看向拯救与保护人类生命的更高目标。

个人德性

人道工作者个体了解了自己在做什么、为何而做以后，就需要培育专业的德性，使他们能够开始着手去做。典型的人道主义的德性衍生自人道、公正、中立、独立的核心人道主义原则，以及《行为准则》里的原则，如尊重、参与、能力建设、可持续性和责信。这些德性共同塑造了专业的态度和心智习惯，是实践人道行动的角色道德所必要的，且有清晰的实证表明，遵循这些原则会成就成功的人道工作。[①] 除了这些专属于人道主义的美德，人道工作者还需要培育强大的人的日常德性，如勇气、耐心、实践智慧、勤勉、品格纯正、斗争和希望。

人道主义的德性

做人道主义者意味着要对人道、公正、中立、独立在具体的行动情

---

① British Red Cross, Principles in Action Project, Studies of Lebanon 2012 and Somalia 2013.

境中意味着什么有理智上的理解和直觉上的感知。其中也涉及一种本能而有效地尊重他人、参与性强、予人赋权、可持续、有责信的行动实践形式。

- **人道和公正的德性**

要做人道主义者，每个赈济工作者都需要实践人道和公正的核心德性。这意味着培育一种对人的人道主义关注，这在第二章已有讨论。这样的人道主义关注与苦难中或面临苦难风险的人相遇，怀着人道的心，用平等无偏倚的眼睛，只根据人们的需求来区分人。要有这样的敏锐，就需要与人接近，体现一种专业的友谊。人道行动的实际工作就是保护有尊严的身体生命，要求发生直接的人际联系。人们与赈济工作者需要彼此相遇，彼此倾听，共有对同一局势的视野、声音、气味、味道和感触，再一同工作，改变局势。只有在彼此共享一些东西，共享危机状况中的困难时，他们才会将彼此当作人对待，对彼此公平，产生出有效的行动。

- **中立和独立的德性**

这些特别的政治性德性是人道行动的角色道德所要求的，人道工作者需要将其磨炼成第二天性。这一点是反直觉，也违反正常的道德本能和政治本能的：人道工作者个体不可采取立场，不可成为政治的人道主义者，但要参与人道主义的政治。保持中立的技艺不可仅是一层面具，而须体现一种穿透政治仇恨和争端，看到个体悲剧和集体苦难的坚定立场。

- **尊重、参与和赋权的德性**

除四种核心的人道主义德性之外，人道主义者个体还须养成自然的、本能的工作习惯，体现《行为准则》中更多的德性。这意味着要培养出一种既尊重文化差异，又在必要时挑战文化差异的态度和实践。这也包括支持人们在自己的生存恢复过程中获得力量的坚定承诺。活出《行为准则》的德性，要求所有赈济工作者在遭受苦难的社区里与个体一同工作时，并不把人看作是受害者或"受益人"。

- **可持续性和责信的德性**

具备能够设计效应持续、环境损害有限的项目的心态，是《行为准则》中的另一种德性。责信，即赈济工作者履行其道德责任，对他们要帮助的人和捐资给人道组织的人负责。当人道主义者做出决定，采取行动时，他们就必须自觉反思他们的行动是否关注到了上述这些人的权利、利益和预期，并持续这样做，使反思成为管理上的本能反应动作。他们也必须随时准备用数字和叙事向周围的人解释自己的行动。

日常德性

人道工作不仅体现专属于人道主义的德性，还需要所有不可避免地发生在每一个重大人类活动中的日常德性，尤其是勇气、耐心、实践智慧、勤勉、纯正品格、怀抱希望和斗争（struggle）①。

- 勇气

勇气在生活的各个方面都是最基本的，人道工作也不例外。人道工作者需要拥有勇气。他们需要勇气在艰难环境中开展行动，需要勇气实践原则、承担风险、做出决策。军队会比其他职业更强调勇气，军队领袖称赞的勇气不仅是勇敢和坚韧，还是一种更完全的道德承诺。斯利姆如此描述勇气：

> 勇气不仅仅是一种德性；勇气就是德性本身。没有勇气，就没有其他德性。信念、希望、慈善和所有一切都不会是德性，除非有勇气去履行……你不勇敢，就不会是好的。勇气是一种心理状态，是精神的事情，从精神资源和智识资源中获得力量……有两种类型的勇气。第一种是情感的状态，推动人去冒受伤或死亡的风险——一种身体上的勇气；第二种是更理性的态度，令人将事业、幸福、整个未来都押在他认为正确的或值得的判断之上——这是道德勇气……要真正地伟大，（人或组织）必须同时拥有这两种勇气。②

勇气可以在健康的自信中培育，但也可能因不必要的消耗或消耗太

---

① 【译者注】此处的"斗争（struggle）"参见第六章相关内容。
② William Slim, *Courage and Other Broadcasts*, Cassell, London, 1957, pp5-6.

久而耗尽。人道工作需要促成和支持勇气。人道领导者最重要的工作之一，就是使员工和他们努力帮助的社区充满勇气。当然，实际上人道工作者经常从自己正在帮助的人的经历中获得勇气。最好的情况是，人道主义者和危机幸存者彼此深深地互相鼓舞。

- 耐心

虽然武装冲突和灾害中情势紧急，但推进人道行动往往需要时间。要克服障碍，忍受批评。积极成果来得缓慢，战争的阴云和政治僵局可能持续许多年。这意味着人道工作者需要培养战略性的耐心。他们需要准备长期工作，随时间推移看到进步，逐渐拓展触及范围和资源。他们需在不确定性中等待，看在不确定的情势中是否会发生积极成果。

还有众多具体行动的瞬间，要求在战术上具有人道主义的耐心：在官员办公室外的长时间等待，无线网络和移动电话反复掉线，许多文化中长篇大论的口头表达方式，还有遍布冲突地带的检查站和安全程序。

- 实践智慧

我希望英语里有一个更好的单词来概括这种最关键的工作德性。不幸的是，我们注意到，其希腊语原文"phronesis"并不好记，而拉丁语"prudentia"已经发生了词义转移，在当代英语中意为谨小慎微。所以可能最好是将这项关键德性概括为"人道主义技艺"——在极端困难环境中让好事发生的那种天分和能力。这是灵活、创新、极为实干，同时又坚定地与人道伦理的主旨保持一致的能力。在有些情景中，这种智慧意味着在全都不尽如人意的极端选项之间找到亚里士多德的"黄金中道"。在其他情景中，这意味着做出大胆的或是此前没有想过的出格的事。这种伦理技艺带来的技巧和判断力，使人道主义者能够在非常紧张的氛围里设计和执行足够符合原则、足够迅速、足够有效的项目。它正是人道谈判家的智慧和狡黠，他们由此得以与同盟和对手共情，对他们准确解读，并能够形成有效的解决方案。它正是人道领袖的技艺，他们由此在团队陷入危险、工作仍然重要的时候发出正确的号召。总而言之，这是一种将可能之事做到最好，将不可能之事变得不那么可怕、值得一试的能力。

- **勤勉**

人道行动当然不仅是技艺，而且是工作。规划、设计、准备、启发、实施、合作、谈判、沟通、筹资、招募、培训、递送、调整、监督、评估、追责，都需要投入努力，勤勉工作。这样的努力须很认真，做得尽量好。人道主义者的工作目标是保护人，所以他们需要既勤勉又高效。勤勉的德性中隐含着仔细工作的意思。这意味着对战略和细节都要考虑周全，意味着攻克重要之事，而非琐屑之事。这还包括周全地考虑你身边的人和你自己。人道主义者需要培育一种最大化利用时间和资源，使其发生最大效果的工作伦理。这意味着工作得好，而非单纯的工作过多。

- **纯正品格**

每一位人道工作者都须诚实面对他们所代表的和他们追寻的目标。秉持人道主义的纯正品格开展工作，意味着实践人道主义原则，对遇见的每个人都展现朴素的人道主义意向。拥有人道主义的纯正品格，就要根据人道主义目标和人道主义原则做事。在行动之外，人道主义的纯正品格还要求实现某种人性化的存在，培育出人们认同、信任的人道主义性情。这是使命与目标的合一①。纯正品格也涉及个人事务、财务、招募和资源管理中的诚实、可信赖的品质。

- **怀抱希望**

在武装冲突和灾害的苦难中，人道工作者会看到世界最坏的一面。要忍受这种事情并积极予以回应，不仅需要勇气，还需要希望。一则著名的希腊神话讲道：神祇们给了潘多拉一个美丽的盒子，让她不要打开。她自然无法抵御诱惑，要一窥究竟。于是世界上所有的罪恶都飞出了盒子，在人类生活中制造出各种浩劫和苦难。但在盒子底部的是希望。希望也飞出来，在人的心灵里停留了下来。在最糟糕的时候，希望往往就是我们用以抗击身边坏事的唯一凭借。人道主义者需珍惜希望。他们经常会在自己帮助的人群中发现希望。希望在人道主义成功的小小

---

① 【译者注】这里的"合一"和"纯正品格"一样，都是"integrity"。"Integrity"的拉丁语词源即指"完整性、整体性"，后来衍生出"诚实、正直、坚守原则的品质"的词义。在伦理学和道德哲学中，这个词仍然指"一种不受破坏、各方面一致、内外一致的完整品性"。

事件中有最好的体现，诸如救出一条命，诞生一条新生命，成功发放一次物资，在巨大的恐惧之后最终传出欢笑。人道行动本身就是怀抱希望的举动，坚定持续地表达人类生命的价值、人类存在的善良，以及我们是一个彼此相爱的物种的信念。人道主义者需对自己和对他人怀有希望。怀有希望不意味着不切实际的乐观，只是意味着知道世界不仅会转向恶，也会转向善。那么，希望就是寻求这种善。

- 斗争

人道工作里很少有什么是轻易得来的。大部分人道行动都需要大量的斗争。对于需要人道行动和提供人道行动的人来说，各种各样的困难就是现实。所以，斗争就是好的人道工作中固有的必要部分。斗争和一直斗争的能力是人道工作者身上的关键德性。勇气、耐心、实践智慧、勤勉、纯正品格、怀抱希望等日常德性，都使个人和组织能够去斗争。但要持续斗争，为了正确之事斗争，则是人道工作中独特德性和持续存在的力量。

合乎伦理的组织

需要符合伦理、体现人道行动中的基本美德的，终究不仅是人道主义者个人，还有人道组织。可以说组织就是个人的聚集，但个人也受到其组织或好或坏的深刻塑造和影响。组织的领导层和文化会创造出主导性的组织品质，可能鼓励也可能阻挠伦理实践，从而在制度中主宰了个人的贡献。人道工作中有许多合乎伦理的个人是不够的，这些个人所工作的组织也必须积极地珍视并追寻人道主义原则和实践。人道机构必须成为既有伦理要求，也有伦理能力的环境。

这就要求上文讨论过的专门的人道主义德性和日常德性都体现在每一个人道组织中。这些德性须成为机构中的强制性原则、标准和规则中的硬性规定，所有个人对这些规矩都有很好的理解。这些美德也必须变成人们的习惯和直觉。伦理意识和胜任力须经过培育成为组织的本能和文化中的基本组成部分。如果机构已经开始培养共同的组织良知，就能轻易实现这一点。这会意味着其所有员工都有相似的敏感性，对全球各地的道德问题保持警觉，所有员工都愿意体现出组织及其道德准则的典型态度、行为和选择。

在日常节奏中，人道领导者须在其机构或非政府组织中认同伦理意识和关切，并亲身示范。他们需要对项目选择和战略决策问出伦理性的问题，也需要示范和支持在组织中各个层面上建设伦理思虑的朴素文化。项目复盘和评估应包括对曾采用和放弃的工作路径进行伦理评价。人道主义原则应当始终是人道评估和责信中的基本标准。根据许多商业公司和大学的经验，人道机构也应考虑在其组织结构中设置常规的伦理委员会。伦理委员会应当切合实际，实时地开展工作，对工作提供支持，而不是成为将伦理难题像把皮球踢进高高草丛一样推给没完没了的商议流程的推诿手段。

所有人道领导者也须有决心、有技巧地对其组织内部，也对组织外他们帮助的人和资助了组织的公众，沟通其伦理目标和决策。每个人道组织都应更努力地将人道伦理推进公共伦理领域。只有培养出能够流畅易懂地谈论人道行动伦理的人道机构，人道组织才能建设出既善于表述又熟知情况，且关心人道行动的全球支持基础。全球公共领域中必须有对人道主义的更清晰理解和更强烈的人道主义信念，世界各地的人民和各个政权才能建设共同的事业，珍惜危机中的人类生命，联合起来支持在战争和灾害中实行人道原则。着意培养全球性的人道主义意志，在未来将极为重要，这样人道工作者才能在21世纪的下一个十年间有效地触及在世界各地经历暴力、武装冲突和灾害的大批个体。

信赖我们的伦理技能

智利哲学家和神经科学家弗兰西斯科·瓦雷拉曾形容实用伦理学是道德上的应对办法。在我们忙忙碌碌、极为实际的日常生活中，我们总要面对模糊的状况、明显的错误和理想的善。我们要处理道德上的困难时刻，与家人同事一起应对，或是在排队上车时与急吼吼的陌生人一起应对，或者在彼此竞争获得想要之物时应对。我们不会总是停下来，用缜密理性的方法计算这些场景，使伦理变成抽象复杂的智识追求。我们也不应该停滞于此。我们每日都要"做伦理学"一百次，总是在实践中延续道德生活。我们使用对正确和错误的感知，使用同理心，使用学习到的事情、记忆中听说或经历过的情形，形成一种自然的"行动准备"。

我们人类是技艺高超的动物，一直在工作、移动、交谈、思考、感受、制造、相遇、进食、生存、发展。我们在许多事情上拥有超乎寻常的技能，所以，我们也应该信赖自己基本的"伦理技能"，认识到我们会本能地、有意地、持续地做着伦理学，这是我们各种社交技艺之一。我们可以信赖自己的伦理性情。

瓦雷拉追随公元前4世纪的伟大中国哲学家孟子，将我们的伦理技能的运用分为三种核心技艺：延展、关注和敏锐意识。此前我们已看到，我们拥有超越自身进行思考和感受的能力，由此将道德技艺延展到他人身上；我们有特别关注到需要做什么的能力；我们也能够对周遭的世界保持敏锐的意识，从而认识到我们正在经历的情形与此前经历过的其他情形之间的近似度。我们通过这三种技艺，能够作为道德存在做出应对，实现进步。瓦雷拉对伦理技能的理解告诉我们，"伦理更接近于智慧而非理智，更接近于理解什么是善，而非准确裁定具体情景"，而"我们实施伦理技能的场景，远远多于我们必须开展清晰的伦理思虑的场景"①。

我们都拥有对于什么是善的理解，也拥有做好事的天生伦理技能。希望本书有助于巩固人道工作者的这种伦理技能。希望赈济从业者及其机构在阅读本书各章后，更能保持伦理上的健康，能够更好地应对或大或小的道德难题，继续他们至关重要的尊重、保护、拯救人类生命的每日工作。

---

① Francisco J. Varela, *Ethical Know-How: Action, Wisdom and Cognition*, Stanford University Press, Stanford, 1999. 此处最后简单总结了瓦雷拉在其书里开篇两篇演讲的内容，见 pp1-42。

附录一
红十字与红新月运动的基本原则

七项基本原则于1965年在维也纳发布,将各国红十字会和红新月会、红十字国际委员会及红十字会与红新月会国际联合会紧密联系在一起。这些原则保证了红十字与红新月运动及其人道工作的连续性。

人道

国际红十字与红新月运动的本意是不加歧视地救护战地伤员,在国际和国内两方面,努力防止并减轻人们的疾苦,不论这种苦难发生在什么地方。本运动的宗旨是保护人的生命和健康;确保每一个人得到尊重。它促进人与人之间的相互了解、友谊与合作,促进持久和平。

公正

本运动不因国籍、种族、宗教信仰、阶级或政治见解而有所歧视,仅根据需要,努力减轻人们的疾苦,优先救济困难最紧迫的人。

中立

为了继续得到所有人的信任,本运动在敌对状态下不采取立场,任何时候也不参与带有政治、种族、宗教或意识形态性质的争论。

独立

本运动是独立的。虽然各国红十字会是本国政府的人道工作助手并受本国法律的制约,但必须始终保持独立自主,以便任何时候都能按本运动的原则行事。

志愿服务

本运动是志愿救济运动,绝不期望以任何方式得到利益。

统一

任何一个国家只能有一个红十字会或红新月会。它必须向所有的人开放,必须在全国范围内开展人道工作。

普遍

国际红十字与红新月运动是世界性的。在运动中,所有红会享有同等地位,负有同样责任和义务,相互支援。

附录二
国际红十字与红新月运动及从事救灾援助的非政府组织行为准则

《国际红十字与红新月运动及从事救灾援助的非政府组织行为准则》制定于 1994 年夏天，由世界上八个最大的灾害响应机构一致同意。

《行为准则》和大部分行业准则一样，是志愿性质的。它列举了十条原则，所有的人道主义行动主体都应该在其灾害响应工作中遵守；它也描述了在灾害中工作的机构应当与捐资政府、受灾国政府和联合国系统达成的关系。

该准则乃是用于自我监督。并没有任何一个灾害响应的非政府组织国际联盟有权制裁其成员。国际联合会一直使用《行为准则》监督其开展救助的标准，并鼓励其他机构也设立类似的标准。

准则希望全世界的人道行动主体都公开承诺遵守准则，成为签署方，并受其中原则的约束。政府和捐资组织可能会用该准则来衡量它们与之共事的机构的行为。受灾害影响的社区有权利期望援助他们的人按这些标准行事。

国际红十字与红新月运动及从事救灾行动项目的非政府组织行为原则

1. 人道责任是首要的

接受人道援助和提供人道援助的权利是一项基本的人道原则，所有国家的公民都应享有此项权利。作为国际社会的成员，我们认同我们所承担的根据需要随时提供人道援助的义务。因此，无障碍地接近受影响的人们的需要对于履行此项义务具有至关重要的意义。我们对灾害做出反应，其最主要的动机在于减轻那些对灾害所产生的不幸后果具有最薄弱的抵抗力的人们的苦难。我们所进行的人道援助行动并不是党派性的或政治性的行动，不应该将它们看作党派行动或政治行动。

2. 援助的提供，不应考虑接受者的种族、宗教信仰或国别，并且不应做出任何类型的不利的区分。援助的优先性仅以需求的状况来加以确定。

只要条件允许，我们都会以对灾害受害者的需求状况及当地在满足这些需求方面已经具备的能力的彻底评估，作为我们救灾援助行动的基础。在我们所执行的全部行动项目内部，我们将考虑均衡性原则。人类的苦难无论发生在什么地方，都应该予以减轻；在任何国家任何地区，生命都同样地宝贵。因此，我们所提供的援助将反映出它所欲减轻的苦难的程度。为贯彻这项方针，我们认可那些生活在易受灾害波及地区的妇女所起的关键作用，并将通过我们的援助保障她们的这种作用得到支持，不受贬低。这种普遍、公正和独立政策的贯彻，只有在我们以及我们的合作伙伴能够获得为提供这样公平的援助所必需的资源，并且能够有均等的机会接近所有灾害受害者的情况下，才能够是有效的。

3. 援助不应被用作来促进某一特定的政治或宗教立场

必须根据个人、家庭及社区的需求状况来提供人道援助。尽管非政府人道机构有权支持某些特定的政治或宗教立场，但是我们断言，援助并不取决于接受者是否遵循这样的立场。我们不会将对援助的承诺、提供或分配与某一特定的政治或宗教信仰相挂钩。

4. 我们应该努力不使自己成为政府外交政策的工具

非政府人道机构是独立于各国政府而运作的机构。因此，我们制定我们自己的政策和实施策略，并且从不试图去执行任何政府的政策，除非这种政府政策恰好与我们自己独立的政策相符。我们永远不会故意地或过失地允许我们自己或我们的雇员被利用，来为各国政府或其行动目标不限于严格意义上的人道目的的其他组织服务，为它们收集政治、军事或经济方面的敏感信息，我们也将不使自己成为捐助国外交政策的工具。我们将利用我们收到的援助来对需求做出应对，这种援助既不应该服务于处理捐助人过剩商品的目的，也不能为任何特定的捐助人的政治利益服务。我们赞赏和鼓励相关个体自愿提供劳力和财力，以支持我们的工作，并认同行动的独立性，这种独立性是此类自愿动机所推动的。为维护我们的独立性，我们将努力避免依赖单一的资金来源。

5. 我们应该尊重文化与习俗

我们将努力尊重我们为之工作的地区或国家的文化、社会结构和习俗。

6. 我们应该努力增强当地的灾害应对能力

一切个人和社区，即便是在灾害事故中，都具有一定的应对能力，就像它们都具有脆弱性一样。只要条件允许，我们就将通过雇佣当地员工、购买当地物资以及与当地公司开展交易等方式，来加强它们的能力。只要条件允许，我们就将通过作为合作伙伴的当地非政府人道机构来规划和执行行动，我们还将在合理的范围内同当地政府机构开展合作。我们高度重视对我们的紧急应对行动进行恰当的协调。在相关国家中，这项工作最好应由那些最直接地从事救助行动的组织来进行，并且应让相关的联合国机构的代表参与。

7. 应找到适当的办法，使项目受益人参与救灾援助的管理

灾害应对援助决不应该强加给受益人。只有在受益人参与援助项目的设计、管理和实施的情况下，救助才能是有效率的，其恢复力也才能持久。我们将尽力使各团体充分参与我们的救助项目和恢复性项目。

8. 救灾援助除了应满足基本需求外，还应该尽量减少将来受到灾害冲击的可能性

一切救助行动都以积极的方式或消极的方式对长期发展的前景产生着影响。我们意识到这一点，因此我们将尽力实施某些救助项目，这些项目可以积极地减少受益人在将来受到灾害冲击的可能性，而且可以帮助人们创造出具有可持续性的生活方式。在设计和管理救助项目时，我们将特别注意与环境相关的问题。我们也将尽力避免长期的受援助人过分依赖外部援助，将人道援助的负面影响降到最低。

9. 我们认为，我们对以下两类人均负有责任：那些我们所致力援助的人们及那些我们从他们那里获得资源的人们

在那些希望帮助他人的人们与那些身处灾害之中需要帮助的人们之间，我们时常发挥一种组织联络的作用。因此，我们认为，我们对于双方均负有责任。我们在处理与捐助人和受益人相关的事务的所有方面，均应表现出一种公开的和透明的态度。我们认可就我们的行动——不仅从财务方面，而且也从行动的有效性方面——进行报告的需要。我们认可这样的义务，即确保对援助物资分派的恰当的监督，以及对救灾援助的效果进行经常性的评估。我们也将致力以公开的方式报告我们的工作所产生的影响，以及限制或增强这种影响的那些因素。为了最大限度地减少对珍贵的资源的浪费，我们的项目将建立在高标准的职业水准和专家水平的基础之上。

10. 在有关我们的信息、传播和广告活动方面，我们应该将灾害受害者作为有尊严的人类，而不是绝望的物品来看待

尊重灾害受害者，将他们视为行动中平等的合作伙伴，这一点绝不能被忽视。在我们的公开信息中，我们应该对灾害局势进行客观的描述，我们应该突出强调灾害受害者的应对能力和他们的抱负，而不是仅仅强调他们的弱点和恐惧。尽管为增强公众回应的目的，我们将与媒体开展合作，但是，我们将不允许外在或内在的传播需求优先于将救灾援助最大化这一原则。如果媒体报道将损害向受益人所提供的服务，或将危及我们的工作人员或受益人的安全，那么我们将避免在媒体报道方面与其他灾害应对机构竞争。

附录三
人道主义宪章

《人道主义宪章》是《环球计划手册》中保护原则、核心标准与最低标准的伦理和法律依据。它一部分是声明既有的法定权利和义务，一部分是声明共同的信念。

在法定权利和义务方面，《人道主义宪章》总结了核心的法律原则，主要与受到灾害或冲突影响的人的福利相关。在共同信念方面，《人道主义宪章》尽力概述人道机构的共识，将共识总结为应当用于主导灾害或冲突响应的多项原则，包括其中各种行为主体的角色和责任。

《人道主义宪章》是遵守《环球计划标准》的人道机构的工作承诺基础，也欢迎所有参与人道主义行动的人采纳同样的原则。

人道主义宪章

我们的信念

《人道主义宪章》表达了人道主义机构共同的信念，即受灾害或冲突影响的人群有权利得到保护和援助，从而为他们有尊严地生活创造了条件。我们相信《人道主义宪章》中描述的原则是具有普遍性的，适用于所有受灾害或冲突影响的人群以及那些试图援助他们或为他们提供保障的人士。这些原则基本上都源于"人道"这基本道德原则并在国际法中有所体现：人人生而自由，在尊严和权利上一律平等。依据这一原则，确定了"人道主义使命"：必须采取行动以预防或减轻灾害或冲突对人类造成的苦难，没有其他东西凌驾于这个原则之上。

作为地方、国家、国际性的人道主义机构，我们承诺提倡并遵守本宪章中的原则，并通过我们的努力达到最低标准以援助和保护受影响人群。我们敦促政府组织和私营企业在内参与人道主义活动的所有行动者，以支持以下共同人道主义信念中声明的共通原则、权利和责任。

我们的角色

我们承认，通过受灾害或冲突影响的人群自身的努力及社区和当地机构的支持，他们的基本需求即可得到满足。我们认识到受影响国家在为受影响人群提供及时援助方面所扮演的角色及承担的责任，应由受影响国家采取措施以保护、保障受影响人群并为他们提供恢复支持。我们相信只有通过官方行动与志愿者行动相结合的方法才可以实现有效的预防和响应。在支持政府的响应工作上，国家红十字会或红新月会以及其他的民间社团工作者是不可或缺的角色。在国家力所不及的地方，我们就需要借助更大范围内的国际社会力量，包括政府和区域性组织的捐助，以帮助受影响国家履行其援助责任。同样，我们也承认并支持联合国授权机构及红十字国际委员会所发挥的特殊作用。

作为人道主义机构，我们理解我们所扮演的角色与受影响人群的需求和能力及受影响国家政府或权力单位的责任紧密相关。有些援助需要由我们来提供，这就反映了那些负有主要责任的部门（政府等）未能完全履行他们的责任，或者可能他们不愿意履行责任。为了尽量达到本宪章中规定的人道主义使命和其他原则的要求，我们将会支持相关机构的工作以保护和援助受影响人群。我们呼吁所有国家及非国家性的人道主义行动者尊重人道主义机构公正的、独立的、无党派的援助工作，并消除法律和实践上的障碍来促进他们的工作。同时，也应为他们提供安全保障并使得他们可以及时地接触受影响人群。

通用原则、权利和义务

我们根据人道主义原则及人道主义使命提供人道主义服务，以保障包括男人、女人、男孩、女孩在内的受影响人群的权利。这些权利包括国际人道法、人权法和难民法中规定的保护和援助权利。就本宪章而言，我们将这些权利总结如下：

- 有尊严地生活的权利；
- 获得人道主义援助的权利；
- 获得保护和安全的权利。

这些权利虽未在国际法中明确列出，但却概括了一系列的既定合法权利并为人道主义援助规则提供了更全面的实质性参考。

在国际法中，特别是在关于生存权，充足的生活水平，免受酷刑或残忍的、非人道的、有辱人格的对待或惩罚的人权措施中，规定了受影响人群具有有尊严地生活的权利。生存权是指在面临威胁时人们为了维持生存而寻求援助的权利。生存权的隐含意思是，不应阻碍或阻挠保障生命的援助。尊严并不仅仅局限于对身体健全的尊重，它要求的是对一个人完全的尊重，包括对个人和整个受影响群体的价值观和信念，以及对他们自由、道德观、宗教礼仪等人权的尊重。

获得人道主义援助的权利是实现有尊严生活权利的必要因素。此项权利包括了享有适当的生活水平的权利，如足够的食物、水、衣物、住所及对身体健康的要求，而这些权利在国际法中都有明确的保障。《环球计划手册》的人道主义核心标准和最低标准反映并体现了这些权利，特别是在涉及为受影响人群提供援助的条款时。如果一些地区的国家或非国家性的救援人员本身不能提供这样的援助，我们相信他们也会让其他组织的救援人员给予帮助。应根据"公正"原则提供援助，这就要求根据需求和需求比例来提供援助。因此，这项权利深入地体现了非歧视原则：任何人都不得因年龄、社会性别、人种、肤色、种族、性取向、语言、宗教、残障、健康状况、政治或其他见解、国籍或社会出身等任何理由受到歧视。

获得保护和安全的权利植根于国际法的规定、联合国和其他国际组织的决议及保护其管辖范围内人民的国家主权责任。受影响人群的安全和保障是特别需要关注的人道主义问题，包括对难民及国内流离失所者的保护。法律承认，一些人因为他们的处境，例如年龄、社会性别、人种，而更易受到迫害和歧视，因此需要针对他们采取特殊的保护和救援措施。在某种情况下，受灾国可能没有能力保护在这种处境下的人群。我们认为此时就需要寻求国际援助。

在这里，需要特别关注有关保护平民和流离失所人群的法律：

在根据国际人道法定义的武装冲突中，应制定特定的法律条款来保护和援助那些未陷入冲突的人群。在1949年的《日内瓦公约》及1977年的附加议定书中特别规定了国际和非国际武装冲突中交战方的义务。我们强调的是平民应在武装冲突中免遭攻击和报复，特别要关注以下方面：

- 平民和武装人员以及平民目标和军事目标之间的区分原则；
- 使用武力时的相称原则和攻击时的预警原则；
- 避免任意使用武器或使用那些本质上会造成不必要伤害或痛苦的武器；
- 允许提供公正救济的责任。

在武装冲突中，对平民造成的本可避免的伤残绝大多数都是由于武装人员未能遵守这些基本原则。

寻求避难或庇护的权利对于保护那些面临迫害或暴力的人群十分重要。受影响人群经常会被迫背井离乡以寻求安全及谋生手段。1951年通过的《关于难民地位的公约》（修订版）及其他国际性和区域性公约为那些无法从其原国籍国或居住国得到保护而被迫流亡到他国寻求安全庇护的人群提供基本的保障措施。其中，最重要的是不遣返原则：该原则规定了难民和寻求庇护者不应被遣返至会对其生命、自由、人身安全造成威胁的或可能使其遭受酷刑、迫害、不人道的侮辱人格的对待或惩罚的国家。根据国际人权法、1998年通过的《国内流离失所问题指导原则》及其相关的地方和国家性法律，不遣返原则的适用范围还可引申至国内流离失所的人群。

我们的承诺

我们本着以受影响人群为人道主义行动中心的理念提供服务，他们的积极参与有助于我们实施援助并能保证其需求得到最佳满足。这些人群包括弱势群体及被社会排斥的人群。我们将努力支持当地工作，对灾害和冲突影响做出相关预防、准备和响应，并加强当地各级行动者的援助能力。

我们意识到了尝试提供人道主义援助有时会产生超出预期的不利影

响。通过与受影响地区的社团及当地政府合作，我们试图尽量减少人道主义行动对当地的社会及环境产生的负面影响。对于武装冲突，我们意识到提供人道主义援助可能导致平民更易受到攻击，或者无意中使冲突中的一方或多方受益。我们致力在以上原则规定的范围内将这些不利影响降到最低。

我们将依照本宪章中的人道主义行动原则及《国际红十字与红新月运动和非政府组织灾害救济行为准则》（1994年）开展救援工作。

根据各机构对有尊严生活的基本最低要求的理解及他们提供人道主义援助的经验，《环球计划标准》内的人道主义核心标准及最低标准为本宪章中的通用原则提供了要领。虽然这些标准的实现取决于一系列的因素，尽管有很多因素是无法控制的，但我们仍然承诺会竭力贯彻这些标准并承担相应责任。我们敦促各方，包括受灾国和捐助国政府、国际组织、个人或非政府行动者，采用《环球计划标准》的人道主义核心标准及最低标准作为行动准则。

通过坚持人道主义核心标准及最低标准，我们承诺将尽一切努力确保受影响人群有尊严地、安全地生活的最低要求得到满足，这些要求包括充足的供水、环境卫生、食物、营养、住所以及医疗卫生服务。为此，我们呼吁各个国家和其他各方履行对受影响人群的道德和法律义务。就我们而言，我们承诺通过对不断演变的当地情境的适当评估和监测、信息和决策的透明度以及与其他各级相关行动者的有效协调与合作，确保我们的人道主义响应工作更有效、更合适、更负责，详见人道主义核心标准及最低标准。我们特别承诺会与受影响人群一起进行救援工作，鼓励他们主动参与到响应工作中来。我们认识到，我们对那些需要帮助的人群负有基本责任。

附录四
好的人道捐资原则

由工作组制定的 23 条原则和良好实践,既提供了引导官方人道赈济的框架,也提供了鼓励捐资方更有责信的机制。① 这两个方面合力促进捐资行动的连贯性和有效性,促进捐资方对受益人、执行组织和本国公民的责信,涉及其行动的资金、协调、跟进和评估。

人道行动的目标和定义

1. 人道行动的目标是在人为危机和自然灾害期间和其后拯救生命,减轻苦难,维护人类尊严,并且预防此类情况的再次发生,为此加强准备。

2. 人道行动应当由人道主义原则指导:人道,指不论苦难发生在什么地方,拯救人类生命和减轻苦难都是核心;公正,指行动的执行仅基于需求,受影响的人群之间或内部的歧视不应影响行动;中立,指人道行动不可在执行行动的武装冲突或其他争端之中偏向任何一方;独立,指人道主义目标自主,不受人道行动实施地区里任何行动主体的政治、经济、军事或其他目标影响。

3. 人道行动包括保护平民和不再参与敌对行动的人,以及供应食物、水和卫生、避难所、医疗服务和其他援助物资,以此造福受影响的人,并促进他们回归正常生活和生计。

---

① 【译者注】在 2018 年 6 月,"好的人道捐资行动"(Good Humanitarian Donorship Initiative)决定添加关于倡导现金发放的第 24 条原则,本译文已依据最新的版本添加。

一般原则

4. 尊重和促进国际人道法、难民法和人权的实施。

5. 重申各国对其境内的人道紧急状况受害者负有首要责任的同时，努力确保灵活及时的筹资，实现尽力满足人道需求的集体义务。

6. 分配人道资金时，基于需求评估，根据需求按比例分配。

7. 要求执行援助的人道组织尽最大可能确保受益人在人道响应的设计、实施、监督和评估中的适当参与。

8. 加强受危机影响的国家和本地社区预防、准备、缓解和响应人道危机的能力，目标是确保政府和本地社区有更好的能力负起责任，与人道合作伙伴有效地协调。

9. 提供人道援助时，注重支持恢复和长期发展，条件合适时尽力确保支持可持续生计的维系和回归，从人道救助转向恢复和发展活动。

10. 支持和促进联合国在国际人道行动中领导和协调的独特中心角色，红十字国际委员会的特别角色，以及联合国、国际红十字与红新月运动及非政府组织在执行人道行动时的关键角色。

捐资方财务、管理和责信的良好实践

资金管理

11. 尽力确保针对新发危机的人道行动的资金不会对已在进行的其他危机中的需求造成不利影响。

12. 认可人道危机中针对需求变化必须采用动态灵活的响应，尽力确保对联合国机构、基金和项目及对其他关键人道组织提供资金时的可预见性和灵活性。

13. 强调由执行组织透明而有战略地设定优先事项和资金规划十分重要，同时也探索减少限定性资金的可能性，或者增加限定性资金的灵活性，以及做出长期资金安排的可能性。

14. 出于共担重任的基础，负责任地支持联合国的机构间联合集资呼吁和国际红十字与红新月运动的呼吁，积极支持制订《通用人道行动计划》（Common Humanitarian Action Plans，CHAP），该计划会是复杂紧急状况中战略规划、优先事项设定和协调的首选工具。

推广标准，促成实施

15. 要求执行的人道组织在执行人道行动时完全遵守良好实践，承诺提高责信、效率和有效性。

16. 推广使用机构间常设委员会对人道活动的指南和原则、《国内流离失所问题指导原则》和《国际红十字与红新月运动及从事救灾援助的非政府组织行为准则》。

17. 时刻准备对人道行动的实施提供支持，包括促成安全的人道准入渠道。

18. 支持人道组织的应急预案机制，如适用，则预案应包括资金分配的内容，以加强响应能力。

19. 申明实施人道行动时公民组织居首要位置，尤其是在受到武装冲突影响的地区。在使用军事能力和资产支持人道行动的情况下，确保其使用符合国际人道法和人道主义原则，且认可人道组织的领导角色。

20. 支持1994年《关于在灾害救助中使用军队和民防资产的指南》和2003年《关于使用军队和民防资产支持联合国在复杂紧急状况中的人道活动的指南》。

学习与责信

21. 支持学习与责信的措施，促进人道行动的有效、高效实施。

22. 鼓励对人道危机的国际响应进行常规评估，包括对捐资方表现的评估。

23. 确保高度精准、及时、透明地进行官方人道援助支出的捐资报告，鼓励制定这种报告的标准模板。

人道援助的模式

24. 根据具体情境，系统地考虑在采用其他援助模式的同时也采用现金发放模式，以便最为有效、高效地满足人们的人道需求。

术语中英文对照表

A

奥德修斯　Odysseus

B

巴弗努提乌斯教父　Abba Paphnutius
巴克莱银行　Barclays Bank
斑疹伤寒　typhus epidemic
半岛电视台　Al Jazeera
包容　inclusive
保护　protection
保护原则　protection principles
比例　proportion
庇护　asylum
标签　label
不伤害　do no harm
不作为　acts of omission

C

参与　participation
倡导　advocacy
沉默　silence
成本效益　cost-effectiveness

出于人道的行为　humane conduct
纯正品格　integrity

D

大屠杀　Holocaust
道德技能　moral faculties
道德两难　moral dilemmas
道德论证　moral reasoning
道德性　morality
道德义务圈子　circles of moral obligation
道德责任　moral responsibility
德性　virtue
定言命令　categorical imperative
独立　independence
对权力说真相　speaking truth to power

E

厄立特里亚人民解放阵线　Eriterean People's Leberation Front, EPLF

F

反饥饿行动　Action Contre le Faim, ACF
反叛乱行动　counter-insurgencies
封建制　feudalism

G

感觉　feeling
高效　efficiency
戈马　Goma
公平　fairness

公正　impartiality

功利主义　utilitarianism

共犯　complicity

共情　compassion

古兰经　Koran

关心　solicitude

关注　attention

官僚制度　bureaucracy

国际红十字与红新月运动　International Red Cross and Red Crescent Movement

国际灾害救助法　International Disaster Relief Law, IDRL

国际纵队　International Brigades

国家红会　National Societies of the Red Cross

国内流离失所者　Internally Displaced Person, IDP

过渡仪式　rite of passage

H

哈瓦拉网络　Hawala network

核心原则　core standards

《环球计划标准》　Sphere Standards

J

饥荒　famine

机构间常设委员会　Inter-Agency Standing Committee

基地组织　al-Qaeda

基于需求的客观性　needs-based objectivity

及时　timeliness

集体行动　collective action

加入　involvement

结果论，结果主义　consequentialism

解脱难题　extrication problems
金戈威德武装民兵　Janjaweed militia
尽职　due diligence
精神面貌　morale
救助　relief
救助儿童会　Save the Children
决策框架　decision-making frameworks
军事中立　military neutrality

K

科勒姆　Korem
可持续性　sustainability

L

拉荣达式的沉默　Larundic silence
乐施会　Oxfam International
联结　connectedness
列维纳斯（艾曼努埃尔·列维纳斯）　Emmanuel Levinas
伦理技能　ethical expertise
伦理胜任力　ethical competence

N

纳入　inclusion
耐心　patience
难民　refugees
能动性　agency
能力建设　capacity-building

Q

勤勉　diligence

情感　emotion

情感革命　affective revolution

区分　distinction

权利　rights

诠释性概念　interpretive concepts

R

人道　humanity

人道从业者　humanitarian professional

人道待遇　humane treatment

人道工作者　humanitarian worker

人道广告　humanitarian advertising

人道机构　humanitarian agencies

人道伦理　humanitarian ethics

人道行动　humanitarian action

人道原则　the principle of humanity; the humanity principle

人道责任　humanitarian responsibility

人道主义话语　humanitarian discourse

人道主义论证　humanitarian reasoning

人道主义目标　humanitarian goal

人道主义原则　humanitarian principles

人道主义责信　humanitarian accountability

人道主义责信计划　Humanitarian Accountability Project, HAP

人道主义者　humanitarian

人道准入　humanitarian access

人道自主权　humanitarian autonomy

人格　person
人权　human rights
人权法　human rights law
韧性　resilience

S

善　good
善好　goodness
商议　deliberation
审慎　prudence
实践智慧　practical wisdom
实证　evidence
使用标签　labelling
适切　appropriateness
受害者意识　victim consciousness
受益人　beneficiary
思虑　deliberation
苏丹人民解放军　Sudan People's Liberation Army, SPLA

T

泰米尔猛虎组织　Tamil Tiger, Liberation Tigers of Tamil Eelam
谈判　negotiation
提格里人民解放阵线　Tigrayan People's Liberation Front, TPLF
天主教海外发展办事处　Catholic Agency for Overseas Development, CAFOD
同理心　empathy
同情　sympathy
同意　consent

W

妥协　compromise

为人之道　（someone's）humanity
伪商议与伪偏好　pseudo deliberation and pseudo preferences
文化差异　cultural differences
武装冲突　armed conflict

X

希望　hope
现实主义　realism
协同式领导力　collaborative leadership
性暴力　sexual violence
性别主义　sexism
性价比　value for money
需求　need
悬垂　dangling

Y

依赖　dependency
意向　intention
应对机制　coping mechanism
勇气、勇敢　courage
有人性　be humane
预防　precaution
预防措施　prevention measure
援助　assistance

Z

责信　accountability
赈济　aid
赈济之境　Aidland

挣扎、斗争　struggle
中立　neutrality
种族主义　racism
主体间性　intersubjectivity
转型议程　transformative agenda
准备　readiness
尊严　dignity
尊重　respect
作为　acts of commission